ÉTUDES MONTAIGNISTES
22

Montaigne et la rhétorique

Cet ouvrage a été publié pour la première fois en 1995 dans la collection *Études montaignistes* dirigée par Claude Blum.

Actes du Colloque de St Andrews, 28-31 mars 1992.

Montaigne
et la rhétorique

Édition critique par John O'Brien, Malcom Quainton
et James J. Supple

PARIS
CLASSIQUES GARNIER

John O'Brien, professeur émérite de littérature française du XVIe siècle à l'université de Durham, a dirigé l'Institute of Medieval and Early Modern Studies. Ses travaux portent notamment sur François Rabelais, Michel de Montaigne et Étienne de La Boétie. Il a, entre autres publications, dirigé l'ouvrage collectif *Cambridge Companion to Rabelais* (Cambridge, 2010).

Malcolm Quainton, professeur émérite de littérature française du XVIe siècle à l'université de Lancaster, est un spécialiste de la poésie et de la rhétorique de la Renaissance. Ses travaux s'intéressent plus particulièrement à l'œuvre de Pierre de Ronsard. Il est notamment l'auteur de *Ronsard's Ordered Chaos* (Manchester, 1980) et a participé à l'édition des *Euvres en rimes* de Jean-Antoine de Baïf (Paris, 2016).

James J. Supple, professeur de littérature française du XVIe siècle à l'université de St Andrews, porte plus particulièrement ses recherches sur l'œuvre de Michel de Montaigne. Il lui a consacré de nombreuses études, dont *Les Essais de Montaigne. Méthode(s) et méthodologie* (Paris, 2000). Il est également l'éditeur scientifique des *Lettres* de René de Lucinge (Genève, 1964-2006).

Réimpression de l'édition de Paris, 1995.

ISBN 978-2-406-14317-8 (livre broché)
ISBN 978-2-8124-5600-8 (livre relié)
ISSN 0986-492X

In Memoriam

Donald Frame
Dorothy Gabe Coleman

AVANT-PROPOS

A l'encontre de contemporains comme Brantôme et Ronsard, Montaigne ne visita jamais l'Ecosse. Il nourrissait, pourtant, une très grande affection pour Marie Stuart, et il était plutôt fier d'avoir eu George Buchanan, "ce grand poëte Escossois", parmi ses "precepteurs domestiques". L'université de St Andrews est, en outre, l'université la plus ancienne de l'Ecosse. Plus récemment, elle a su s'attirer les services d'éminents seiziémistes : Terence Cave, Anthony Levi et Ian McFarlane (qui a accepté d'être notre président d'honneur). C'est aussi une université qui, malgré sa position géographique, se targue d'être aussi cosmopolite que le plus grand des héros de Montaigne : Socrate, qui se considérait citoyen de l'univers plutôt que simple citoyen d'Athènes. L'université de St Andrews offrait donc un lieu de rencontre idéal pour les spécialistes qui, venus de la France et des Etats-Unis aussi bien que du Royaume-Uni, se sont rassemblés pour parler de Montaigne.

Nous voudrions remercier Robert Aulotte, qui a le premier suggéré l'organisation d'un colloque à St Andrews, et exprimer notre vive reconnaissance aux organisations suivantes, qui ont bien voulu nous donner leur soutien :

The British Academy

Les services culturels de l'Ambassade de France (Londres)

Les Editions Champion

L'Institut Français (Edimbourg)

La Société Internationale des Amis de Montaigne

L'université de Lancaster

L'université de Liverpool

L'université de St Andrews

John O'BRIEN, Malcolm QUAINTON, James J. SUPPLE

INTRODUCTION

Malgré son refus violent de l'éloquence cicéronienne, Montaigne est loin d'être l'orateur "impremedité et fortuite" qu'il voudrait nous le faire croire. Celui qui en douterait n'aurait qu'à se reporter aux actes de Paris réunis par Frank Lestringant (*Rhétorique de Montaigne*, Paris, Champion, 1985). La perspicacité et l'étendue des analyses qui y sont proposées en font une des contributions les plus importantes des études montaignistes des vingt dernières années. Le sujet, pourtant, est loin d'être épuisé. C'est pour cette raison que le comité d'organisation du colloque de St Andrews a cru utile de retenir le même thème. On s'attendait, il est vrai, à recevoir des propositions de communication axées sur la stylistique ou la poétique. Nous en avons reçues, et de tout premier ordre. Comme on va le voir, par contre, beaucoup des intervenants ont décidé d'adopter d'autres perspectives, ce qui élargit singulièrement le débat.

La rhétorique a été abordée dans le contexte de la tradition littéraire, conçue ici dans le sens le plus large, par Gisèle Mathieu-Castellani, Michel Magnien et Mary McKinley. Mme Mathieu-Castellani signale – on a parfois tendance à l'oublier – que la critique de la rhétorique constitue elle-même un topos littéraire. Au moment même où Montaigne affiche son refus de la rhétorique, il se voit contraint d'avouer que, comme tout le monde, il est tout à fait incapable d'y échapper : "Oyez dire metonomie, metaphore, allegorie et autres tels noms de la grammaire, semble-il qu'on signifie quelque forme de langage rare et pellegrin ? Ce sont titres qui touchent le babil de vostre chambriere" (I, 51, 307 B). Il n'est guère surprenant alors qu'il ait longuement médité les textes anciens susceptibles de l'aider dans la formation de sa propre esthétique, y compris Cicéron, Quintilien, et Tacite. Il est vrai que ceux-ci sont parfois mis à contribution avec une rare discrétion. Ainsi, on a proposé diverses sources plus ou moins convaincantes à la célèbre image organiciste qui domine *De l'oisiveté*[1], mais il revient à la poéticienne brillante qu'est Gisèle Mathieu-Castellani de révéler qu'il s'agit (aussi ?) d'une réécriture d'une image tirée du *Dialogue des Orateurs*, qui retourne la critique de l'oisiveté en éloge de l'oisiveté, revalorisant ainsi ce qui avait tout l'air d'être dévalorisé. C'est ainsi que, comme le montre Mme Mathieu-Castellani à propos d'un emprunt plus ou moins masqué à Quintilien, l'étude des modèles rhétoriques peut se transformer en étude de poétique – l'essence même des *Essais* telle qu'elle est conçue par la grande partie de la critique montaigniste moderne.

---

1 Voir la communication de Mary McKinley.

Quand Montaigne exagère les contrastes entre sa poétique personnelle et celle de ses adversaires, il vise, bien sûr, à mettre en relief sa propre originalité. Celle-ci ne peut être vraiment comprise, cependant, que si l'on interprète comme il faut la tradition littéraire qu'il exploite. C'est le grand mérite de la communication de Michel Magnien, qui reprend un sujet qui a déjà retenu l'attention de plusieurs montaignistes : "Le sublime dans les *Essais*". Magnien a peut-être tendance à sous-estimer la valeur persuasive des *Essais*, mais il a tout à fait raison de mettre en relief l'importance du ravissement (qui peut, d'ailleurs, produire exactement le même résultat). Ce qui est sûr, en tout cas, c'est que l'accent mis sur le sublime dévalue toute conception trop simpliste de la rhétorique (disposition, mise en forme des arguments, ornementation etc.), et, plus important encore, rend caduque la distinction traditionnelle entre le *sermo grandis* et le *sermo humilis* : le *sermo quotidianus* de Socrate s'avère plus sublime que l'*oratio continua* de Cicéron. Le refus provocateur de l'éloquence cicéronienne n'a rien qui doive nous étonner. Il convient de noter, cependant, que la *copia* n'est pas l'antithèse du sublime, que l'*ornatus* cicéronien avait lui-même pour but de transporter – de là, peut-être, l'ambiguïté de l'attitude de Montaigne, qui commence, tardivement, à citer de plus en plus Cicéron.

Pour sa part, Mary McKinley explique le rôle positif qui est parfois attribué à Cicéron (et à certains cicéroniens) en nous rappelant que Montaigne a dû apprécier l'ironie du *Ciceronianus*, où Erasme n'a mis dans la bouche de son porte-parole que des paroles ou des analyses empruntées à Cicéron lui-même. Elle nous offre, en effet, une étude de tout premier ordre sur le rôle de l'intertextualité dans *De la vanité*. Elle met en relief le rôle joué par Erasme dans la crise du langage au XVIe siècle, ce qui nous permet de mieux comprendre les dimensions à la fois littéraires et politiques des attaques de Montaigne contre "l'escrivaillerie". La structure même de *De la vanité* s'en trouve éclaircie : l'intertexte érasmien (*De optimo genere dicendi*) explique à la fois le rôle de Rome dans l'essai (symbole de l'Autre qui menace – et fait fructifier – l'intégrité de l'auteur) et les divers jeux spéculaires auxquels se livre Montaigne (qui choisit cet essai déconcertant pour expliquer sa "façon de se laisser rouler au vent, ou à le sembler").

Deux autres intervenants ont décidé d'analyser des "chapitres" individuels : Ann Moss, et Jules Brody. On apprécie depuis longtemps déjà les "lectures philologiques" proposées par ce dernier. On se réjouit donc de le voir consacrer ses immenses talents à une analyse de *De l'art de conferer*. Savourant les mots autant que Montaigne lui-même, il se plaît à relever une pléthore de constructions antithétiques et une longue séquence métaphorique, qui dotent cet essai d'une cohérence formelle qui échapperait à une lecture que Brody qualifierait volontiers – mais de façon ironique – de "normale". Ann Moss, de son côté, utilise l'optique de la rhétorique pour analyser un essai des plus controversés : *Des coches*. Ayant souligné le rôle structural du sorite des dialecticiens comme de la *gradatio* des rhétoriciens, elle présente une hypothèse tout à fait originale – et très convaincante – selon laquelle "c'est la rhétorique elle-même qui se signale[rait] comme objet différé de notre enquête [...], comme ressort de tous les mouvements qui nous emportent". Ce que Montaigne met en relief donc, c'est l'ethnocentrisme de la rhétorique européenne, pierre d'achoppement que l'essayiste lui-même ne saurait éviter puisque, pour rendre la parole aux Indiens qu'il veut défendre, il doit avoir recours à quatre intermédiaires et à trois langues différentes. La *sermocinatio* attribuée aux Indiens – qui est censée démontrer leur supériorité – n'est elle-même qu'un ornement rhétorique emprunté aux procédés narratifs des historiens européens. La solidarité de Montaigne avec les Indiens est sincère ; mais (voir les figures de circularité qui caractérisent son essai), il se rend très bien compte qu'il ne peut échapper au code culturel – et rhétorique – que lui ont légué les Anciens.

Gabriel Pérouse considère un sujet annexe (les réactions de Montaigne devant la souffrance), mais son approche est différente puisqu'il offre des analyses – plus ou moins détaillées selon le cas – de tout un éventail de textes. Il s'occupe tout d'abord de la thématique de la pitié, puis du lexique avant d'aborder des questions de syntaxe et les figures de rhétorique. Il conclut que Montaigne a deux voix à propos de la pitié : l'une pour la contenir (l'essayiste s'adresse à lui-même, et veut se rassurer) ; et l'autre pour l'amplifier. Pour exprimer toute la conviction que lui inspire une des certitudes éthiques des *Essais* (la détestation de la cruauté), Montaigne n'hésite pas alors à mettre en œuvre le pathétique persuasif prôné par Quintilien.

Pour ce faire, il a recours à toute une gamme de figures de rhétorique, dont l'hyperbole, le sujet même de la communication de Margaret McGowan. Tout le monde apprécie les analyses pénétrantes de *Montaigne's Deceits* (Londres, 1974), où Mme McGowan nous présente un Montaigne calculateur, qui, soucieux de convaincre son lecteur, dose subtilement ses effets. Il n'est pas toujours clair si le Montaigne qu'elle étudie ici est "entraîné par les mots" ou s'il est "entraîné *volontairement*" (c'est moi qui souligne). Toujours est-il qu'elle a tout à fait raison d'équilibrer le portrait de l'essayiste en accentuant une façon d'écrire "qui semble manquer de contrôle", qui privilégie l'*amplificatio* et l'hyperbole. Sa communication recoupe de façon très intéressante celle de Gabriel Pérouse, puisqu'elle conclut comme lui que Montaigne parle parfois pour se convaincre mais aussi que l'agression verbale auquel il a recours pour flétrir les cruautés des Guerres de Religion (ou pour humilier l'orgueil de l'homme) a pour but de nous faire partager sa censure.

Le goût prononcé pour l'*amplificatio* s'explique évidemment par d'autres raisons, y compris le plaisir que prend Montaigne à manier et à savourer les mots. On retrouve la même préoccupation dans la communication fulgurante d'André Tournon, qui analyse plusieurs exemples très significatifs des retouches autographes faites par Montaigne sur l'Exemplaire de Bordeaux qui affectent sensiblement la ponctuation des *Essais* et par là l'articulation du texte. Si l'on respecte la "scansion" signalée ainsi par Montaigne[1], on constate que le "langage coupé" des *Essais* est caractérisé par des élans plutôt que par des arrêts, que Montaigne crée des paliers d'élan qui lui permettent d'accentuer des effets de surprise, et qu'en introduisant des mouvements en avant là où on s'attendrait à des conclusions, il "contrarie [...] les principes de la rhétorique et de la dialectique anciennes et modernes".

Les analyses offertes par André Tournon sont tellement convaincantes qu'on a du mal à comprendre pourquoi la critique montaigniste des quatre derniers siècles a refusé de tenir compte des consignes (pourtant claires !) données par Montaigne à son imprimeur. Antoine Compagnon nous propose une autre énigme. Ayant signalé le rôle important de l'allégorie dans la littérature médiévale comme dans celle du XVIIe siècle, il s'étonne de son absence dans les *Essais*. Compagnon démontre sans peine que Montaigne rejette l'allégorie rhétorique et qu'il est presque aussi hostile à l'allégorie herméneutique. Il démontre, par contre, que l'opposition dont parle Montaigne entre "l'escorce" d'un texte et des sens plus "vifs" que l'on peut y déceler relève directement de la problématique de l'allégorie. Si Montaigne insiste sur l'importance de l'intentionnalité dans l'interprétation des textes homériques, quel rôle peut-on attribuer au "suffisant lecteur" qui voudrait "esplucher un peu ingenieusement" les *Essais* ?

La question de l'allégorèse soulève directement et indirectement celle des rapports entre la rhétorique et la dialectique. La même question se trouve évoquée dans la communication pénétrante de Daniel Ménager : "Montaigne et l'art du 'distingo'". La *distinctio* préconisée par Aristote s'avère très utile dans le domaine du lexique (voir aussi la communication de Gabriel Pérouse), comme la diarèse développée par Platon dans les analyses du psychologue et du moraliste. Celles-ci ne sont pas exploitées de façon rigide, pourtant. Montaigne cherche à obtenir le degré maximal de rigueur dans la définition plutôt que de transformer des vertus en faiblesses et des faiblesses en vertus à l'instar de Quintilien. Il se réserve le droit aussi de récrire les divisions traditionnelles, brouillant les pistes en apportant des distinctions supplémentaires ou nouvelles quand il lui plaît. C'est ainsi que Montaigne "transforme les moyens de dire et de penser que lui offrent ces traditions, inventant du même coup une façon nouvelle de philosopher".

---

1 Si l'on envisage une lecture à haute voix, on pourrait parler peut-être de "tempo".

Ian Maclean s'intéresse lui aussi au *distingo*, mais l'envisage d'un point de vue très différent : celui d'un érudit qui, ayant publié une étude magistrale sur l'interprétation du droit romain à la Renaissance, a appris – et c'est un avantage immense – à apprécier le discours juridique auquel Montaigne s'en prend de façon si féroce. Maclean démontre sans peine que Montaigne connaît de plus près qu'il ne voudrait nous le faire croire le droit civil romain. Ce qui plus est, celui-ci est loin d'être aussi "vain" ou aussi purement "verbal" que la polémique de Montaigne nous le ferait croire. Les juristes les plus avisés se rendaient très bien compte qu'il est difficile d'enfermer le contingent de l'expérience individuelle sous des loix fixes et abstraites, et utilisaient de façon très intelligente des procédés d'argumentation que Montaigne sait très bien utiliser à son tour. Ce serait donc une lourde erreur que de laisser la rhétorique adversative de Montaigne masquer les traces que laissa dans les *Essais* le discours juridique contemporain.

Philippe Desan s'éloigne encore plus de la rhétorique traditionnelle. Selon lui, Montaigne aurait compris qu'il était impossible de transférer les techniques rhétoriques de l'Antiquité au monde de la Renaissance puisque chaque époque doit développer son propre paradigme de communication. Dans son cas, cette tâche devenait d'autant plus urgent qu'il avait non seulement à refléter la labilité de son propre *moi* mais aussi à tenir compte de ses rapports changeants avec le monde extérieur. Il développa donc un modèle de type échangiste, très proche du livre de comptes du marchand de l'époque, apte à se transformer en "registre de durée" et permettant la mise sur le papier de son interaction avec autrui.

Tout comme Philippe Desan, Timothy Hampton met en relief la dimension sociétale de la rhétorique – et, en l'occurrence, les tensions qui existent entre le discours privé (censé être plus sincère) et le discours plus public du diplomate, souvent tenté de "gauchir sa parolle". Ce qui est en jeu ici, c'est un éventail de problèmes – le sujet, le langage, le pouvoir – qui nous mène directement au cœur des *Essais*. L'analyse approfondie qu'en offre Timothy Hampton nous aide à mieux apprécier les stratégies utilisées par Montaigne lorsqu'il essaie de négocier un pacte entre le lecteur et "un livre de bonne foy".

Les deux dernières communications abordent divers aspects d'un même problème : les rapports entre les femmes et la rhétorique. Ceci pourrait surprendre étant donné la perspective en apparence phallocrate adoptée par Montaigne, qui refuse aux femmes tout droit à des "drogueries si inutiles à leur besoing" et qui leur assigne un rôle érotique traditionnel dans *De trois commerces*. Nos deux intervenants démontrent sans difficulté, pourtant, que ce serait singulièrement méconnaître la pensée de Montaigne que d'en rester là.

L'approche de Neil Kenny est des plus rigoureuses. Situant le texte de Montaigne dans la pensée de l'époque, il fait la part de la misogynie traditionnelle avant de mettre en valeur les aspects plus avancés de la pensée de l'essayiste. Montaigne se rend compte en effet que la rhétorique telle qu'elle est pratiquée par ses contemporains fait partie d'un système patriarcal destiné à exclure toute voix féminine. Kenny souligne les contraditions inhérentes à toute tentative de la part d'un auteur masculin de “doter” les femmes d'une autonomie réelle, mais lui rend justice en ce qui concerne l'effort qu'il fait en vue d'imaginer un espace féminin autonome.

Richard Regosin envisage la voix féminine dans une autre optique. Prenant la relève de Robert Cottrell, il étudie les rapports entre textualité et sexualité, recherchant dans les *Essais* les métaphores qui montrent “à côté des discours rhétorique et médical masculins qui excluent la femme” un autre discours qui voit dans le corps féminin “la figure du discours et de la rhétorique”. Cette opposition se propose de réintégrer la femme (“La même rhétorique que Montaigne déconseille aux femmes annonce (permet ?) le retour du féminin à sa propre place, et la reconstitution de la figure androgyne, ‘pere et mere ensemble’”) ; mais elle n'en est que plus paradoxale puisque “en parlant de l'androgyne, nous recourons à une autre figure [...] qui cache l'essence de la voix et du discours autant qu'elle la révèle”. Ainsi s'opère un glissement de la rhétorique à la biologie, de la biologie à la politique sexuelle – preuve excellente (si l'on en a besoin) de la richesse inépuisable du thème retenu pour notre colloque.

James J. SUPPLE
University of St Andrews

Note : Sauf indication contraire, les références des *Essais* renvoient à l'édition Villey-Saulnier, P. U. F., 1965.

I

LA POETIQUE DE MONTAIGNE

L'INTERTEXTE RHÉTORIQUE : TACITE, QUINTILIEN ET LA POÉTIQUE DES *ESSAIS*

Le démantèlement de la Rhétorique, qui ne date ni d'aujourd'hui ni d'hier, s'inscrit dans un long processus de déshabillage : de restriction en restriction – réduction de la Rhétorique aux cinq parties du discours, de celles-ci aux trois premières, dès lors que se perd l'ancrage institutionnel, des trois premières parties à l'*elocutio*, puis de l'*elocutio* au seul système des figures – troué et en lambeaux, le manteau ne couvre bientôt plus que le corps squelettique des sœurs ennemies, Métonymie et Métaphore, censées polariser l'opposition du récit et de la poésie.

Lorsque la Rhétorique se constitue en corpus normatif classant en figures manières de dire et manières de penser, lorsqu'elle devient une simple nomenclature qui n'interroge plus les modalités de l'énonciation, elle est alors l'objet de la risée des sages :

> [B] Oyez dire metonomie, metaphore, allegorie, et autres tels noms de la grammaire, semble-il pas qu'on signifie quelque forme de langage rare et pellegrin ? (I, 51, 307)

Et si elle est encore considérée comme ouvrière de persuasion, apte par exemple à "capter la benivolence du candide lecteur" (I, 31, 169 A), le philosophe en quête de vérité se défiera d'elle, et des prestiges de la "belle peincture", leur préférant "le lustre d'une vérité simple et naifve" (*ibid.*).

Comme l'observait Eva Kushner[1], cette résistance à la rhétorique n'exclut pas dans les *Essais* la présence de la rhétorique, ou en tout cas, du rhétorique. J'ajouterai que la critique de la rhétorique fait partie de l'héritage rhétorique, comme le montre par exemple le *Dialogue des Orateurs*, et que certains dialogues de Platon, le *Gorgias* et le *Phèdre* notamment, ont déterminé pour longtemps en Europe les éléments constitutifs du topos anti-rhétorique, car c'est bien d'un topos qu'il s'agit :

– l'opposition du "mentir" et du "parler vrai", d'abord, reprise par exemple dans l'essai *De la vanité des paroles* :

> Ariston definit sagement la rhetorique : science à persuader le peuple ; Socrates, Platon, art de tromper et de flatter. (I, 51, 305 C)

– l'opposition de l'artificiel et du naturel, thématisée dans le *Gorgias*, où la rhétorique, un empirisme, est comparée à la cuisine, art d'assaisonner un

---

1 E. Kushner, "Des brides pour un cheval eschappé...", in *Rhétorique de Montaigne*, éd. F. Lestringant, Paris, 1985, p. 49-58.

plat naturellement fade : le récit emblématique de cet essai met en scène un maître d'hôtel qui discourt de la science de gueule comme d'un point de théologie, en excellent orateur traitant de l'ordonnance d'un repas comme de celle d'une *oratio*, plaisant à la vue plus qu'au goût.

– l'opposition du beau (séduisant, attachant, “les belles paroles”), et du vrai/naturel non fardé : “ceux qui masquent et fardent les femmes, font moins de mal” que ceux qui corrompent “l'essence des choses” (I, 51, 305 A).

On se rappelle que Socrate établissait en effet que la rhétorique, ouvrière de persuasion qui vise la croyance et non le savoir, n'a pas besoin de connaître la vérité des choses (*Gorgias* 459 b).

On trouve des traces de ce topos rhétorique anti-rhétorique en particulier dans la littérature narrative de la Renaissance, dans le genre de la nouvelle, et précisément dans le prologue de l' *Heptaméron*, où l'on se propose d'exclure de la production des récits les gens de lettres, “de peur que la beauté de la rhétorique fît tort en quelque partie à la vérité de l'histoire”.

Il convient de reconnaître, contre l'impérialisme d'un discours qui pose la concurrence de deux langages, l'un rhétorique, l'autre naturel, qu'il n'y a pas de naturalité non rhétorique du langage. Et que les figures, comme l'observait Fontanier, sont partout présentes dans le langage ordinaire :

> [Les figures] sont d'un usage si familier, si fréquent dans le langage même qu'on pourrait croire le moins figuré ! [Elles] nous viennent de la Nature même, comme la parole, et [...] c'est elle-même qui les enseigne à tous les hommes, au rustre comme au savant, à l'enfant comme à l'homme fait[1].

Et que, de surcroît, un discours en tant que tel est nécessairement “rhétorique”, puisqu'il vise à influencer, quel que soit le mode d'influence, *conseiller* comme dans le délibératif, *obliger* comme dans le judicaire, *plaire* comme dans le démonstratif.

Si Montaigne déclare qu'il ne veut ni instruire ni former son lecteur, proposant des essais “instruisables, non instruisants” (I, 56, 323 C), s'il récuse les rôles du conseilleur et de l'obligateur, il joue au moins le rôle du séducteur, rôle éminemment rhétorique, y compris dans sa variante négative, dans le refus affiché de séduire et de plaire. Le malveillant Pasquier a bien vu la duplicité du séducteur : “Par ses écrits, il prenait plaisir de déplaire plaisamment”. Ou il prenait plaisir de plaire déplaisamment. Le désinvolte avis *Au lecteur* où se déclare insolemment le mépris de la faveur du monde n'est-il pas subtil exercice de *captatio*, piège pour le candide lecteur, demande d'amour ?

---

1 Pierre Fontanier, *Les figures du discours*, Paris, 1968, p. 67.

Cela dit, il ne s'agira pas ici d'examiner la rhétorique des *Essais*, mais plutôt de mesurer l'apport de la rhétorique aux *Essais* ; l'apport de la rhétorique, non à la rhétorique, mais à la poétique des *Essais*. Et plus précisément, d'évaluer l'importance de quelques grands textes rhétoriques, non seulement dans la réflexion éthique, et politique, mais dans l'esthétique.

Que ces grands textes soient présents dans les *Essais* ne peut surprendre : Cicéron, Quintilien, Tacite, pour les latins, mais aussi, par le medium des traductions en latin ou en français, Aristote et Platon (le premier, il est vrai, plus par l'*Ethique à Nicomaque* que par la *Rhétorique* ou la *Poétique*, le second surtout, semble-t-il, par *Gorgias*, *Phèdre*, et *Ion*). Et, sans doute, le *Traité du Sublime* du pseudo-Longin, qui arrache la poétique à la rhétorique. La question posée est d'abord celle des modalités de cette présence, plus ou moins masquée, et du statut du texte convoqué[1] : ici cité exactement, ou à peu près exactement, mais sans indication du nom de l'auteur :

> *Pectus est quod disertum facit* (III, 5, 873 C),

là allégué avec mention vague de la source, ou seulement mention de l'auteur :

> Messala se pleint en Tacitus de quelques accoutremens estroits de son temps, et de la façon des bancs où les orateurs avoient à parler... (II, 17, 638 A)

le plus souvent récrit sans allusion à l'origine :

> Quoy des mains ? nous requerons, nous promettons, appellons, congedions... (II, 12, 454 C) (*Inst. Or.* XI. V. 36)

Ces diverses modalités appellent quelque remarque préliminaire : comme tout autre intertexte, l'intertexte rhétorique est à la fois marqué et masqué, et la référence est le plus souvent allusive. Comme s'il suffisait de citer telle formule pour que le diligent lecteur reconnaisse aussitôt l'emprunt et sa source. Comme si l'allégation faisait référence à un savoir commun, utilisable par prélèvement sans autre forme de reconnaissance explicite. Comme si se jouait un jeu de cache-cache, une citation exhibée en cachant une autre, destiné à taquiner le lecteur, et à éprouver sa sagacité et son esprit critique :

> [C] Ez raisons et inventions que je transplante en mon solage et confons aux miennes, j'ay à escient ommis parfois d'en marquer l'autheur, pour tenir en bride la temerité de ces sentences hastives qui se jettent sur toute sorte d'escrits [...]. Je veux qu'ils donnent une nazarde à Plutarque sur mon nez, et qu'ils s'eschaudent à injurier Seneque en moy. (II, 10, 408)

---

1 Voir Floyd Gray, *Montaigne bilingue. Le latin des Essais*, Paris, 1991, et ses excellentes analyses en ce qui concerne les citations des poètes.

En outre, ce n'est pas parce qu'un texte n'est ni cité allégué ni même réécrit qu'il n'a pas été lu, médité, absorbé. Saint Augustin est présent dans les *Essais* à travers les multiples et divers emprunts à *La Cité de Dieu* ; des *Confessions*, nulle mention. Qui pourrait pourtant assurer que ce dernier livre n'est pas à l'horizon des *Essais* ? Plutarque-Amyot, en revanche, est cité, allégué, commenté : l'*Apologie* insère néanmoins une séquence d'une importance décisive, “prise presque textuellement de Plutarque” comme dit Villey (tr. Amyot, *Que signifioit* Ei, XII), sans mention d'auteur ni d'origine. Et plusieurs critiques s'accordent à reconnaître une présence discrète du pseudo-Longin, alors que nulle allusion n'est faite au *Sublime*. Il en va de même, on s'en doute, avec l'intertexte rhétorique, dont la présence masquée est souvent l'indice d'une lecture/écriture qui peut révéler quelque surprise :

> [C] Qu'on voye, en ce que j'emprunte, si j'ai sçeu choisir de quoy rehausser mon propos. Car je fay dire aux autres ce que je ne puis si bien dire, tantost par foiblesse de mon langage, tantost par foiblesse de mon sens. (II, 10, 408)

Je m'attacherai à deux exemples, parmi bien d'autres, deux exemples tout différents, en relevant dans le chapitre *De l'oisiveté* (I, 8) une réécriture d'un fragment du *Dialogue des Orateurs* de Tacite, et dans le chapitre *Sur des vers de Virgile* (III, 5) le claque d'une formule de l'*Institution Oratoire* de Quintilien. Non pas pour déplumer l'auteur des *Essais* comme il nous y invite :

> J'aimeray quelqu'un qui me sçache deplumer (408 C),

mais plutôt pour voir comment il s'approprie des textes[1], en transplantant en son solage et en confondant aux siennes “raisons et inventions” d'autrui. Et comment, en bon jardinier, il fait fructifier la semence.

Le *Dialogue des Orateurs* dans les *Essais*

On sait l'admiration de Montaigne historien de sa vie pour le Tacite historien des vies des empereurs :

> [B] Je viens de courre d'un fil l'histoire de Tacitus [...]. Je ne sçache point d'autheur qui mesle à un registre public tant de consideration des meurs et inclinations particulieres. (III, 8, 940)

Et on connaît aussi les deux réserves qu'il est amené à formuler ; que Tacite ait privilégié *l'histoire* au détriment de *la vie* (selon la distinction d'Amyot), qu'il ait accordé au récit événementiel plus d'importance qu'à la méditation éthique et à l'analyse psychologique, dans ces critiques se lit surtout leur

---

1 Voir *ibid.*, en particulier les chapitres III (p. 39 ss) et IV (p. 77-98).

envers, la défense du projet singulier, et la justification d'un nouveau genre littéraire[1].

C'est un autre Tacite qui m'arrêtera ici, l'auteur du *Dialogue des Orateurs.* Selon Villey, on compte trois références à cet ouvrage, deux explicites (I, 26, 170 A, et II, 27, 638 A), et une implicite (une citation légèrement inexacte en II, 10, 415 A). Claude Blum, notant cette influence du *Dialogue*, soulignait que le désenchantement de Montaigne rencontrait celui de Maternus sur le chapitre de la retraite prématurée[2].

A ces divers renvois s'ajoutent, me semble-t-il, une réminiscence (la réflexion sur les "discours fortuitcs" en III, 5, 876-77 B, qui peut faire écho au *Dialogue* comme à *l'Institution Oratoire*), et trois – au moins trois – reprises textuelles :

1. Montaigne : [A] Comme nous voyons des terres oysives, si elles sont grasses et fertilles, foisonner en cent mille sortes d'herbes sauvages et inutiles, et que, pour les tenir en office, il les faut assubjectir et employer à certaines semences, pour notre service ; [...] ainsin est-il des espris. (I, 8, 32)

Tacite : Nam in ingenio quoque, sicut in agro, quamquam utiliora serantur atque elaborentur, gratiora tamen quae sua sponte nascuntur. (VI. 6)

2. Montaigne : [A] Je n'ayme point de tissure où les liaisons et coutures paroissent, tout ainsi qu'en un beau corps, il ne faut qu'on y puisse compter les os et les veines. (I, 26, 172)

Tacite : Oratio autem, sicut corpus hominis, ea demum pulchra est, in qua non eminent venae nec ossa numerantur, sed temperatus ac bonus sanguis implet membra et exsurgit toris ipsosque nervos rubor tegit et decor commendat. (XXI. 8)

3. Montaigne : [A] L'eloquence a fleury le plus à Rome, lors que les affaires ont esté en plus mauvais estat, et que l'orage des guerres civiles les agitoit : comme un champ libre et indompté porte les herbes plus gaillardes. (I, 51, 306)

Tacite : Nostra quoque civitas, donec erravit, [...] tulit sine dubio valentiorem eloquentiam, sicut indomitus ager habet quasdam herbas laetiores. (XL. 4)

Dans les trois cas, où le texte de Tacite pouvait être convoqué en qualité de témoin ou de garant, l'absence de référence explicite interdit l'usage de la citation en guise de caution. Loin de faire dire ici à autrui ce qu'il ne peut ou ne veut pas dire[3], Montaigne choisit de dire avec les mots d'un autre ce qu'il a à dire en son propre nom. Le texte convoqué a plutôt le statut d'un modèle

[1] Voir mon livre *Montaigne. L'écriture de l'essai,* Paris, 1988, "Les dépouilles de Plutarque", p. 63-89.

[2] Claude Blum, "Conclusions", in *Rhétorique de Montaigne, op. cit.*, p. 206.

[3] Comme l'a montré F. Gray, *op. cit.*, à propos des citations obscènes, p. 92-93.

d'écriture. Et on remarquera qu'une même figure de similitude soutient les trois séquences :

> *sicut* in agro
> *sicut* corpus hominis
> *sicut* indomitus ager,

et qu'elle établit une relation entre l'esprit, le texte, ou l'époque, et un champ ou un corps. La métaphore organiste ou organiciste est ce qui semble avoir retenu l'attention de celui qui use volontiers de la métaphore corporelle pour penser les rapports de l'homme et du monde. L'imaginaire biologique, actif dans la littérature latine classique, permet de figurer l'*ingenium*, la tissure/texture, le siècle, comme des cas particuliers d'un phénomène général, la vie organique. Justifiant ainsi l'oisiveté, l'écriture enchaînée, ou la défiance à l'égard des belles paroles.

Sans pouvoir m'y attarder, je m'arrêterai un instant sur l'une de ces références, la première, la plus compliquée. Le texte de Tacite, en effet, dit clairement le choix des *gratiora*, préférés aux *utiliora* : soit le contraire de ce que dit clairement l'essai *De l'oisiveté*, où Montaigne feint de se désoler de produire monstres et chimères fantasques. Pourtant, ce chapitre à la construction paradoxale finit par rejoindre très exactement le *Dialogue*, en retournant la critique de l'oisiveté en éloge de l'oisiveté, et en réévaluant, comme j'ai essayé de le montrer[1], ce qui d'abord était dévalué, l'excrément, le déchet. Le texte de Tacite ensemence l'essai, et se dissémine du reste, en dehors de l'incipit, dans chacune de ses lignes. J'ai indiqué ailleurs[2] comment cet intertexte masqué – non point sans doute par une opération volontaire de déguisement, mais par une reprise de sens qui le transforme et le métamorphose – constituait “l'autre texte” de l'essai, son palimpseste effacé, et recouvert de nouvelles traces.

Comme mon propos n'est pas aujourd'hui d'étudier la genèse de l'essai, mais seulement de signaler quelques exemples de masquage, je me bornerai à noter que le *Dialogue des Orateurs* a été, non seulement lu dans sa dimension théorique, mais aussi démembré à l'occasion et déplumé, soit pour appuyer la réflexion politique, soit pour ensemencer une méditation sur l'oisiveté pourvoyeuse de songes, ou sur le charme des discours fortuits, bref qu'il a apporté quelque chose à la poétique de l'essai, et à la réflexion sur cette poétique. Car le choix des *gratiora inutilia* fonde l'écriture de l'essai, qui a pour ambition de transformer l'inutile, le contingent, “ce qui pourrait advenir”, le “fantastique” (le produit d'une imagination en liberté), en une

---

1 Dans mon livre, *op. cit.*, “L'écriture de la folie”, p. 25-43.

2 Dans une communication, “La semence du texte. Portrait de l'artiste en jardinier”, présentée au Colloque de Montréal sur la génétique textuelle, février 1992.

"matière" utile, en un "corps solide appelé à durer". Métamorphosant ainsi le texte de Tacite en un texte tout autre, mais qui trouve en lui de quoi nourrir une méditation sur ces herbes sauvages plus gaillardes, proliférant sur le sol d'une oisiveté pourvoyeuse de songes.

L'*Institution Oratoire* dans les *Essais*

C'est encore dans la perspective d'un apport à la poétique que l'on peut envisager la lecture/écriture de l'*Institution Oratoire*.

Si le nom de Quintilien n'apparaît en clair que deux fois (I, 26, 166 C et III, 5, 838 C), dans des additions postérieures à 1588, Villey note dans son "Aperçu sommaire des Sources et Annotations diverses" (éd. cit. p. 1223-1333) une dizaine de références implicites à l'*Institution Oratoire* : quelques-unes sont d'ailleurs des lieux-communs de la culture antique et de l'humanisme antiquisant, comme l'allusion à Timanthe (I, 2, 12 A), ou l'anecdote qui ouvre le chapitre sur la force de la coutume (I, 23, 108 A), d'autres des traces de lectures possibles, comme la comparaison entre le corps et le texte, ou la réflexion sur les discours fortuites et l'improvision, qui peuvent combiner un souvenir de Tacite et un souvenir de Quintilien.

Plus précisément, Villey relève, dans son Index (éd. cit., p. 1372), une douzaine de citations, des citations-cautions, empruntées à Quintilien (sans indication d'auteur ni de lieu), l'une aux *Declamationes*, les autres à l'*Institution Oratoire*, toutes également des additions postérieures à 1588 :

(i) deux renvoient au livre I de l'*Institution Oratoire* : *Essais*, III, 12, 1051 C, *Inst. or.* XII. 11 ; *Essais*, II, 16, 624 C, *Inst. or.* XII. 8.

(ii) une renvoie au livre II : *Essais*, III, 10, 1006 C, *Inst. or.* XVII. 27.

(iii) une renvoie au livre V : *Essais*, III, 2, 815 C, *Inst. or.* XII. 19.

(iv) une renvoie au livre VIII : *Essais*, I, 26, 171 C, *Inst. or.* III. 30.

(v) trois renvoient au livre X : *Essais*, III, 13, 1067 C, *Inst. or.* III. 16 ; *Essais*, III, 5, 873 C, *Inst. or.* VII. 15 ; *Essais*, I, 39, 242 C, *Inst. or.* VII. 24.

(vi) deux renvoient au livre XI : *Essais*, III, 9, 963 C, *Inst. or.* I. 33 ; *Essais*, III, 13, 1088 C, *Inst. or.* III. 40.

(vii) une renvoie au livre XII : *Essais*, II, 12, 442 C, *Inst. or.* XI. 12.

Ces citations sont exactes pour six d'entre elles (*Essais*, 242, 442, 624, 815, 1051, 1067), à peu près exactes pour les cinq autres[1] ; une citation

[1] Citations à peu près exactes :
un indicatif (*sunt*) au lieu d'un subjonctif en *Essais*, III, 10, 1006 C ;
un singulier (*disertum, militare*) au lieu d'un pluriel en *Essais*, III, 5, 873 C et *Essais*, III, 9, 963 C ;
un rétablissement d'un mot pris dans le contexte (*vox*) en *Essais*, III, 13, 1088 C ;
une modification de l'organisation syntaxique, sans altération de la signification en *Essais*, I, 26, 171 C.

exacte (*Essais*, III, 13, 1067 C), "Difficultatem facit doctrina" (*Inst. or.* III. 16), est détournée de son contexte.

Mais c'est à une citation non marquée (ni, je crois, remarquée) que je m'arrêterai. Dans l'essai *Sur des vers de Virgile*, où Montaigne cite explicitement Quintilien (sans le nommer) :

> *Pectus est quod disertum facit.* (III, 5, 873 C, *Inst. or.* X. VII. 15),

la séquence de commentaire : "Quand je rumine..." (872-873 B), porte trois additions postérieures à 1588 : deux citations, l'une de Sénèque, l'autre de Quintilien – celle-là même que je viens de rappeler – et une superbe formule de clôture :

> Elles [les paroles] signifient plus qu'elles ne disent.

Comme je l'ai montré ailleurs[1], cette formule calque exactement la définition que Quintilien donne d'une des deux formes de la figure de la *signification* :

> *altera quae plus significat quam dicit* (*Inst. or.* VIII. III. 83),

en écho à Cicéron :

> *et plus ad intellegendum quam dixeris, significatio (De Or.* III. 202).

Cette réécriture-calque, fort intéressante, peut suggérer plusieurs réflexions. D'abord, on voit que, à côté des citations explicites, ou des allusions assez précises qu'a relevées Villey, restent encore à repérer bien d'autres rencontres entre Montaigne et Quintilien. Et que le texte des *Essais* cache un palimpseste soigneusement occulté.

Mais aussi que Montaigne, tout en mettant la rhétorique en question et à la question, s'est attaché à arracher une figure comme celle de la *significatio* à la seule rhétorique, pour la rendre, non à la stylistique, mais à la poétique. En effet, cette réminiscence de l'*Institution oratoire* ne conduit pas à une réflexion sur l'ornement, comme dans la section III du livre VIII de Quintilien, mais à une méditation personnelle sur la signifiance, distincte de la signification. Il est vrai que Quintilien incitait en réalité dans ce livre à aller de la rhétorique à la poétique, car loin de se borner à examiner le statut et la fonction de l'*ornatus* dans l'*elocutio*, il portait son attention du côté de ces mots "quae plus significant quam elocuntur" (VIII. II. 11), et il s'attachait brillamment à cette signification-emphasis qui "non ut intellegatur efficit, sed ut plus intellegatur" (*ibid.*). C'est à ce *plus* que s'intéresse aussi Montaigne, à cette sémiosis qui déborde la mimésis.

En d'autres termes, Montaigne réussit ici un coup double. Lecteur diligent de Quintilien, il a su découvrir le poéticien caché sous le professeur de

---

1 Voir mon article "Dire, signifier. La figure de la *signification* dans les *Essais*", in *Montaigne Studies*, éd. R. Cottrell, 3, nos. 1-2 (1991), p. 68-81.

rhétorique, et un poéticien assez subtil pour s'attacher à l'inconscient du discours[1] ; et il a nourri son propre commentaire de la poésie de cet apport, et, au-delà du commentaire, sa propre poétique. Car l'essai porte trace de cette méditation sur une signifiance qui va au delà de la seule signification, et il a pour ambition de retrouver "certaine image trouble qui [...] presente [à l'écrivain] une meilleure forme que celle [qu'il a mise] en besongne" (II, 17, 637 C-A), ou encore il rêve de substituer aux paroles françaises "si exangues, si descharnées et si vuides de matiere et de sens" (I, 26, 147 A) "une piece haute, riche et eslevée jusques aux nuës" (*ibid.*), comme celles des anciens auteurs latins.

Il reste encore beaucoup de terres à défricher pour mettre au jour le palimpseste rhétorique des *Essais*. Les deux petites "découvertes", un Tacite caché dans l'essai *De l'oisiveté*, un Quintilien s'avançant masqué dans l'essai *Sur des vers de Virgile*, ont surtout l'intérêt de montrer la diversité des stratégies et des enjeux.

Il ne s'agit pas prioritairement de repérer toujours de nouvelles sources, mais plutôt de mettre en lumière la polygenèse du texte, sans sous-estimer son autogenèse. Et de s'intéresser – encore ! – au travail de la citation. De voir à la fois comment elle "est travaillée (torturée) par" la réécriture, qui, la métamorphosant, l'absorbe sans résorber sa différence ; et comment elle travaille elle-même la terre du texte en l'ensemençant et en se disséminant pour lui faire porter de nouveaux fruits. *Si le grain ne meurt...* Un portrait de l'artiste en jardinier – la métaphore agricole prolifère librement tant chez Tacite ou Quintilien que chez Montaigne – se dessine par petites touches. Un jardinier qui cultive son solage en transplantant, greffant et arrosant, un jardinier qui ne craint pas d'envahir les terres d'un voisin ou d'un parent (même éloigné) pour les coloniser, et se les approprier par une culture sauvage.

Mais au-delà même du "cas Montaigne", c'est un geste décisif qui se manifeste : la Rhétorique, jadis empire totalitaire annexant dans son domaine pluridisciplinaire une petite colonie appelée Poétique, pour lui imposer sa loi et sa langue, devient progressivement, dans son démantèlement, un territoire de l'ancienne colonie émancipée. C'est précisément lorsqu'elle perd son autonomie pour se soumettre à ce nouveau maître que la Rhétorique gagne de pouvoir nous dire encore quelque chose de l'énonciation et des ses modalités, de la voix et de ses accents, du discours et de son inconscient, du corps et de son éloquence, de l'écriture et de son travail. Montaigne l'a bien compris, qui,

1 Quintilien, analysant la figure de la *significatio* à travers deux citations de Virgile et d'Ovide, montre comment les discours obliques de Didon et de Myrrha démasquent l'inavoué inavouable, un Eros indicible. La *significatio* est la figure qui dit l'inconscient du locuteur. Voir *art. cité*, note 10, p. 79.

lecteur furtif de Tacite et de Quintilien, détourne la Rhétorique de son propos avoué pour lui dérober, sans en avoir l'air, son air.

Gisèle MATHIEU-CASTELLANI
Université Paris-VIII

MONTAIGNE ET LE SUBLIME DANS LES *ESSAIS*

Il peut paraître paradoxal, voire outrecuidant, de mobiliser devant vous un terme rhétorique que l'on ne lit jamais dans les *Essais* et que le XVIe s. français semble bien avoir ignoré[1]. Sous la plume de Montaigne le mot *sublime* ne se rencontre en effet que comme adjectif, en une seule occurrence encore (1073 C), et dans un contexte ironique[2]. Néanmoins – et c'est bien ce que je voudrais montrer ici – si le terme n'existe pas à la fin du XVIe s. au sens canonique que lui conféreront Boileau et ses successeurs avec le succès que l'on sait[3], la notion rhétorique de sublime, même si elle n'est pas désignée par ce mot, nous semble, elle, bien présente dans les *Essais*, en maintes pages dont elle sous-tend le contenu (et nous pensons aux passages où Montaigne légifère en matière de style), quand elle ne conditionne pas leur forme.

J'essayerai donc dans un premier temps de cerner en quoi la notion de sublime – quel que soit le nom qu'il lui donne – informe la théorie littéraire et rhétorique de Montaigne ; je verrai ensuite si dans sa propre pratique d'écriture, l'auteur des *Essais* a eu recours au sublime, et de quelle manière, avant de me demander – question fort controversée chez les Montaignistes – comment, et en puisant à quelles sources, il a pu élaborer une véritable doctrine du sublime dont la mise en place et l'influence dans les *Essais* ne sauraient à mes yeux être contestées.

On l'a souvent dit et démontré ces dernières années – ce colloque est encore là pour le rappeler – les *Essais* consacrent au tournant du XVIe s. l'avènement d'une rhétorique nouvelle ; un avènement marqué dès 1580 avec *Consideration sur Ciceron* (I, 40), par un refus violent, aussi polémique que provocateur, de l'éloquence cicéronienne.

C'est marcher sur la tête que d'aller imaginer – tentation des Cicéroniens aux yeux de Montaigne comme d'Erasme d'ailleurs – que l'*elocutio* puisse primer, voire précéder l'*inventio*. Entre les *res* et les *verba*, entre le "faire" et le "dire", on sait où va la préférence de Montaigne. Pour lui, l'*elocutio* n'est qu'un épiphénomène de l'acte créateur ; attacher trop d'importance à

---

1 Voir Huguet, *Dic. de la Langue fr. du XVIe s.*, t. VII, s. v. *Sublime, Sublimer, Sublin* : le sens est toujours matériel, même celui de *Sublimité*.

2 "Les philosophes, avec grand raison, nous renvoyent aux regles de Nature ; mais elles n'ont que faire de si sublime cognoissance..." (III, 13, 1073 C).

3 A ce sujet, voir Th. A. Litman, *Le Sublime en France (1660-1714)*, Paris, Nizet, 1971.

l'élocution ou à la disposition[1], c'est croire posséder le "corps", alors que l'on n'a revêtu que la "robe" (I, 26, 172 A). Ces trois étapes de la composition rhétorique, Montaigne va les fondre en une nouvelle notion, métaphoriquement empruntée à la nature, ce qui n'est pas pour surprendre sous la plume de celui qui se proclame "naturaliste"[2], la "conception" (127 A, 146 A, 169 A, 173 A, 231 C, 253 B, 408 C, 873 B, 874 B), fécondité naturelle de la pensée, du *genius* cher à Erasme, qui pousse l'écrivain à trouver d'instinct et dans le même geste créateur, l'idée forte et le mot juste. C'est le processus que Montaigne découvre avec autant d'enthousiasme que d'admiration chez un Lucrèce, lorsque le poète latin évoque les amours de Mars et de Vénus :

> Ce n'est pas une éloquence molle et seulement sans offence : elle est nerveuse et solide, qui ne plaict pas tant comme elle remplit et ravit, et ravit le plus les plus forts espris. Quand je voy ces braves formes de s'expliquer, si vifves, si profondes, je ne dicts pas que c'est bien dire, je dicts que c'est bien penser. C'est la gaillardise de l'imagination qui esleve et enfle les parolles. *Pectus est quod disertum facit* [Quint., X, VII, 15] (III, 5, 873 B-C).

Parallèlement, et en liaison avec cette première fusion des différents moments de la composition oratoire, une autre triade rhétorique s'estompe à l'horizon des *Essais* ; c'est la tripartition des *genera dicendi*, si chère au Moyen-Age[3] et si longtemps matérialisée aux yeux des apprentis-orateurs par les trois œuvres majeures de Virgile. La disparition de cette hiérarchie[4], véritable pilier de la rhétorique classique[5], se fait au nom d'une nouvelle notion, celle du transport, ou de l'enthousiasme. L'effet produit par le texte littéraire semble plus importer à Montaigne que son processus d'élaboration,

---

1 En cela, Montaigne se montrait en matière de style également très sensible aux leçons que Sénèque avait adressées à Lucilius : "*Nimis anxium esse te circa verba et compositionem nolo [...] quaere quid scribas, non quemadmodum ; et hoc ipsum non ut scribas, sed ut sentias [...] non est ornamentum virile concinnitas*" (*Ep.* 115, 1-2).

2 "Nous autres naturalistes estimons qu'il y aie grande et incomparable preferance de l'honneur de l'invention à l'honneur de l'allegation" (III, 12, 1056 C). Citons encore : "Si j'estois du mestier, je naturaliserois l'art autant comme ils artialisent la nature" (III, 5, 874 B-C).

3 Voir F. Quadlbauer, *Die antike Theorie der* genera dicendi *im lateinischen Mittelalter*, Vienne, 1962.

4 Plus tôt dans le siècle, P. Manuce dans son *Discorso intorno all'ufficio dell'oratore* (publié au sein des *Tre libri di prose volgari di Paolo Manuzio*, Venise, Alde, 1556) avait de même opéré une fusion des trois finalités du discours (plaire, toucher, instruire), des trois genres de discours (judiciaire, épidictique, délibératif) et des trois degrés de style pour arracher la parole de l'orateur aux contraintes scolaires et donner ainsi naissance à une "rhétorique du génie", réservée aux *ingegni eccelsi* selon M. Fumaroli ("Rhétorique d'école et rhétorique adulte : remarques sur la réception européenne du traité *Du Sublime* au XVIe et XVIIe s. ", *RHLF.*, 86e an., janv-fév. 1986, p. 43-4). Sur le Sublime selon Manuce, voir aussi les analyses de Ch. Mouchel, *Cicéron et Sénèque dans la rhétorique de la Renaissance*, Marburg, Hitzeroth, 1990, p. 75-9.

5 Voir *Ad Herennium*, IV, 11-4, ou Cicéron, *Orator*, 20-8 et 75-101, *De Oratore*, III, 177, 199, 212.

qui se veut (avec toutes les ambiguïtés que ce terme induit) "naturel", on l'a vu, et qui, à ce titre, ne paraît pas devoir poser problème[1] ; à ses yeux, le but ultime du discours n'est plus en effet de plaire ou de persuader en adaptant le sujet ou les arguments, et leur mise en forme, au(x) destinataire(s) ; son but est de "transporter" le lecteur. D'où ces jugements aussi connus que nombreux sur la poésie des Anciens qui "transperce" et "transporte" Montaigne (I, 37, 232 C), qui le "ravit" (410 A), qui "ravit et ravage" son jugement (232 C).

D. Gabe Coleman l'a déjà noté, l'un des premiers traducteurs du Ps. -Longin, Pietro Pagani, qui publie sa version à Venise en 1572, définit le sublime en termes tout à fait similaires :

> Nam ea quae grandia atque sublimia sunt, non persuadendi illecebris auditores permulcent sed eos [...] de mente, ac animo deturbant. Ex omnibus quidem partibus id, quod admirationem, ac stuporem movet, semper est superius eo quod ad persuadendum est accomodatum[2].

Admiratio, stupor : à une rhétorique de la persuasion succède une "esthétique de l'émotion"[3], bien plus orientée vers la réception[4] que vers le souci de l'*aptum*, clef de voute de l'édifice cicéronien ; à l'*amplificatio* cicéronienne, caractéristique du *sermo grandis* ou du *megaloprepes logos*, se substitue l'élévation sublime, qui, fruit d'une véritable oxymore rhétorique (puisqu'elle résulte du mariage de l'intensité et de la sobriété), conduit à l'*ekstasis*, au ravissement (*Du Subl.*, I, 4).

Comme il peut surgir du langage le plus simple, résider en la parole apparemment la plus humble, ce nouvel effet rend caduque la tripartition des *genera dicendi*. Boileau le rappellera dans sa *Xème Réflexion sur Longin* :

> Il faut savoir que par Sublime, Longin n'entend pas ce que les Orateurs appellent le style sublime ; mais cet extraordinaire et ce merveilleux qui fait qu'un ouvrage enlève, ravit, transporte. Le stile sublime veut tousjours de grands mots, mais le Sublime se peut trouver dans une seule pensée, dans une seule figure, dans un seul tour de paroles. [...] le Sublime se trouve quelquefois dans la manière de parler la plus simple [...] ce n'est point le style sublime, ni par conséquent les grands mots qui font toujours le Sublime dans le discours[5].

---

1 "[...] car les plus fermes imaginations que j'aye, et generalles, sont celles qui, par maniere de dire, nasquirent avec moy. Elles sont naturelles et toutes miennes. Je les produisis crues et simples, d'une production hardie et forte" (II, 17, 658 A).

2 *Dionysii Longini de sublimi dicendi genere liber a P. Pagano latinitate donatus*, Venise, V. Valgrisi, 1572, p. 2, cité par D. Gabe Coleman, "Montaigne and Longinus", *BHR*, t. XLVII, 2, 1985, p. 409.

3 L'expression est d'A. Michel, "Rhétorique, tragédie, philosophie : Sénèque et le sublime", *Giornale Italiano di Filologia*, t. XXI, 1969, p. 248.

4 "Le sublime abolit la béance entre présence et représentation", affirme fort justement M. Fumaroli (art. cité, 1986, p. 37).

5 *Œuvres complètes de Boileau, Dialogues, Réflexions critiques.*, éd. Ch. -H. Boudhors, Paris, Les Belles Lettres, 1960, p. 160, 167. On peut également renvoyer à l'analyse

Montaigne l'avait déjà clairement signifié lorsqu'après avoir rejeté les exordes cicéroniens, bons pour le "vulgaire à qui il faut tout dire"[1] (II, 10, 414 C), il vantait le style de Xénophon et de Platon :

> Si faut-il conduire la corde à toute sorte de tons ; et le plus aigu est celuy qui vient le moins souvent en jeu. [...] Tantost il faut superficiellement manier les choses, tantost les profonder. Je sçay bien que la plus part des hommes se tiennent en ce bas estage, pour ne concevoir les choses que par cette premiere escorce ; mais je sçay aussi que les plus grands maistres, et Xenophon et Platon, on les voit souvent se relascher à cette basse façon, et populaire, de dire et traiter les choses, la soustenant des graces qui ne leur manquent jamais. (II, 17, 638 A, C)

Tout comme eux, en prononçant pour sa défense un discours qui "ralle à terre" (1038 B), Socrate, l'homme qui "n'a jamais en la bouche que cochers, menuisiers, savetiers et maçons" et qui manie des "inductions et similitudes tirées des plus vulgaires et cogneues actions des hommes" (1037 C-B), a su se montrer sublime, non aux yeux de ses concitoyens, bien entendu, qui l'ont condamné, mais aux yeux des hommes avertis, auxquels appartient Montaigne. Le discours de Socrate est bas[2], en ce sens qu'il aborde avec simplicité un sujet qui touche tous les hommes, la mort ; mais sa "hardiesse inartificielle et niaise" lui confère une "hauteur inimaginable" (1054 B-C) car elle est le reflet de la réalité, ou plutôt, elle est la vérité[3].

---

du traité du Ps. -Longin par M. Deguy, qui s'attache lui aussi à bien différencier sublime et grandiloquence, "Le grand-dire", in *Du Sublime*, Paris, Belin (coll. "L'Extrême contemporain"), 1988, p. 11-35.

1 A comparer le jugement porté sur Guichardin : "[...] pour ne vouloir rien laisser à dire, ayant un sujet si plain et ample, et à peu près infiny, il en devient lasche et sentant un peu au caquet scholastique" (II, 10, 419 A). N'oublions pas qu'aux yeux du Ps. -Longin (*Du Subl.*, X, 7), le sublime d'Archiloque ou de Démosthène tient justement à leur capacité de faire le tri – ou plus exactement le ménage : *ekkathairein*.

Ces deux passages (II, 10, 414 et II, 17, 638) sont à lire en parallèle : même revendication d'une parole forte, même refus de l' "alechement" et de la "sause" : "je menge bien la viande toute crue" (414 C). Aux discours cicéroniens qui "languissent autour du pot" (414 A) s'opposent les saillies sénéquiennes qui "poussent", "eschauffent", "esmeuvent" (413 A-B), "ravissent nostre jugement" (III, 12, 1040 C).

2 Et Montaigne le souligne à dessein : "Si quelqu'un estime que, parmy tant d'autres exemples que j'avois à choisir pour le service de mon propos és dicts de Socrates, j'aye mal trié cettuy-cy, et qu'il juge ce discours estre eslevé au dessus des opinions communes, je l'ay faict à escient. Car je juge autrement, et tiens que c'est un discours en rang et en naifveté bien plus arriere et plus bas que les opinions communes : il représente en une hardiesse inartificielle et niaise, en une sécurité puérile, la pure et premiere impression et ignorance de nature" (III, 12, 1054-5 B-C).

3 Notons à ce sujet qu'il est une vérité, celle de la révélation, dont Montaigne – à la différence du Ps. -Longin, qui cite la *Genèse* en IX, 9 – ne souligne guère le caractère sublime. Même si Saint Augustin ne lui est pas étranger (voir E. Caron, "Saint Augustin dans les *Essais*", *Montaigne Studies*, vol. II, 2, déc. 1990, p. 17-33), Montaigne ne semble donc pas connaître les dernières pages du *De Doctrina Christiana*, où est exalté le sublime de la parole divine ; et sa conception du sublime est beaucoup plus "laïque" que celle d'un Budé (voir M. -M. de La Garanderie, "La fascination du sublime. Réflexions sur la rhétorique de G. Budé", *B. A. G. B.*, mars 1992, p. 62-72).

Sermo humilis ou *sermo grandis* que les paroles de Socrate ? Style bas ou grand style ? La question est sans objet : à partir du moment où la parole sait transporter, elle peut, elle doit même recourir aux mots voire aux effets les plus simples, car, pour reprendre encore Boileau[1], "c'est la simplicité mesme de ce mot qui en fait voir la grandeur" ; elle en tirera une paradoxale sublimité, à quoi le grand style, celui de Caton, "tousjours monté sur ses grands chevaux" (1038 B), ne saurait atteindre. Une partie de la controverse épistolaire entre Erasme et Budé dans les années 1516-1517[2], rappelons-le, avait justement porté sur la grandeur ; et Erasme n'était pas alors parvenu à persuader son correspondant que le sublime ne tient pas seulement, et surtout pas toujours, à l'usage des *sesquipedalia verba*, déjà dénoncé par Horace chez les piètres auteurs tragiques (*A. P.*, 97).

En préférant l'éloquence de Socrate à celle de Lysias – et *a fortiori*, à celle de Cicéron – Montaigne propose à ses contemporains un modèle bien paradoxal[3] : un homme du dialogue, du *sermo*, donc, qui n'a laissé derrière lui aucun monument écrit. Il constitue cependant un modèle insurpassable car dans son refus de lire le plaidoyer pour lui écrit par le logographe, il a préféré mourir plutôt que de commettre à "l'art" la défense de "sa riche et puissante nature" (III, 12, 1054 C). Pour bien lire cette page, n'oublions pas que toute une tradition rhétorique remontant au *De Oratore* de Cicéron (I, 231-3) avait justement fait de la mort de Socrate la preuve de la nécessité de l'éloquence : sans elle, même la plus grande des vertus ne saurait être reconnue, sans elle la vérité n'a pas la force de s'imposer : le cicéronien M. -A. Maioragio venait encore de l'affirmer en 1582[4]. Montaigne renverse totalement la perspective, et nous laisse entendre au début du même essai (*De la phisionomie*, III, 12, 1037 B) que cette condamnation est en fait emblématique des méfaits de l'éloquence ; les Athéniens, corrompus par les afféteries d'un Lysias, n'apercevaient plus "la richesse qu'en montre et en pompe" ; ils ne pouvaient plus concevoir les "grâces", la "beauté delicate et cachée" du discours de Socrate : car "il faut la veuë nette et bien purgée pour descouvrir cette secrette lumiere" (1037 B), cette paradoxale grandeur qui se dissimule sous les dehors les plus modestes :

---

1 *Op. cit.*, p. 167 éd. citée ; "ce mot" est le "Qu'il mourût" du Vieil Horace, chez Corneille.

2 Voir à ce sujet l'étude de J. Chomarat, "Les bluettes et la grandeur", *Acta Conventus Neo-Latini Turonensis*, éd. J. -Cl. Margolin, Paris, Vrin, 1980, t. I, p. 315-327.

3 Sur le statut et le rôle de la figure de Socrate dans les *Essais*, voir les études citées par J. -M. Compain, "L'imitation socratique dans les *Essais*", *BSAM*, VIIe série, n° 13-16, juil. -déc. 1988 – janv. -déc. 1989, p. 169, note 1, qui cependant ne mentionne pas les pages éclairantes de T. Cave (*The Cornucopian Text*, Oxford, Clarendon, 1979, p. 303-312).

4 Dans son *Dialogus de Eloquentia* (in *Orationes et praefationes omnes*, Venise, A. Bonfandi, 1582, p. 207, 209). Par ce recours à l'exemple de Socrate, il entendait justifier l'éloquence contre ses détracteurs : voir les analyses de Ch. Mouchel, *op. cit.*, p. 47 et 337.

> Voylà pas un plaidoyer sec et sain, mais quand et quand naïf et bas, d'une hauteur inimaginable, veritable, franc et juste au delà de tout exemple [...] ? (1054 B-C)[1]
> Outre ce, la façon d'argumenter de laquelle se sert icy Socrates est elle pas admirable esgalement en simplicité et en vehemence ? (1055 B)

Socrate contre Cicéron donc, l'éloquence adulte contre la rhétorique d'école et ses "longueries d'apprest" (II, 10, 413 A), le saisissement plutôt que la persuasion. A lire les *Essais*, nous découvrons un Montaigne qui fait du transport l'un des critères fondamentaux de la critique littéraire, mais aussi de sa propre pratique d'écriture :

> Mes ouvrages, il s'en faut tant qu'ils me rient, qu'autant de fois que je les retaste, autant de fois je m'en despite [...] J'ay tousjours une idée en l'ame [...], mais je ne la puis saisir et exploiter. Et cette idée mesme n'est que du moyen estage. Ce que j'argumente par là, que les productions de ces riches et grandes ames du temps passé sont bien loing au delà de l'extreme estendue de mon imagination et souhaict. Leurs escris ne me satisfont pas seulement et me remplissent ; mais ils m'estonnent et transissent d'admiration. Je juge leur beauté ; je la voy, si non jusques au bout, aumoins si avant qu'il est impossible d'y aspirer. (II, 17, 636-7 A)

La dernière phrase est sans équivoque : l'attention extrême au sublime animant les textes antiques, induit un sentiment d'impuissance face aux réussites des aînés ; elle conduit au rejet de toute imitation. Le refus de la rhétorique d'école trouve dans le sublime à la fois sa justification et son fondement théorique. Montaigne s'inscrit ainsi en rupture totale avec son époque – et avec l'enseignement qu'il a reçu : est-il besoin d'évoquer l'importance et les enjeux de la querelle cicéronienne dans la première moitié du siècle ? Est-il besoin de rappeler l'impressionnante production des traités scolaires *de Imitatione*, qui chargent les étagères des libraires, à Paris et à Lyon comme à Bâle ou à Venise ?

Or en ses pages, Montaigne entend toujours mobiliser et convoquer le savoir et la beauté antiques ; son seul recours est donc la citation[2], qui a de surcroît l'avantage de signifier clairement ce qui est "proprement sien" : "chez un homme sçavant, il faut sçavoir ce qui est sien et ce qui ne l'est point" (III, 8, 940 B) ; tel est le principe qu'il applique à travers la pratique

---

1 Pellisson se souviendra des analyses de Montaigne et vantera encore en plein cœur du XVIIe s. la sublime éloquence de Socrate : "les dialogues de Platon et Xénophon [...] nous font souhaiter d'avoir vécu avec lui, d'avoir vu de nos propres yeux, je ne dis pas ce philosophe, je dis cette philosophie vivante et animée, si sublime et si rabaissée, si divine et si humaine tout ensemble" ("Discours sur les Œuvres de M. Sarasin" (1657), cité par M. Fumaroli, art. cit., p. 36).

2 Dans cette perspective, voir mon art., "Latiniser en Françoys : citation et imitation dans les *Essais*", in *Montaigne in Cambridge, Proceedings of the Cambridge Montaigne Colloquium, 7-9 april 1988*, éd. P. Ford et G. Jondorf, Cambridge, 1989, p. 7-23.

intensive de l'allégation, si caractéristique des *Essais* et seul moyen véritable d'"emprunter la matiere" sans "empirer la forme, comme il advient souvent" (*ibid.*), remarque-t-il avec sévérité. Il peut ainsi "laisser courir [ses] inventions foibles et basses" (I, 26, 147 A) tout en prémunissant son lecteur des désagréables surprises qu'il a lui-même éprouvées à lire "les escrivains indiscrets de [son] siecle" :

> [...] au bout d'un long et ennuyeux chemin, je vins à rencontrer une piece haute, riche et eslevée jusques aux nuës [...] c'estoit un precipice si droit et si coupé que, des six premieres paroles, je conneuz que je m'envolois en l'autre monde. (I, 26, 147 A)

Du sublime au ridicule, il n'y a qu'un pas, c'est connu, vite franchi par ces rapetasseurs, ces auteurs de centons qui ne se publient pas pour centons, incapables de percevoir la différence de nature entre "leurs ouvrages de neant" et les "riches despouilles" de "ces vieux champions là" (*ibid.*), ces rhapsodes au petit pied avec lesquels Montaigne ne saurait se confondre. Car si le sublime est présent dans les *Essais* grâce aux passages empruntés sans ambiguïté aucune aux poètes latins, il émane souvent de la plume même de Montaigne.

> Le Sublime n'est pas proprement une chose qui se prouve et qui se demonstre ; c'est un Merveilleux qui saisit, qui frappe, qui se fait sentir[1].

Boileau l'a dit, et fort bien dit ; aussi serait-il assez vain de relever devant vous certains moments ou certaines pages des *Essais* qui me paraissent sublimes. Le Ps. -Longin (VII, 4) tient pour un des signes infaillibles de la présence du sublime le consensus des auditeurs ou des lecteurs, leur unanimité à reconnaître avoir été transportés. Je pense qu'avec moi, vous conviendrez que tel passage – je songe aux dernières lignes de l'*Apologie* – tel allongeail – celui qui conclut l'essai *Du jeune Caton* – tel incipit (celui de l'essai *Du repentir* ; III, 2, 804-5 B), telle page où Montaigne évoque son amitié pour La Boétie, où il décrit la mort, sa propre mort[2], mobilisent incontestablement le sublime au sens où, à la suite des théoriciens antiques, je viens de le caractériser. Même les censeurs du XVIIe s. ne laisseront pas de reconnaître cette capacité du texte des *Essais* à emporter l'adhésion par des voies fort étrangères à la rhétorique d'école ; ainsi Malebranche :

---

1 *Op. cit.*, p. 164. Déclaration à comparer avec la perception qu'a Montaigne de la poésie : "A certaine mesure basse, on la peut juger par les preceptes et par art. Mais la bonne, l'excessive, la divine est audessus des regles et de la raison [...]. Elle ne pratique point nostre jugement : elle le ravit et ravage" (I, 37, 231-232 C).

2 Voir la belle analyse de II, 6 par L. Marin, "Le tombeau de Montaigne", in *La Voix excommuniée*, Paris, Ed. Galilée, 1981, p. 133-156.

> La négligence qu'il affecte lui sied assez bien, et le rend aimable à la plupart du monde sans le faire mépriser ; et sa fierté est une certaine fierté d'honnête homme [...] qui le fait respecter sans le faire haïr. L'air du monde et l'air cavalier soutenus par quelque érudition font un effet si prodigieux sur l'esprit, qu'on l'admire souvent et qu'on se rend presque toujours à ce qu'il décide, sans oser l'examiner, et quelquefois même sans l'entendre[1].

Les blandices de l'énoncé montaignien défieraient donc l'intellection et réaliseraient ce miracle d'une communication qui se situe en-deçà des mots. Ce jugement qui se veut sévère n'aurait pas été pour déplaire à l'auteur des *Essais*, lui qui se fait fort de n'"entasser que les testes" de ses sujets parce qu'il "n'en veu[t] exprimer d'avantage" (I, 40, 251 C), lui dont les "parolles [...] signifient plus qu'elles ne disent" (III, 5, 873 C).

"Ce que j'ay à dire, je le dis toujours de toute ma force", affirmait-il dans un passage de l'essai *De la præsumption* (II, 17, 637 A, note 7) qu'il biffera ensuite sur l'exemplaire de Bordeaux. Et cette véhémence, qu'il goûte d'ailleurs chez les auteurs qu'il allégue, est à la fois l'une des principales composantes du sublime chez Montaigne, et l'une des modalités de son refus de l'art oratoire tel qu'on l'enseigne dans les collèges : "Mon humeur n'est propre, non plus à parler qu'à escrire, pour les principians" (III, 8, 938 C), s'exclame-t-il, en auteur, mais aussi en lecteur, à qui pèsent les "bordures et prefaces" (I, 40, 253 B).

Plutôt donc que de composer un florilège des pages sublimes de Montaigne, entreprise qui sera toujours entachée de subjectivité et d'arbitraire, il semble plus fructueux d'essayer de discerner ce qui, dans sa *manière*, ressortit à cette esthétique du sublime. Le Ps. -Longin (VIII, 1) détermine cinq éléments constitutifs du sublime[2] : la "résonance d'une grande âme" (IX, 2) et la véhémence du pathos[3], qui sont des dispositions innées ; mais, on l'oublie souvent[4], son analyse revêt des aspects plus pratiques lorsqu'il s'attache à démontrer l'importance de la *techne*, du choix des mots ou de leur

---

1 *Recherche de la vérité*, 1674 (l'année même de la publication du *Traité du Sublime* par Boileau) ; l. II, De l'Imagination (iii, 5), cité dans l'éd. Villey-Saulnier p. 1217. Malebranche souligne ensuite les dangers de la lecture de Montaigne ; "la manière d'écrire de cet auteur n'étant agréable que parce qu'elle nous touche, et qu'elle réveille nos passions d'une manière imperceptible".

2 Boileau, dans sa XIIe Réflexion (éd. citée, p. 184) ramènera cette série à une triade, qui rappelle des classements plus connus (*inventio-dispositio-elocutio*) : "Le Sublime est une certaine force de discours propre à eslever et à ravir l'Ame, et qui provient ou de la grandeur de la pensée et de la noblesse du sentiment, ou de la magnificence des paroles, ou du tour harmonieux, vif et animé de l'expression ; c'est-à-dire d'une de ces choses regardées séparément, ou ce qui fait le parfait Sublime, de ces trois choses jointes ensemble. "

3 Voir J. Bompaire, "Le pathos dans le *Traité du Sublime*", *Revue des Etudes Grecques*, t. LXXXVI, n° 411-3, juil. -déc. 1973, p. 323-343.

4 Voir à ce sujet les développements d'A. Michel (art. cit., p. 250-254) sur l'usage sublime des figures par Sénèque ou d'autres philosophes, ou ceux de M. Deguy, art. cité, p. 26-30.

arrangement, ou encore le rôle primordial des figures, auxquelles il accorde une large place (XVI-XXIX ; XXXII). Or, parmi les figures, il en étudie que Montaigne mobilise plus souvent qu'à son tour : les interrogations, l'anaphore, les polyptotes[1], l'ellipse ou l'hyperbate.

Ce dernier trope auquel l'Anonyme consacre le plus long développement (XXII, 2-3), confère selon lui au discours "une puissante impression de véhémence" et permet, tout comme l'interrogation (XVIII, 2), de rapprocher la mimésis de la nature en lui donnant un air d'improvisation ; deux effets auxquels Montaigne, on l'a vu, est des plus sensibles[2] ; nous n'insisterons guère sur l'importance de cette figure, puisque Fr. Charpentier l'a récemment démontrée[3]. Autre mode du naturel et de la véhémence, l'ellipse, dont le "*Quos ego...*" virgilien (*En.* I, 135) est comme l'emblème ; ce "*Quos ego...*", présenté à l'envi par la plupart des traités de rhétorique et de grammaire de la Renaissance[4] comme la manifestation sublime de la colère divine. F. Gray a déjà souligné la fréquence de cette figure dans les *Essais*[5]. L'ellipse est à ses yeux "une façon d'accélérer le tempo de la phrase", mais elle constitue aussi un moyen de voiler une partie de la pensée, de "laisser à dire" : c'est tout le problème des "devis pointus et coupez" (938 B), de la paradoxale brièveté de Montaigne naguère étudiée par A. Compagnon[6]. La langue des *Essais* devant exprimer plus qu'elle ne dit (873 C), l'ellipse se situe à la base même du projet montaignien[7] ; elle transforme les énoncés en *semina dicendi*[8] "qui sonnent à gauche un ton plus délicat" (I, 40, 251 C) et fait des *Essais* le lieu d'élection de la litote : "Celuy qui dict tout, il nous

---

1 Qu'elles aient pour base un isolexisme morphologique (I, 20, 87 A : "Il est incertain où la mort nous attende, attendons-là partout" ; "la premeditation de la mort est premeditation de la liberté") ou un isolexisme syntaxique (I, 26, 121 C : "qui suit un autre, il ne suit rien") etc.

2 N'oublions pas cette déclaration de principe sur la méthode des *Essais* : "Je veux representer le progrez de mes humeurs, et qu'on voye chaque piece en sa naissance" (I, 37, 758 A).

3 "L'hyperbate : une maîtresse forme du troisième allongeail", *BSAM*, VIIe série, n° 13-16, juil. -déc. 1988 – janv. -déc. 1989, p. 239-247.

4 Voir notre étude : "Entre grammaire et rhétorique : l'ellipse dans quelques traités de la Renaissance", in *Ellipses, Blancs, Silences* (Actes du Ier Colloque du Cicada, Pau déc. 1990), éd. B. Rougé, Pau, P. U. P., 1992.

5 *Le Style de Montaigne*, Paris, Nizet, 1958, p. 74.

6 "La brièveté de Montaigne", in *Les Formes brèves de la prose et le discours discontinu (XVIe-XVIIe s.)*, éd. J. Lafond, Paris, Vrin, 1984, p. 9-25. Pour les enjeux théoriques de cette question de la brièveté au XVIe siècle, voir la mise au point aussi détaillée qu'excellente de Ch. Mouchel, *op. cit.*, IIe part. ("L'éloquence de la brièveté"), p. 145-236.

7 "Si suis je trompé si guere d'autres donnent plus à prendre en la matière, et [...]si nul escrivain l'a semée ny guere plus materielle, ny au moins plus drue en son papier. Pour en ranger davantage, je n'en entasse que les testes. Que j'y attache leur suitte, je multiplieray plusieurs fois ce volume. " (I, 40, 251 C).

8 Voir J. Lafond, "Achèvement/inachèvement dans les *Essais*", *BSAM*, VIIe série, n°13-16, juil. -déc. 1988 – janv. -déc. 1989, p. 180-181. Dans ce passage, Montaigne se souvient encore des *Lettres à Lucilius* : "*Eadem est, inquam, praeceptorum condicio quae seminum : multum efficiunt, et si angusta sunt*" (*Ep.* 38, 2).

saoule et nous desgoute" (III, 5, 880 B). Dans cette direction, on s'achemine vers le sublime du silence, évoqué par le Ps. -Longin (IX, 2) à travers le mutisme hautain d'Ajax face à Ulysse dans l'épisode de la *Nekuia* (*Odyssée*, XI, v. 541-564) ; silence sublime symbolisé aussi, et vulgarisé depuis l'Antiquité, par le fameux voile recouvrant la tête d'Agamemnon dans le tableau de Timanthe (I, 2, 12 A)[1].

Un autre aspect essentiel du sublime est manifestement à l'œuvre dans les *Essais*, c'est la négligence. Puisque le sublime entend refléter la nature, et comme, pour paraphraser Quintilien (XI, III, 11), la nature ne produit rien de parfait sans le secours de l'art, les "naturalistes" (III, 12, 1056C) vont "naturaliser l'art" (III, 5, 874 C) ; y introduire de façon calculée – et c'est là tout le paradoxe de la rhétorique adulte – un certain laisser-aller qui donnera au destinataire l'illusion du naturel. Montaigne s'en vante, "en la forme du parler", il affiche "une fierté desdaigneuse de[s] ... parements estrangers, et nonchallante de l'art" (I, 26, 172 B). "Tout ce qu'on gagne à ne point faire de fautes, c'est qu'on ne peut estre repris ; mais le Grand se fait admirer", dira Boileau après le Ps. -Longin[2]. Or "les imperfections mesme ont leur moyen de se recommander" (III, 9, 964 B) affirme Montaigne, en homme dont le dessein avoué "est de representer en parlant une profonde nonchalance et des mouvemens fortuites et impremeditez, comme naissans des occasions presentes" (III, 9, 963 B). A la "médiocrité parfaite"[3] telle que la définira Boileau, aux "harangues estudiees" (962 B) qui subordonnent les parties au tout, le grand esprit préfère la fulgurance de l'instant, tout en assumant ses risques. La *sprezzatura* recommandée au courtisan par Castiglione est assurément une marque de la grande âme qui ne saurait "s'arrester aux petites choses"[4] ; mais cette *sprezzatura* a également été recommandée aux peintres par Vasari[5] ; et c'est tout le problème de l'achèvement et de l'inachèvement qu'il soulève alors, tel qu'il pourra se poser à l'auteur des *Essais*, et qui a été étudié lors d'un précédent colloque[6].

---

1 A ce sujet, voir les analyses de J. Pigeaud, qui rapproche la source probable de Montaigne ici (Quintilien, II, XIII, 12) et le passage du Ps. -Longin sur le silence d'Ajax en tête de sa trad. du traité *Du Sublime* (Paris, éd. Rivages, 1991, p. 18, 44-5).

2 Boileau, trad. du *Traité du Sublime*, ch. xxx ("Que les fautes dans le sublime se peuvent excuser"= *Subl.*, XXXXVI, 1), éd. Ch. -H. Boudhors, Paris, Les Belles Lettres, 1966, p. 110. Sur la nécessité des imperfections, voir aussi *Subl.* XXXIII, 1 : "Il en est des grands talents comme des immenses fortunes : il faut y laisser quelque place à la négligence. "

3 "[...] et saine en toutes ses parties, qui ne tombe et ne se dément point" (Boileau, trad. citée, p. 104).

4 Boileau, trad. du *Traité du Sublime*, ch. xxvii, éd. citée, p. 105.

5 Voir A. Blunt, *La Théorie des Arts en Italie de 1450 à 1600*, Paris, Julliard, 1962, p. 137.

6 "Montaigne et l'accomplissement des *Essais*", Actes du Congrès de Paris (janvier 1988), réunis par Cl. Blum, publiés au sein du *BSAM* (VIIe série, n° 13-16, juil. -déc. 1988 – janv. -déc. 1989).

Comme le rappelle l'adage érasmien *Manum de tabula*[1], il faut savoir ôter sa main du tableau, renoncer à la perfection, au risque de produire une œuvre par trop léchée et artificielle. Pline l'Ancien[2] avait déjà constaté que certains tableaux inachevés trouvent plus d'admirateurs que les tableaux parfaits parce que s'y manifestent avec plus d'éclat les *cogitationes* de l'artiste. A l'instar des admirateurs de Michel-Ange, Montaigne a su lui aussi percevoir les grandeurs du *non-finito* ; il entend bien que son "portrait"[3], malgré toutes les retouches qu'il peut y apporter – ou grâce à elles ? – demeure à jamais inachevé. Il existe en effet un lien entre le caractère non-fini du travail proposé au lecteur et l'infini de la tâche à accomplir ("Qui ne voit que j'ay pris une route par laquelle, sans cesse et sans travail, j'iray autant qu'il y aura d'ancre et de papier au monde ? " ; III, 9, 945 B) : celui qui "met en rolle" "ses chimeres et monstres fantasques" (I, 8, 33 A), puis "récite" "l'humaine condition" (III, 2, 804-5 B) ne saurait achever son inventaire ou son enquête, encore moins manifester aucun souci de présentation : l'énormité de la tâche à accomplir, et son urgence, s'y opposent.

Etendue du domaine d'étude, grandeur du sujet, recours au sublime : on voit à quel point le fond commande aux yeux de Montaigne une forme neuve. En effet, outre la manière, la matière concourt également au sublime ; les outils conceptuels de Montaigne, son vocabulaire technique sont, on l'a vu, trop peu déterminés pour que l'on puisse, lorsqu'il critique les productions littéraires antiques ou les siennes propres, faire nettement le départ entre ce qui est chez lui appréciation sur la forme et jugement sur le fond. De plus, avec le sublime il y a une intrication étroite – cela pourrait d'ailleurs fournir une autre approche de cette notion rhétorique – entre fond et forme, au point que

---

1 Voir Erasme, *Adages* (éd. Amsterdam, Elzevir, 1663, p. 406). L'expression se trouve dans une lettre de Cicéron (*Fam.* VII, 25, 1), et sera reprise par Pline l'Ancien (XXXV, 80) lorsqu'il rappelle le jugement d'Apelle sur Protogenis ("*...dixit enim omnia sibi cum illo paria esse aut illi meliora, sed uno se praestare, quod* manum de tabula *sciret tollere, memorabili praecepto nocere saepe nimiam diligentiam*"). Notons que l'adage est fort connu à la Renaissance. Scaliger s'en fait par exemple une arme dans l'une de ses épigrammes contre Erasme : "*Ast ubi tu cumulas Asiatica tædia nugis, / Hoc nescire manum est tollere de tabula.*" (in *Farrago*, in *Poemata in duas partes divisa*, éd. de 1591, p. 179).

2 *H. N.*, XXXV, 145, passage cité et longuement analysé par S. Dresden, "Platonisme et conceptions humanistes du *non-finito*", in *Platon et Aristote à la Renaissance*, Paris, Vrin, 1976, p. 458-459. D'ailleurs, aux yeux de Montaigne comme à ceux des platoniciens du Quattrocento italien, "l'œuvre est nécessairement moins achevée que l'idée dont elle est originaire, elle est une dégradation de l'Idée" (*ibid.*, p. 459) : "J'ay tousjours une idée en l'ame [...], mais je ne la puis saisir et exploiter. Et cette idée mesme n'est que du moyen estage" (636 A ; texte déjà cité *supra*).

3 Il faut rappeler à ce sujet la comparaison que Montaigne fait dans l'essai *De la praesumption* entre son projet de se peindre et l'autoportrait de René, Roy de Sicile : "Pourquoy n'est il loisible de mesme à un chacun de se peindre de la plume, comme il se peignait d'un créon ? " (II, 17, 653 A). Pour saisir toute l'importance pour Montaigne de l'adage *Manum de tabula*, il faut aussi rappeler la définition érasmienne du discours ("*pictura, sive speculum animi*"), à laquelle adhère Montaigne, selon G. Defaux, art. cit., p. 42-43.

les théoriciens semblent parfois éprouver des difficultés à discerner si c'est bien le mode d'expression, et pas plutôt le contenu qui fait le sublime.

Il faudrait dans cette perspective évoquer deux grands thèmes qui participent du sublime, et sont omniprésents sous la plume de Montaigne : grandeur et nature. La grandeur tout d'abord ; grandeur de Dieu, bien entendu ; mais aussi grandeur de l'homme, ou plutôt de certains hommes comme Socrate, naturellement, au livre III, ou encore, au livre II, Sénèque et Plutarque :

> Moy, je considere aucuns hommes fort loing au-dessus de moy : noméement entre les anciens : et encores que je reconnoisse clairement mon impuissance à les suyvre de mes pas, je ne laisse pas de les suyvre à veue et juger les ressorts qui les haussent ainsin, [...] admire leur grandeur ; et ces eslancemens que je trouve tres-beaux, je les embrasse ; et si mes forces n'y vont, au moins mon jugement s'y applique tres-volontiers. (II, 32, 725 A)

Où l'on perçoit une attitude étrangement similaire à celle décrite dans le passage de l'essai *De la præsumption* cité plus haut : en matière de style comme de comportement, Montaigne ne croit plus en l'imitation : le seul effet que le sublime ou la grande âme provoquent est un sentiment d'admiration, qui inhibe l'individu plus qu'ils suscitent chez lui l'envie de rivaliser avec eux. Ce qui ne signifie pas que la grandeur d'âme ait déserté les *Essais*. Car malgré qu'il en ait, son œuvre est le lieu où, pour paraphraser Ps. -Longin, résonne la grande âme de Montaigne, où pour la première fois retentit une parole individuelle qui s'assume comme telle ; où se fait entendre ce ***je***, qui à lui seul, dans sa simplicité, sublime parce que naturelle, "porte la forme entiere de l'humaine condition" (III, 2, 805 B). L'œuvre de J. Lipse s'est élaborée dès 1577[1] autour des mêmes principes ; et c'est toute la préface à la première centurie de ses lettres (1586) qu'il faudrait citer ici, elle qui oppose la vérité jaillissante de son mode d'expression à l'artifice cicéronien :

> Ailleurs, le fard et la dissimulation ; ici la naïveté, ici la vérité, et une couleur toute naturelle. Comment mon âme feindrait-elle, avec cette manière d'écrire spontanée et souvent enflammée ? Elle ne le peut. Comment serait-elle pour un ami autre qu'elle n'est pour elle-même ? Elle ne le veut ni ne le doit. Elle se révèle et jaillit dans toute sa vérité. Avant qu'elle se compose [...]. Plus que tout autre, ce style révèle l'homme...[2]

Cette mise en scène, cette mise en mots du moi se fait chez Lipse comme chez Montaigne, au nom d'un impératif catégorique : le respect de la nature, voire la soumission à elle, thème central des *Essais*, s'il en est[3], et que j'ai

---

1 Avec les *Epistolae Quaestiones*, voir les analyses de Ch. Mouchel, *op. cit.*, p. 180-181.
2 Traduit par Ch. Mouchel, *ibid.*, p. 426, note 195.
3 Voir *e. g.*, H. Friedrich, *Montaigne*, Paris, Gallimard, 1968, p. 330-333.

évoqué plus haut. L'on voit quel secours la théorie du sublime peut apporter à ces partisans, à ces artisans de la rhétorique adulte. Le Ps. -Longin (XVII, 2-3) l'avait déjà souligné, la grandeur voile l'artifice ; l'éclat même de la pensée fait oublier les figures qui le soutiennent ou l'exaltent, et rentrer dans l'ombre les adresses de la rhétorique, tout comme dans un tableau la lumière rejette les ombres en arrière-plan : "l'art atteint son plus haut degré de perfection lorsqu'il paraît être la nature"[1] (XXII, 1).

La notion de sublime est donc présente à l'esprit et sous la plume de Montaigne. L'inventaire qui précède, malgré sa rapidité, pourrait même conduire à y voir une des composantes essentielles de son esthétique. La question surgit alors de savoir où et comment Montaigne a pu découvrir le sublime, sous l'influence de quel texte ou de quel traité il a pu en informer son travail. Bien entendu l'on songe immédiatement au traité anonyme *du Sublime*, longtemps attribué à Longin, que je viens de beaucoup citer moi-même, parce qu'il livre la présentation la plus claire et la plus synthétique de cette délicate notion rhétorique.

Mais affirmer en raison de similitudes de perspective entre le traité *du Sublime* et les *Essais*, que Montaigne a lu et médité le Ps. -Longin, c'est commettre à mes yeux une erreur de perspective. Je voudrais en effet dénoncer ici un syllogisme critique trop courant, syllogisme du type : Montaigne connaît le sublime, or le sublime c'est Longin, donc Montaigne connaît Longin[2]. Le point faible de ce raisonnement n'est pas la majeure, qui me paraît irréfutable, je viens d'essayer de le montrer, mais la mineure commandée par notre situation historique : entre Montaigne et nous, pour ne pas évoquer Kant, est venu Boileau, éditeur de Longin, dont on connaît l'autorité et la fortune.

La Renaissance connaît en fait le sublime grâce à d'autres textes, qui ne sont d'ailleurs pas nécessairement rédigés en grec[3] – langue dont Montaigne, à l'en croire, n'a "quasi du tout point d'intelligence" (I, 26, 174 A) – mais en

---

1 Winckelmann insistera dans son *Histoire de l'Art de l'Antiquité* (traduite en français en 1766) sur cette conception antique du sublime comme œuvre qui semble produite par la nature, sans le recours de l'art. Notons qu'il fait du style sublime la deuxième étape de l'art grec, celle qui succède au style ancien ; elle marque à ses yeux son acmé, avant l'arrivée du beau style et enfin du style d'imitation.

2 Ainsi D. Gabe Coleman (art. cité, p. 405) : "Reading the treatise and re-reading the *Essais*, I am convinced that if we are to understand Montaigne fully, we must ask the question : did Montaigne know Longinus ? " Affirmation à mes yeux incontestable, pour peu qu'au dernier terme de la question on substitue *the sublime*. De même sous la plume de J. L. Logan ("Montaigne et Longin : une nouvelle hypothèse", *RHLF.*, 83e an., n°3, mai-juin 1983, p. 367) : "Les échos de Longin que nous avons signalés sont trop nombreux et trop forts pour relever de la simple coïncidence". Il semblerait plus juste de parler d'échos de la théorie du sublime.

3 Pour les différentes éditions du traité *du Sublime*, dont l'éd. princeps, due à F. Robortello, date de 1554, voir B. Weinberg, "Translations and commentaries of Longinus, *On the Sublime*, to 1600 : a bibliography", *Modern Philology*, vol. XLVII, 3, fév. 1950, p. 145-151.

latin. N'oublions pas que le texte du Ps. -Longin, s'il est le seul qui soit parvenujusqu'à nous, n'est que l'un des nombreux ouvrages traitant du sublime publiés au Ier s. ap. J. -C. : il répond par exemple au traité de Cécilius de Calé-Acté sur le même sujet ; et l'on a gardé trace d'autres ouvrages contemporains composés sur la question. Le sublime est à ce moment, à Rome comme en Grèce, l'objet d'un débat, profond et fécond ; et il serait bien étonnant que d'autres œuvres du Ier siècle après J. -C. ne s'en soient pas fait l'écho.

Or la majorité des études consacrées au sublime chez Montaigne révèlent des trésors de subtilité, d'acrobatie érudite pour trouver par quel canal et à quelle époque Montaigne a bien pu avoir connaissance du fameux traité. On a exhibé un passage de son commentaire sur Catulle, remontant à 1554, où Muret évoque la traduction latine du *Peri Hupsous* qu'il a entreprise à l'invitation de P. Manuce[1] ; on a songé à l'entrevue à Rome de Montaigne avec le même Muret[2] ; on a invoqué d'hypothétiques relations avec Lambin[3] ; on a même imaginé que le poème 51 de Catulle, qu'il juge divin, ou la traduction qu'en donne Amyot dans sa version de l'*Amatorius*, avait pu mettre Montaigne sur la piste de l'original grec, une ode de Sappho, dont la version intégrale ne se trouve que dans le traité *du Sublime* (X, 2)[4].

Certains critiques, visiblement embarrassés par la diffusion très lente, très confidentielle du traité en France[5] (il faudra attendre plus d'un siècle après l'édition princeps pour que la première traduction française en soit donnée par Boileau), parlent d'un "long procès de divulgation indirecte, et comme prudente"[6], auquel auraient participé de rares initiés, Lambin, Muret, Montaigne, et plus tard Balzac. Pourquoi ces réticences ? Le traité serait-il si subversif dans ses enjeux ? Si l'on considère le temps qu'il a fallu pour que la *Poétique* d'Aristote, texte autrement dérangeant au plan théorique, soit

1 D. Gabe Coleman, art. cité, p. 407-408. On ne saurait nier le rôle de P. Manuce dans la diffusion du traité, puisqu'il en a été le deuxième éditeur en 1555, et que sa réflexion théorique sur les styles en porte la marque (voir M. Fumaroli, *L'Age de l'Eloquence*, Genève, Droz, 1980, p. 164-168 et son art. cité, p. 43-5 ; et Ch. Mouchel, *op. cit.*, p. 75-79) ; mais ce qui nous manque, c'est une évaluation réelle de la portée de son travail et de son influence en France.

2 J. L. Logan, art. cité, p. 360-361 et M. Fumaroli, art. cité, p. 45-46.

3 D. Gabe Coleman, art. cité, p. 406-407. Voir aussi en complément son récent art., "D. Lambin's own copy of Longinus *Peri Hupsous*", *BHR.*, t. LIII, 3, 1991, p. 742-748.

4 J. L. Logan, art. cité, p. 361-365.

5 J. Brody (*Boileau and Longinus*, Genève, Droz, 1958, p. 13-14, note 2) a dressé un inventaire très minutieux des attestations de Longin avant Boileau, mais il reconnaît lui-même leur rareté : "Boileau was regretfully aware of the narrow scope of early interest in Longinus". De fait, avant 1592, parmi les auteurs nés en France, seuls Muret et J. -J. Scaliger (dans leurs commentaires respectifs sur Catulle) ainsi que H. Estienne (*De criticis veteribus graecis et latinis...*) font mention en passant de Longin. La diffusion réelle – et attestée – du traité débute en France vers 1630. Guez de Balzac en sera le principal agent (voir *ibid.*, p. 14-17).

6 M. Fumaroli, art. cité, p. 40.

assimilée au corpus poéticien français – une cinquantaine d'années – on voit que le problème n'est pas là. Il faut sans doute admettre avec Fr. Goyet[1] que les humanistes français, Montaigne avec eux, n'ont pas attendu après Longin pour découvrir le sublime.

La vérité, infiniment plus simple, est ailleurs : des auteurs bien connus de Montaigne et fort pratiqués par lui ont à la même époque que le Ps. -Longin abordé la question du sublime dans une perspective comparable à la sienne : je veux parler de Quintilien, de Tacite ou de Sénèque.

Il est temps de citer le fameux allongeail de l'essai *Du jeune Caton* ; Montaigne y classe les cinq poètes latins qu'il a mis en compétition ; puis, avant de paraphraser l'*Ion* de Platon en comparant le *furor poeticus* au fluide de la pierre de Magnésie, il affirme :

> Il est plus aisé de la [la poésie] faire, que de la cognoistre. A certaine mesure basse, on la peut juger par les preceptes et par art. Mais la bonne, l'excessive, la divine est audessus des regles et de la raison. Quiconque en discerne la beauté d'une veue ferme et rassise, il ne la void pas, non plus que la splendeur d'un esclair. Elle ne pratique point nostre jugement : elle le ravit et ravage. (I, 37, 231-2 C)

Tous les critiques[2] qui ont travaillé la question s'accordent à reconnaître ici l'influence du Ps. -Longin. J. L. Logan va jusqu'à citer côte à côte ce passage et le paragraphe I, 4 du traité *du Sublime* pour démontrer leur parenté : la foudre, le ravissement. Mais c'est oublier qu'il s'agit là d'une image fort répandue pour peindre l'enthousiasme : Ronsard l'a maniée en son temps[3], et Montaigne l'utilise au début de l'essai *Sur des vers de Virgile*[4]. On la rencontre déjà chez Quintilien lorsqu'il décrit le succès remporté par Cicéron plaidant pour Cornélius devant un auditoire transporté d'admiration[5] ; il compare alors l'*ornatus* cicéronien qui a ravi les auditeurs à la foudre. Mais il faut aussi songer à un passage plus connu : le rapprochement opéré par Aristophane entre la foudre de Zeus et les discours de Périclès (*Arch.*, 530sq.).

---

1 "Le pseudo-sublime de Longin", article à paraître en 1992 dans *Etudes Littéraires* (Univ. de Laval) ; F. Goyet y affirme à plusieurs reprises la "banalité" de Longin au regard du corpus rhétorique dans son ensemble. Par ailleurs, le sublime est déjà incontestablement à l'œuvre chez Budé, voir l'art. de M. -M. de La Garanderie, cité *supra*, p. 30, note 3.

2 J. L. Logan, D. Coleman, M. Fumaroli dans leurs articles cités respectifs ; G. Mathieu-Castellani (*Montaigne, l'écriture de l'essai*, Paris, PUF., 1988, p. 96-99), même si elle note maints points de rencontre entre le traité *du Sublime* et les *Essais*, se montre moins catégorique sur l'influence d'un texte sur l'autre ("Peut-être..." p. 96, 99).

3 "[...] les divines fureurs de Musique, de Poesie et de Peinture ne viennent pas par degrés en perfection [...] mais par boutées et comme éclairs de feu", passage cité par Mathieu-Castellani, *ibid.*, p. 97.

4 "Ce feu de gayeté suscite en l'esprit des eloises vives et claires, outre nostre portée naturelle et entre les enthousiasmes les plus gaillards, si non les plus esperdus" (III, 5, 844 C).

5 "L'auditoire ne s'est pas aperçu, je crois, de ce qu'il faisait ; il n'a pas applaudi par volonté ou par réflexion, mais comme hors de lui-même, et ne se rappelant plus où il était, il s'est laissé emporter dans la manifestation du plaisir qu'il éprouvait" (*Inst. Or.*, VIII, III, 4).

Cicéron le reprendra à son compte dans l'*Orator* (29) et affirmera que le chef athénien "*fulgere, tonare, permiscere Graeciam*" ; Quintilien (XII, X, 65) y fera à son tour allusion. Souvenons-nous aussi que Platon dans le *Phèdre*[1] avait fait du même Périclès le représentant le plus accompli (*teleotatos*) de la rhétorique philosophique, celle qui sait "se perdre dans les nuages" (*meteorologein*) et atteindre ainsi au sublime. On le voit, Montaigne n'avait nul besoin d'ouvrir le Ps. -Longin pour illustrer les ravages de "l'excessive, la divine" (231 C) poésie.

Il y a en outre au début de cet allongeail si important pour notre sujet, un détail qui n'a guère arrêté la critique : bien que nous ne soyons plus au chapitre 26, c'est un enfant qui est chargé de juger des cinq fragments poétiques évoquant Caton qu'a réunis Montaigne : "Or devra l'enfant bien nourry trouver, au pris des autres, les deux premiers trainans, le troisième plus verd...". Pourquoi cet enfant surgit-il tout à coup sous la plume de Montaigne, alors que rien dans le corps de l'essai ne le laissait attendre ? C'est sans doute que Montaigne se souvient ici du chapitre 8 du livre I de l'*Institution oratoire*, où Quintilien, alors qu'il décline le programme de lecture destiné au jeune élève, lui recommande Homère et Virgile pour leur *sublimitas* justement :

> C'est donc une habitude fort sagement établie de lire d'abord Homère et Virgile, bien que pour en comprendre les beautés, il faille un jugement plus ferme [...]. En attendant, le sublime de la poésie héroïque élèvera son âme ; la grandeur du sujet exaltera son esprit, et il s'imprègnera des meilleures choses[2].

L'on retrouve ici, comme dans les *Essais*, l'opposition entre la sensibilité au sublime commune à tous, même aux esprits les plus simples comme ceux des enfants, et la compréhension du phénomène, réservée aux gens doués "d'une veue ferme et rassise" (I, 37, 231 C) ou "d'une veuë nette et bien purgée" (III, 12, 1037 B). L'*Institution oratoire* est en effet un texte où, à coté de la triade des styles, se met par endroits en place la notion de sublime au sens où l'entend Longin : à côté du *grandis orator*, du *grave genus dicendi*

---

1 269e-270a : "Tous les arts, ceux du moins qui ont de l'importance, exigent de plus qu'au sujet de la nature, on bavarde et qu'on se perde dans les nuages : c'est en effet de là que proviennent en eux, semble-t-il, cette sublimité de pensée qu'on y découvre et la perfection dans la mise en œuvre. " Un peu plus loin Socrate reconnaît la même capacité à Anaxagore, le maître de Périclès. Dans le *Socrate Chrétien* (in *Œuvres*, éd. 1665, t. II, p. 265), Balzac rejettera d'ailleurs le sublime longinien pour lui préférer le sublime mis en place par Platon dans le *Phèdre* : "Je cherche [...] de quoi me rendre plus homme de bien, et non pas plus éloquent, quoique la critique païenne ait remarqué son genre sublime dans le style de Moïse. Mais cette sublimité de style n'est pas aujourd'hui l'objet de ma passion. Je vise à une plus haute sublimité [...]. Je suis en quête de la vérité, il faut apprendre la langue du ciel. "

2 "Ideoque optime institutum est ut ab Homero atque Vergilio lectio inciperet, quamquam ad intellegendas eorum virtutes firmiore judicio est opus [...]. Interim et sublimitate heroi carminis animus adsurgat et ex magnitudine rerum spiritum ducat et optimis imbuatur" (*Inst. Or.*, I, VIII, 5).

Quintilien place, plus qu'il ne les définit d'ailleurs, un *sublimis orator*[1] et un *sublime genus dicendi*[2] ; il fait aussi cette remarque à laquelle souscrit Montaigne lorsqu'il analyse le discours de Socrate :

> Nec augenda semper oratio, sed summitenda nonnumquam est. Vim rebus aliquando verborum ipsa humilitas affert (VIII, III, 21).

J'ai tout à l'heure insisté sur le rôle capital de la figure de Socrate dans l'émergence du sublime chez Montaigne. Dans l'essai *De la phisionomie*, après avoir longuement paraphrasé, telle que l'a présentée Platon dans l'*Apologie*, la défense que Socrate adresse à ses concitoyens, Montaigne exalte la sublimité de son discours et salue sa décision de "ne corrompre une teneur de vie incorruptible et une si sainte image de l'humaine forme, pour allonger d'un an sa decrepitude" (1054 C). Or dans un chapitre consacré à l'*aptum*, Quintilien fait rigoureusement la même analyse, en termes étrangement voisins[3], et loue à son tour Socrate d'avoir rejeté le discours de Lysias, qu'il "avait jugé peu conforme à son caractère" ; au but habituel assigné au discours, la persuasion, Quintilien préfère la convenance ; cet impératif cicéronien est ici mis au service de l'exaltation d'une individualité exceptionnelle, qui échappe par sa singularité aux règles traditionnelles. A travers ce discours qui convient non plus aux circonstances mais à son seul locuteur, Quintilien salue l'assomption sublime d'un citoyen qui, par delà la cité qui le calomnie, se pose en homme libre face à l'Histoire :

> ... sic egit ut qui poenam suam honoribus summis esset aestimaturus. [...] Non fuit hoc utile absolutioni, sed, quod, majus est, homini fuit.

Plus que le traité *du Sublime*, Montaigne a donc médité l'*Institution oratoire*[4], il faut bien l'admettre ; et les 13 citations[5] de Quintilien, "bien judicieux autheur"(1051 C), que contiennent les *Essais*, toutes ajoutées sur l'exemplaire de Bordeaux dans le même mouvement que l'allongeail de l'essai *Du jeune Caton* sont là pour le prouver. C'est au moment où, dans sa propre

---

1 *Inst. Or.*, X, 1, 66 (Eschyle), 68 (Euripide) et 119 (Trachalus) ; XII, 10, 78.

2 *Inst. Or.*, VI, 2, 19 ; VIII, 3, 74-5 ; IX, 4, 130 ; XI, 1, 3 ; XII, 10, 73.

3 "Maluit enim vir sapientissimus quod superesset ex vita, sibi perire, quam quod praeterisset. Et quando ab hominibus sui temporuis parum intellegebatur, posteriorum se judiciis reservavit, brevi detrimento jam ultimae senectutis aevum saeculorum omnium consecutus" (*Inst. Or.*, XI, I, 10).

4 Pour la réflexion menée sur le sublime par Quintilien, voir I. Lana, *Quintiliano e il sublime e gli Esercizi preparatori di Elio Teone. Ricerche sulle fonti di Quintiliano e sull'autore del Sublime*, Turin, 1941.

5 Voir *Essais*, 171 C, 242 C, 269 C, 442 C, 624 C, 815 C, 838 C, 873 C, 963 C, 1006 C, 1051 C, 1067 C, 1088 C. En I, 26 (166 C), Montaigne salue de plus les sages positions de Quintilien (I, III, 13-18) qui désapprouve les châtiments corporels. Montaigne a visiblement relu l'*Institution oratoire* après 1588 ; voir ici même la communication de G. Mathieu-Castellani, qui révèle des intertextes cachés.

prose – qui désormais peut supporter à ses yeux la comparaison avec l'*oratio soluta* antique[1] – Montaigne "sème ceans indifferement pour vers" de la prose latine (III, 9, 955 B-C) qu'il affirme le plus énergiquement ses conceptions rhétoriques. Est-ce un hasard ?

On connaît le rôle déterminant des lettres à Lucilius dans la genèse des *Essais*. Dans certaines d'entre elles, dont Montaigne a d'ailleurs parfois tiré des citations (822 C, 1040 C), Sénèque, à travers les conseils qu'il adresse à son correspondant en matière de style ou de direction de conscience, aborde le problème du sublime selon les deux axes adoptés tout à l'heure : la manière et la matière. Pour la première, on peut citer les lettres 94, 114 et 115, que Montaigne a visiblement méditées lorsqu'il a élaboré son propre *genus dicendi* ; elles définissent les exigences d'un discours de vérité, adhérant aux choses, renonçant aux séductions de la forme ("*non est ornamentum virile concinnitas*" : 115, 3), et qui par sa véhémence fera fructifier les *honestarum rerum semina* sémés en chaque esprit (94, 27-29) ; l'effet de ces préceptes philosophiques, dit-il à la fin de la même longue lettre (94, 68), est de nous ramener à la nature : "*Hoc est enim sapientia, in naturam converti, et eo restitui unde publicus error expulerit*" (une sentence que Montaigne a certainement méditée). Pour ce qui est de la seconde, il n'est que de songer à la lettre 41, où, autour d'un vers de Virgile ("*Quis deus incertum est, habitat deus*", *En.* VIII, 352), Sénèque présente deux modalités du sublime, la nature et la grande âme[2], associées dans leur rapport au divin. C'est encore Sénèque qui affirme dans le *De tranquillitate animi* (17, 11) "*Non potest grande aliquid loqui nisi mota mens [quae] instinctu sacro surrexit excelsior.*" A. Michel l'a démontré depuis longtemps[3], le tragique comme le philosophe a apporté une contribution capitale à la définition du sublime en littérature ; et Montaigne, grand lecteur de Sénèque s'il en fût, a fait chez lui son miel.

Parmi les auteurs latins qui ont pu alimenter la réflexion de Montaigne sur le sublime, il faudrait encore citer Tacite. Dans le *Dialogue des Orateurs*, dont M. Fumaroli[4] a montré l'influence sur les *Essais*, outre le rapprochement entre les effets de la grande prose oratoire et ceux de la poésie, rapprochement qui lui est cher, Montaigne a pu découvrir une doctrine du sublime adaptée à la période troublée dont il est le témoin et parfois l'acteur, une doctrine "qui mettait l'accent sur la grandeur d'âme contemplative et inspirée de l'orateur,

---

1 Voir mon art. cité, 1989, p. 18.

2 Voir A. Michel, art. cité, p. 249-250.

3 Dans son art. cité de 1967. Voir aussi sa contribution au colloque sur le Sublime (publiée dans la *RHLF*, 86e an. n°2, p. 52-61) : "Sublime et parole de Dieu : de Saint Augustin à Fénelon".

4 Dans son étude "Michel de Montaigne ou l'éloquence du for intérieur", in *Les Formes Brèves*, actes cités, p. 28-30. La conclusion du *Dialogue* est paraphrasée en I, 51, 306 A. G. Mathieu-Castellani apporte ici même des preuves supplémentaires de l'influence tacitéenne sur les *Essais*.

que son enthousiasme purifiait des maniérismes de la mode et des servitudes de l'école"[1].

Il faudrait encore mentionner l'Horace de l'*Art Poétique*[2], ou Pline le Jeune[3] chez qui l'on trouve cette notion de sublime. Mais l'auteur incontournable en ce domaine est évidemment Cicéron ; le Ps. -Longin (XII, 4) le reconnaît lui-même, qui oppose le sublime de Démosthène, comparable à l'ouragan ou à la foudre qui tombent de haut, au sublime cicéronien, semblable à un incendie qui s'étend sans cesse. La *copia* constitue bien l'un des moyens d'arriver au sublime, Fr. Goyet vient de le rappeler avec énergie et compétence : le grand style tel que l'entend Cicéron – et après lui Budé – est *copiosus ;* l'on rencontre très souvent chez lui la triade *ornate, graviter et copiose* (*Orator*, 29, 97 ; voir aussi 91, 118) où les trois termes sont employés en quasi-synonymes. La *copia* n'est pas comme on le croit trop aujourd'hui l'antithèse du sublime ; n'est-ce pas Cicéron lui-même qui dans une lettre perdue citée par Quintilien (VIII, III, 6) a lancé : "*Nam eloquentiam quae admirationem non habet, nullam judico*" ? Les traités antiques démontrent que *copia* et *pathos* ne sont pas antagonistes, bien au contraire[4]. Et Montaigne avoue avoir, à son corps défendant, parfois recours à l'amplification pour conférer de la véhémence à ses propos :

> Moy-mesme, qui faicts singuliere conscience de mentir et qui ne me soucie guiere de donner créance et authorité à ce que je dis, m'apperçoy toutesfois, aux propos que j'ay en main, qu'estant eschauffé [...] je grossis et enfle mon subject par vois, mouvemens, vigueur et force de parolles, et encore par extention et amplification, non sans interest de la verité nayfve. (III, 11, 1028 B)

Aveu où l'on retrouve bien entendu ses réticences habituelles à l'égard de la rhétorique trompeuse ; mais qui nous révèle en Montaigne un *orator* sans doute pas aussi "impremedité et fortuite" qu'il voudrait le faire croire, un *perfectus orator*, au sens où le définissent Cicéron[5] et Quintilien[6], celui qui, selon les circonstances, sait manier concurremment les trois styles avec la même maîtrise.

---

1 M. Fumaroli, *L'Age de l'Eloquence*, Genève, Droz, 1980, p. 68.

2 Au vers 457, on trouve l'expression *sublimes versus* (puisque telle est la version des éd. du XVIe s.) employée au sens rhétorique où nous l'entendons, même si le contexte est ironique.

3 *Ep.* IX, 26, 5, où Pline justifie "in scriptis [suis] quaedam sublimia" contre ses détracteurs.

4 Voir à ce sujet les analyses menées à propos du *Traité du Sublime* par Fr. Goyet dans son art. cité (2e part.).

5 *Orator*, 100-101 : "Is est enim eloquens, qui et humilia subtiliter et alta graviter, et mediocra temperate potest dicere. [...] Is erit igitur eloquens, ut idem illud iterimus, qui poterit parua summisse, modica temperate, magna graviter dicere. "

6 *Inst. Or.*, XII, X, 66 et 77-8.

On pourra bien sûr s'étonner de me voir évoquer Quintilien, puis Cicéron, sans parler de Pline le Jeune, pour expliquer la présence du sublime dans les *Essais*. Comment un anti-cicéronien aussi avéré que Montaigne a-t-il pu subir l'influence des cicéroniens de l'Empire, ou plus étonnant encore, des traités composés par leur modèle[1] ? En fait, il ne faut jamais oublier que Montaigne est un lecteur d'Erasme, du *Ciceronianus* en particulier[2]. Or dans ce dernier dialogue, Erasme s'est ingénié à combattre les arguments des cicéroniens en ne mettant dans la bouche de Buléphore, son porte-parole, que des propos ou des analyses empruntés aux traités mêmes de Cicéron ; en revanche, Nosopon, le cicéronien caricatural, emprunte justement ses arguments à d'autres théoriciens antiques, Quintilien, Horace ou Sénèque[3]. Et l'on peut penser qu'un lecteur aussi attentif que Montaigne aura goûté cette ironie qui enfermait les cicéroniens dans une terrible contradiction, en leur prouvant sans en avoir l'air qu'ils se montraient incapables d'appliquer les options théoriques prônées par leur modèle lui-même.

Montaigne est donc fort capable d'avoir retourné le concept cicéronien de *copia* contre les cicéroniens eux-mêmes, et d'avoir ironiquement utilisé les analyses du *De Oratore* ou de l'*Orator* pour construire sa rhétorique adulte. N'est-ce pas lui qui, trait d'ironie suprême, au moment même où il lâche contre Cicéron un véritable blasphème ("A confesser hardiment la verité [...], sa façon d'escrire me semble ennuyeuse, et toute autre pareille façon" ; II, 10, 413 A), en souligne le caractère iconoclaste à l'aide d'une formule empruntée à Cicéron lui-même ("car puisqu'on a franchi les barrieres de l'impudence, il n'y a plus de bride"[4]) et tirée, qui plus est, d'une des lettres le plus souvent décriées par les anti-cicéroniens en raison de la vanité et de la fatuité qui s'y manifestent ?

Il faudrait bien sûr être en mesure de dater cet avènement du sublime dans les pages des *Essais*, date délicate à déterminer, mais qui a son importance pour l'histoire de la notion dans notre littérature, et pour notre histoire littéraire elle-même. Si le sublime est clairement préconisé et placé en montre par les ajouts manuscrits de l'exemplaire de Bordeaux, en était-il de même dans les éditions imprimées du vivant de l'auteur ? A considérer les différentes

---

1 Dans l'usage de la métaphore, Montaigne suivrait même l'enseignement du *De Oratore*, à en croire E. Sugg ("A Ciceronian Context for Polyvalent Metaphor, in 'Du parler prompt ou tardif'", *Montaigne Studies*, II, 1, sept. 1990, p. 81-97).

2 Voir, outre l'ouvrage de T. Cave et l'article de G. Defaux déjà cités, notre étude : "Un écho de la querelle cicéronienne à la fin du XVIe s. : éloquence et imitation dans les *Essais*", in *Rhétorique de Montaigne*, éd. F. Lestringant, Paris, Champion, 1985, p. 85-99. On y trouvera un inventaire des études qui ont abordé l'influence du *Ciceronianus* sur les *Essais*.

3 Fait souligné par J. G. Michel dans sa thèse dactyl., *Etude sur le* Ciceronianus *d'Erasme, avec une éd. crit.*, B. U. Sorbonne W Univ. 1951(19)1 4°, t. I, p. 319-320.

4 "*Sed tamen qui semel verecundiae finis transierit, eum bene et naviter oportet esse impudentem*" (*Fam.* V, 12, 3 ; lettre à l'historien L. Lucceius que Cicéron prie d'écrire avec complaisance à son sujet).

strates auxquelles se rattachent les textes cités ici, on voit rapidement que la majorité d'entre eux, lorsqu'ils n'appartiennent pas à la couche [C], se rattachent à la couche [B], comme si la notion, mal dégagée et pour ainsi dire implicite en 1580, se faisait jour avec l'élaboration du IIIe livre.

Enfin, si les passages et les auteurs allégués ici ne constituent pas des preuves suffisantes pour démontrer que Montaigne a puisé la notion qui nous occupe à des sources latines, et non dans le traité *du Sublime*, il ne sera peut-être pas inutile de rappeler qu'il existe, entre les analyses du Ps. -Longin et les options rhétoriques de Montaigne, des divergences profondes qui semblent écarter l'idée d'une influence réelle du premier sur le second. Il y a, par exemple, des modèles que Longin invoque souvent, et qui sont quasiment absents des pages des *Essais*, ce sont les Tragiques grecs, Eschyle, Euripide et surtout Sophocle ; en dépit de quelques critiques, l'Anonyme ne leur ménage pas son admiration pour leur capacité à ravir l'auditeur. Si Montaigne avait vraiment lu et médité le traité *du Sublime*, n'aurait-il pas été tenté, à l'invitation du critique antique, de rouvrir les Tragiques, et n'en lirait-on pas la trace dans certaines de ses additions ?

On se souvient par ailleurs de l'éreintement de Platon[1] tardivement inséré dans l'essai *Des livres* ; Platon dont les "dialogismes" sont jugés "trainans" car Montaigne "ne vo[it] rien en la beauté de son langage" (414 C). Or l'un des grands modèles sublimes que le Ps. -Longin propose à la méditation et à l'imitation de ses lecteurs est justement, outre Démosthène, le "divin" (IV, 6) Platon, le "héros" (IV, 4 ; XXXVI, 2) de l'éloquence ; contre Cécilius, il entend démontrer que le style génial du philosophe, fait de saillies et de trouvailles qui transportent, est infiniment supérieur au style régulier de Lysias (XXXII, 8 ; XXXV, 1). Enfin, et ce n'est pas le moindre argument, le critique grec déconseille vivement l'emploi du style coupé auquel il reproche de "diminuer le sublime" et de "mutiler la pensée" (XLII) ; or l'on sait le goût de Montaigne pour ce mode d'expression dont il souligne lui-même la vigueur à plusieurs reprises (252 B, 938 B) et dont il recommandera à son imprimeur de respecter les marques[2].

"La parole vive et bruyante, comme est la mienne ordinaire, s'emporte volontiers à l'hyperbole" (III, 11, 1028 C). Lorsqu'il opère ce tardif constat,

---

1 Le passage, assez similaire par sa violence et son caractère iconoclaste – d'ailleurs souligné dans les deux cas par Montaigne lui-même – au jugement si sévère qu'il vient de rendre sur Cicéron (413-4 A, C), vaut d'être cité : "La licence du temps m'excusera elle de cette sacrilege audace, d'estimer aussi trainans les dialogismes de Platon mesme et estouffans par trop sa matiere, et de pleindre le temps que met à ces longues interlocutions, vaines et preparatoires, un homme qui avoit tant de meilleures choses à dire ? Mon ignorance m'excusera mieux, sur ce que je ne voy rien en la beauté de son langage" (II, 10, 414 C).

2 Voir dans ce même volume le début de la communication d'A. Tournon.

même s'il semble alors déplorer cette tendance à la véhémence, Montaigne caractérise admirablement sa manière : le *sermo quotidianus* qu'il ne craint pas de transcrire par écrit afin de l'opposer à l'*oratio continua* cicéronienne, peut porter les marques du grand style ; mais, précisons-le, sans friser le ridicule car il est gros de "verité nayfve".

Le sublime affleure à la conscience de Montaigne en plus d'un passage. Il se rencontre indéniablement sous sa plume. Mais cette assomption du sublime chez lui est l'aboutissement d'une lecture attentive de ses auteurs de prédilection, Sénèque, Tacite, voire Quintilien, plutôt que l'effet d'une découverte subite du *Traité du Sublime* attribué par ses contemporains à Longin.

"Il faut le plus souvent s'abaisser", telle est l'énergique maxime qui clôt, ou presque, le bref traité de *L'Art de persuader*[1]. Pascal y présente alors ses règles comme "simples, naïves, naturelles", et conclut comme Montaigne sur la nécessité de prendre la nature pour guide : "La nature, qui seule est bonne, est toute familière et commune." "O qu'il y a de grandeur à se rabaisser ainsi, pour se proportionner à tout ce qu'on peint et pour atteindre à tous les divers caractères ! " s'écrie Fénelon à la louange de Virgile, dans la *Lettre à l'Académie*[2]. Montaigne avait usé cent ans plus tôt d'une antithèse similaire pour préconiser Socrate, et souligner sa paradoxale majesté.

Montaigne, Pascal, Fénelon : sublime dialogue d'un siècle à l'autre ; et qui montre, s'il en est besoin encore, toute l'importance des *Essais*, dans l'établissement et l'épanouissement d'une prose d'art en France.

Michel MAGNIEN
Université de Pau

---

1 Pascal, *Œuvres*, éd. Lafuma, Paris, Le Seuil, 1963, p. 358b.

2 Citée par A. Michel, art. de la *RHLF* (1986) cité, p. 59.

II

LES “CHAPITRES” DES *ESSAIS*

LA PRÉSENCE DU *CICERONIANUS* DANS "DE LA VANITÉ"

"Ce que je ne puis exprimer, je le montre au doigt" : *De la vanité*, 983 B

Erasme reste un curieux silence dans les *Essais*. Sa place – ou son absence – a suscité l'examen attentif de plusieurs éminents lecteurs : Pierre Villey, Hugo Friedrich et, surtout, dans des études qui rappellent son admirable érudition, Margaret Mann Phillips[1]. Ils se sont tous abstenus d'une déclaration de rapport intertextuel direct entre les deux écrivains. Mais ces dernières années plusieurs lecteurs ont mis cette réticence en question : Terence Cave qui, dans le chapitre sur l'"Imitatio" de son *Cornucopian Text* (1979), souligne l'importance du *Ciceronianus* ; Gérard Defaux qui, dans son *Marot, Rabelais, Montaigne* (1987), affirme que Montaigne connaissait bien le *Ciceronianus ;* et Michel Magnien, qui a bien montré des échos de la polémique cicéronienne dans la formation de Montaigne et de son livre[2].

J'aimerais suivre cette dernière piste et examiner le *Ciceronianus* comme intertexte des *Essais*, surtout du chapitre, *De la vanité* (III, 9). Y reconnaître la présence du dialogue érasmien nous amène à une meilleure appréciation de cet essai ; de ses allusions – directes et obliques – à l'histoire ; et de sa façon insolite de représenter l'auteur. Au seizième siècle, comme aujourd'hui, les

---

1 Voir Pierre Villey, *Sources et Evolution des "Essais" de Montaigne*, Paris, 1908 ; New York, Burt Franklin, 1968, t. I, p. 125-126 ; t. II, p. 15-29, 223-228 ; et Hugo Friedrich, *Montaigne*, tr. Robert Rovini, Paris, Gallimard, 1968, p. 321-324. Parlant de l'affinité entre *De la vanité* et l'*Eloge de la folie*, Friedrich affirme que "leur similitude s'affirme de façon étonnante". Mais il met en garde le lecteur contre des conclusions non-fondées : "Il ne s'agit donc pas forcément d'une influence d'Erasme sur Montaigne" (p. 322). Margaret Mann Phillips signale plusieurs endroits où l'on pourrait discerner des échos d'Erasme dans les *Essais*, mais prudente comme Villey et Friedrich elle se retient devant une déclaration d'un rapport intertextuel direct entre les deux écrivains. Parlant des *Adages*, elle nous déconseille des conclusions trop faciles : "On ne peut pas prouver peut-être que Montaigne ait lu et relu les deux grands *Adages*, *Dulce bellum* et *Sileni Alcibiadis*" (p. 500). Et, parlant du syncrétisme qui unit les *Adages* à l'*Enchiridion*, elle ajoute : "Montaigne n'est peut-être pas conscient de cette filiation, mais il est difficile de ne pas s'en souvenir en lisant les *Essais*" (p. 499). Voir "Erasme et Montaigne", *Colloquia Erasmiana Turonensia* (Douzième stage international d'études humanistes, Tours, 1969) 2 vol., Paris, Vrin, 1972, t. I, p. 479-501. Voir aussi "From the *Ciceronianus* to Montaigne", dans *Classical Influences on European Culture A. D. 1500-1700*, éd. R. R. Bolgar, Cambridge University Press, 1976, p. 191-197 ; et "Erasmus in France in the Later Sixteenth Century", *Journal of the Warburg and Courtauld Institutes*, 34 (1971), p. 246-261.

2 Terence Cave, *The Cornucopian Text : Problems of Writing in the French Renaissance*, Oxford, The Clarendon Press, 1979, I, ch. 2, "Imitation", p. 35-77 ; Gérard Defaux, *Marot, Rabelais, Montaigne : l'écriture comme présence*, Etudes montaignistes II, Paris, Champion-Slatkine, 1987, p. 42-43 : "Montaigne, le plus souvent, copie directement Erasme sans le dire" ; et Michel Magnien, "Un écho de la querelle cicéronienne à la fin du XVIe siècle : éloquence et imitation dans les *Essais*", *Rhétorique de Montaigne*, éd. F. Lestringant, Paris, Champion, 1985, p. 85-99.

discussions de l'intertextualité soulevaient toujours des questions relatives à l'identité de l'écrivain. C'est ainsi qu'à mon sens, la formulation par Montaigne de son identité en tant qu'auteur est particulièrement redevable à sa lecture d'Erasme. La première partie de cette étude sera, donc, une analyse textuelle assez détaillée qui s'ouvre, dans la deuxième partie, sur des questions d'historicité et d'auto-représentation de l'écrivain.

Comme point de départ je retourne à un article où j'ai proposé que Montaigne a créé dans cet essai un tissu intertextuel d'allusions à Erasme, surtout à la fin du chapitre où il représente le terme de son voyage en Italie, la ville de Rome[1]. J'ai vu dans sa transcription de la bulle de bourgeoisie romaine une allusion en calembour à l'adage érasmien “Homo bulla” – l'homme est une bulle. Paru pour la première fois en 1500, dans l'édition *Collectanea* des *Adagia*, ce proverbe a provoqué un long commentaire dans les *Chiliades* de 1508 et dans les éditions ultérieures. L'expression “homo bulla” avait indiqué depuis l'antiquité la vanité et la fragilité humaines. Erasme explique : “Une bulle est ce gonflement que l'on voit dans les eaux naître et s'évanouir en un moment” (p. 382)[2]. La bulle des papes s'appelle ainsi à cause des bulles – ou boules – de plomb où l'on mettait le sceau officiel. En présentant sa bulle, Montaigne remarque le caractère pompeux des sceaux, soulignant la vanité du document ainsi que la sienne :

> Parmy ses faveurs vaines, je n'en ay poinct qui plaise tant à cette niaise humeur qui s'en paist chez moy, qu'une bulle authentique de bourgeoisie Romaine, qui me fut octroyée dernierement que j'y estois, pompeuse en seaux et lettres dorées. (999 B)

Mais une bulle de bourgeoisie romaine crée d'autres résonances avec l'œuvre d'Erasme. Venant à la fin d'un essai où Montaigne réfléchit sur son entreprise d'écrire, sur son style, et sur la ville de Rome, la bulle évoque le *Dialogus cui titulus Ciceronianus siue de optimo dicendi genere*, paru à Bâle en 1528. Dans cette exposition mordante de ses idées sur la rhétorique, et sur la controverse du parfait style cicéronien, Erasme rappelle Christophe Longueil, son jeune compatriote brabançon, qui s'était distingué à Rome en gagnant un brevet de cicéroniénisme. Muni de cette distinction, Longueil avait attaqué comme barbares des écrivains du Nord, y compris Erasme. Buléphore, l'interlocuteur qui exprime les idées d'Erasme, essaie de “guérir” Nosopon, cicéronien zélé qui manifeste les traits de Longueil. Vers la fin du *Cicéronien* Buléphore raconte l'histoire de Longueil :

---

1 “Vanity's Bull : Montaigne's Itineraries in III : 9”, dans *Le Parcours des "Essais" : Montaigne 1588-1988*, éd. M. Tetel et G. M. Masters, Paris, Aux Amateurs de Livres, 1989, p. 195-208.

2 Je cite la traduction de Jacques Chomarat dans son Erasme, *Œuvres choisies*, Livre de Poche Classique, Librairie Générale Française, 1991. Voir Erasmus, *Adagiorum Chiliades*, II, iii, 48, *Opera omnia Erasmi Roterdami*, t. II, Louvain, 1704, p. 500-503.

> Or, ce fut cependant à Christophe, [...] qu'à cause de l'élégance admirable de son langage, un certain nombre de juges particulièrement sincères n'hésita pas à décerner le titre de citoyen d'honneur de la ville de Rome. Cela se faisait autrefois et c'était alors aussi utile qu'honorifique. Mais, à l'heure actuelle, que peut bien représenter ce titre de citoyen romain ? Sans doute un peu moins que celui de citoyen de Bâle, si l'on rejette toute cette fumée des mots pour mieux apercevoir la réalité des choses (p. 344)[1].

Comme dans la phrase de Montaigne, la valeur du titre de citoyen de Rome est mise en question et l'honneur que ce titre était censé conférer est subverti par le soupçon de vanité. Mais, comme c'est aussi le cas chez Montaigne, l'opinion du locuteur n'est pas sans ambiguïté. Dans les deux passages les auteurs – Erasme et Montaigne – s'accusent et s'excusent ; ils pratiquent l'auto-ironie. Dans le *Cicéronien*, l'ironie dépend d'un jeu entre quatre personnes ou personnages "différents" : Erasme, l'auteur ; Buléphore, personnage fictif qui exprime les idées d'Erasme, donc, "persona" de l'auteur ; Longueil, celui qui a été nommé citoyen de Rome ; et Nosopon, celui qui représente Longueil dans le dialogue. Par tout ce qu'il dit de Longueil, Buléphore laisse entendre que le jeune cicéronien n'a pas été passif dans cette affaire, qu'il a sollicité le titre de citoyen de Rome. Buléphore peut en sortir indemne de vanité. Erasme, par contre, ne s'en tire pas si facilement. Par sa référence à Bâle, Buléphore implique Erasme, qui était lui-même citoyen de Bâle. L'auteur, Erasme, fait de l'ironie par la voix de son porte-parole. Cette ironie est une auto-représentation de l'auteur, un mouvement réfléchi ou spéculaire qui affirme la subjectivité de l'auteur tout en soulignant le caractère vulnérable de cette identité[2]. Il en est de même dans *De la vanité*, mais d'une manière plus complexe (manière qui pourrait pourtant avoir l'air trompeur de simplicité). Quand Montaigne présente sa bulle de bourgeoisie romaine, il ne s'agit que de Montaigne – une seule personne. C'est la simplicité trompeuse. En fait, l'ironie dépend d'un jeu entre Montaigne l'auteur, "Montaigne" la voix qui parle dans *De la vanité*, et "Montaigne" le personnage historique, gentilhomme du sud-ouest de la France qui, comme Longueil, avait accepté

---

1 Je me sers de la traduction de Pierre Mesnard dans Erasme, *La Philosophie chrétienne*, De Pétrarque à Descartes, xxii, Paris, Vrin, 1970, "Le Cicéronien", p. 257-358. Je la modifie parfois pour la rendre plus fidèle au latin de l'édition d'Angiolo Gambaro : *Il Ciceroniano o dello stile migliore*, édition critique du texte latin avec traduction en italien par Angiolo Gambaro, Brescia, La Scuola Editrice, 1965.

2 Le mot "vulnérable" pour caractériser un texte de la Renaissance a été suggéré par l'étude admirable de Thomas M. Greene, *The Vulnerable Text : Essays on Renaissance Literature*, New York, Columbia University Press, 1986. Voir surtout ch. 1 : "Erasmus' «Festina lente» : Vulnerabilities of the Humanist Text", p. 1-17 ; et ch. 7 : "Dangerous Parleys – Montaigne's *Essais* I : 5 and 6", p. 116-139. Voir l'observation de Jacques Chomarat : "Erasme, bien avant Montaigne, découvre la subjectivité, non pas en théorie, mais dans sa pratique de lecteur, d'écrivain, d'homme" (*Grammaire et rhétorique chez Erasme*, t. II, Paris, Société d'édition «Les Belles Lettres», p. 841).

une bulle de bourgeoisie romaine et comme lui, l'avait sollicitée. Le *Journal de voyage* nous donne un premier récit de cet épisode qui va être élaboré dans l'essai :

> Je recherchai pourtant et amploiai tous mes cinq sans de nature pour obtenir le titre de citoyen romain, ne fut-ce que pour l'antien honur et religieuse mémoire de son authorité. J'y trouvai de la difficulté ; toutefois je la surmontai, n'y ayant amploïé nulle faveur, voire ny la sciance sulement d'aucun François. L'authorité du pape y fut amploiée par le moïen de Philippo Mussotti, son maggiordomo qui m'avoit pris en singulière amitié et s'y pena fort [...]. C'est un titre vein ; tant-y-a que j'ai receu beaucoup de plesir de l'avoir obtenu[1].

Buléphore se moque de telles vanités. Son nom grec le désigne comme porteur en conseils[2]. Mais par un jeu de mots bilingue, il devient aussi porteur de bulles. C'est ainsi que je vois le *Ciceronianus* : texte qui a porté la bulle de bourgeoisie romaine dans l'essai de Montaigne.

Je propose le *Ciceronianus* comme intertexte de l'essai *De la vanité*, et des *Essais* en général. C'est-à-dire que Montaigne se souvenait d'Erasme pendant qu'il rédigeait son essai, et qu'il a témoigné de ce souvenir par le tribut de l'*imitatio*. Je propose en outre qu'il a décidé de transcrire sa propre bulle à la fin de cet essai parce qu' Erasme avait mis l'histoire de Christophe Longueil à la fin de son traité sur "le meilleur des styles". L'allusion complexe à Erasme dans *De la vanité* témoigne d'une présence érasmienne plus large dans les *Essais*. Comme Erasme, Montaigne crée un jeu d'ambivalence devant sa propre vanité d'écrivain.

Commençons par quelques passages d'une résonance particulière. Dans la dernière partie du *Ciceronianus*, cherchant une réponse à sa question : "Où pourras-tu trouver un cicéroniénisme authentique, en dehors de Cicéron ? " (p. 323), Buléphore soumet un défilé d'écrivains aux critères exigeants de Nosopon, arbitre du cicéroniénisme. C'est cette partie du dialogue qui a provoqué la colère des écrivains du Nord contre Erasme, car selon Nosopon, qui est souvent peu flatteur dans ses critiques, aucun d'entre eux ne mérite l'honneur du titre. Buléphore en vient à Erasme : "C'est le moment de te rappeler Erasme de Rotterdam si tu le permets" (p. 337) ? C'est une des deux fois qu'Erasme inscrit son nom dans le dialogue, et chaque fois c'est en tant qu'écrivain. Nosopon réagit avec chaleur :

---

1 *Œuvres complètes*, Bibliothèque de la Pléiade, éd. Albert Thibaudet et Maurice Rat, Editions Gallimard, 1962, p. 1236-37.

2 Voir la lettre dédicace du *Ciceronianus*, adressée à Jean de Vlatten. Gambaro, p. 4 ; Mesnard, p. 261.

> Ne t'es-tu pas engagé à n'évoquer ici que des écrivains cicéroniens ? En vérité je ne reconnaîtrai même pas à Erasme le titre d'écrivain, tant je suis loin de le mettre au nombre des Cicéroniens ! (p. 337)[1]

Faisant la distinction entre le vrai écrivain et le "polygraphe", Nosopon accepte de considérer Erasme dans cette dernière catégorie : "celui qui noircit beaucoup de papier avec de l'encre" (p. 337) – "qui multum chartarum oblinit atramento". Pour élaborer cela, Nosopon se sert d'une image de terres cultivées :

> Mais, pour nous, écrire, c'est un peu comme l'art de faire produire une terre. La lecture correspond à la fumure de cette terre ; la méditation et la correction au hersage, au binage, à l'émondage, à l'arrachage des mauvaises herbes et à tous ces travaux sans lesquels la semence ne germerait pas et ce qui est sorti de terre s'arrêterait de pousser (p. 338)[2].

Ce passage donnait à Montaigne de la terre à cultiver. Il nous rappelle l'image des "terres oysives" qui ouvre le chapitre *De l'oisiveté* – essai où Montaigne explique son "avènement à l'écriture" :

> Comme nous voyons des terres oysives, si elles sont grasses et fertilles, foisonner en cent mille sortes d'herbes sauvages et inutiles, et que, pour les tenir en office, il les faut assubjectir et employer à certaines semences, pour nostre service [...] (I, 8, 32 A)

Ces terres, nous dit-il, sont comme des esprits : "ainsin est-il des espris". Mais de pareilles terres deviennent aussi le domaine d'errance des esprits oisifs, état préalable à l'écriture :

> Si on ne les occupe à certain sujet, qui les bride et contreigne, ils se jettent desreiglez, par-cy par là, dans le vague champ des imaginations. (I, 8, 32 A)

Dans un article paru dans le *Bulletin de la Société des Amis de Montaigne*, Robert D. Cottrell met en question l'opinion de Pierre Villey que Montaigne ait pris cette image dans *Les diverses leçons de P. Messie*, traduction par Claude Gruget (1552) de *La Silva de varia leccion* (1544) de l'espagnol Pedro Mexia. Cottrell dit :

> Sans nier la possibilité que Montaigne ait trouvé l'image des terres oisives chez Messie, il me semble plus plausible que l'essayiste, en

---

1 "Professus es te de scriptoribus dicturum. Istum uero ne inter scriptores quidem pono, tantum abest ut ciceronianis annumerem" (Gambaro, p. 242).

2 "Potest, si [polygraphos] est, qui multum chartarum oblinit atramento. Alia res est scribere, quode nos agimus, et aliud scriptorum genus. Alioqui qui manu describendis libris quaestum faciunt, scriptores dicentur, quum hos eruditi malint librarios dicere. At hoc est nobis scribere, quod agro fructum producere, hoc nobis lectio, quod agro stercoratio : hoc nobis concoctio et emendatio, quod in agris occatio, pastinatio, putatio, zizaniorum euulsio, ac reliquae operae, sine quibus aut non emergit sementis, aut non adolescit exortia" (Gambaro, p. 242).

> écrivant les premiers mots de l'essai «De l'oysiveté», pensait à une page d'un de ses auteurs favoris, Plutarque[1].

Il cite un passage des *Œuvres morales* – du chapitre "Comment il faust ouyr" (traduction d'Amyot) – où Plutarque souligne l'importance de l'ouïe, disant qu'un jeune homme privé de cette faculté :

> ne produiroit de soy-mesme ne fruict ne fleur quelconque de vertu, mais au contraire il se tourneroit au vice, mettant hors de son ame, ne plus ne moins qu'une terre non labourée et délaissée en friche, plusieurs rejectons et germes sauvages. (Cottrell, p. 65)

La comparaison explicite entre une âme et "une terre non labourée" qui produit des "germes sauvages" évoque d'une façon frappante les terres oisives de Montaigne, et Cottrell finit par proposer que Messie et Montaigne ont tous deux emprunté l'image à Plutarque, conclusion que son argument rend tout à fait vraisemblable. Mais, le procédé intertextuel est souvent complexe, et l'étiologie de cette métaphore botanique, si centrale dans la représentation de l'étiologie de l'écrivain dans les *Essais*, laisse deviner un hybride, ou du moins une greffe sur l'intertexte de Plutarque. Ce nouvel aspect se trouve dans la métaphore des terres cultivées, telle que Nosopon la suggère à Buléphore. Pour Nosopon, comme pour Plutarque et Messie avant lui, la culture d'une terre sert à représenter l'exercice de l'esprit. Mais Nosopon ajoute un élément crucial en se servant de cette métaphore afin d'illustrer l'acte d'écrire. "At hoc est nobis scribere, quod agro fructum producere [...]" (Gambaro, p. 242). Le texte d'Erasme enrichit le texte de Plutarque dans le champ fertile de l'esprit de Montaigne. Il reprend à Plutarque l'image de la "terre non labourée et délaissée en friche", terre qui produit "plusieurs rejectons et germes sauvages", pour en faire ses propres "terres oysives" ; et, comme Nosopon, il lie l'image de la terre cultivée à une définition de l'écriture. Mais à la différence de Nosopon, Montaigne n'exprime pas cette analogie tout de suite. Ce n'est qu'à la fin de son chapitre qu'il explique que, pour donner "ordre" et "propos" aux "chimeres et monstres fantasques" produits par son esprit oisif, il a "commancé de les mettre en rolle [...]" (33 A)[2]. Montaigne fait une imitation éclectique qui profite des deux auteurs (et je n'exclus point la possibilité qu'il y en ait d'autres)[3]. En cela, il se montre loin de l'idéal de Nosopon ; il se montre anti-cicéronien.

---

[1] Robert D. Cottrell, "L'image des terres oisives dans «De l'oisiveté»", in *Bulletin de la Société des Amis de Montaigne*, Cinquième série, N° 16, Octobre-Décembre, 1975, p. 63-66.

[2] Voir le contexte dans lequel Robert Cottrell discute ce passage : *Sexuality/Textuality : A study of the Fabric of Montaigne's "Essais"*, Columbus, Ohio State University Press, 1981, p. 29.

[3] Dans sa communication dans ce même volume, Gisèle Mathieu-Castellani montre que Quintilien participe aussi à ce réseau intertextuel. Voir sa discussion probante de l'image des terres oisives dans son livre, *Montaigne, l'écriture et l'essai*, Paris, Presses Universitaires de France, 1988, ch. I, p. 25-32.

Si le passage du *Ciceronianus* où Erasme se montre visé comme écrivain retentit dans *De l'oisiveté*, il devient encore plus résonnant dans *De la vanité*. Tout au début de cet essai, Montaigne, l'écrivain mûr, regarde en arrière : "Qui ne voit que j'ay pris une route par laquelle, sans cesse et sans travail, j'iray autant qu'il y aura d'ancre et papier au monde ? " (945 B). Il a pris la route que, selon Nosopon, Erasme avait tracée : le polygraphe, "celui qui noircit beaucoup de papier avec l'encre" (p. 337) ["qui multum chartarum oblinit altramento" – G, p. 242]. Nosopon traite Erasme de "polygraphos", prenant le terme neutre que Buléphore avait suggéré ("Il semble pourtant bien pouvoir être compté parmi les polygraphes ! " p. 337) et le tournant en dérision. Dans *De la vanité*, toujours au début, Montaigne se met dans le groupe de ceux qui seraient bannis "moy et cent autres" par des lois contre "les écrivains ineptes et inutiles", écrivains coupables d'"escrivaillerie [...] simptome d'un siecle desbordé" (946 B). Il semble que l'auteur des *Essais* ait été frappé par le passage dans le *Ciceronianus* où Erasme se représente en tant qu'écrivain sous attaque d'"escrivaillerie". Et l'emprunt que Montaigne en a fait est loin d'être gratuit. En faisant une *imitatio* de ce passage, en tête d'un essai où il fait la défense de sa propre composition et de son style, Montaigne invite son lecteur à le considérer, lui écrivain, à la lumière d'Erasme "polygraphos" et de la polémique cicéronienne. Plus précisément, Montaigne encadre *De la vanité* de deux emprunts faits au *Ciceronianus*, inscrivant aux deux bouts de son essai les échos de deux moments dans le dialogue où Erasme se met en scène, échos où Montaigne rappelle Erasme : le polygraphe prodigue, gaspilleur d'encre et du papier au début, et le titulaire de la bulle de bourgeoisie romaine à la fin[1].

Pourquoi Montaigne encadre-t-il son essai *De la vanité* par des allusions intertextuelles au *Ciceronianus*, dialogue sur le meilleur des styles ? Les études des quinze dernières années sur la pratique de l'*imitatio* à la Renaissance, et de Montaigne en particulier, ont montré que la plupart du temps de telles allusions "montrent au doigt" une affinité et une dynamique plus profondes entre deux œuvres et deux auteurs. Faisons, donc, une esquisse des rapports plus larges que Montaigne aurait pu voir entre son livre et l'œuvre d'Erasme en examinant de plus près le *Ciceronianus*, et abordons ensuite la question qui s'impose : pourquoi Erasme est-il quasiment absent des *Essais* ?

---

1 Le jeu d'intertexte se prolonge dans les premières pages de l'essai. Montaigne imite ici, d'une façon soutenue, la critique d'Erasme faite par Nosopon. Quand il dit : "Et quand seray-je à bout de representer une continuelle agitation et mutation de mes pensées, en quelque matière qu'elles tombent [...] ? " (946 B), Montaigne fait écho à la critique de Nosopon quant à la désinvolture des écrits d'Erasme : "Abiicit ac praecipitat omnia, nec parit, sed abortit..." (G, p. 242) ("Il jette bas et précipite tout [ce qu'il écrit], il ne met rien en état, mais fait tout avorter"). Montaigne rend par les mots, "en quelque matière qu'elles tombent", le "Abiicit ac praecipitat omnia" d'Erasme.

C'est par le sous-titre d'Erasme, *De optimo dicendi genere*, que l'on peut voir le premier niveau d'affinité avec *De la vanité*. Le *Ciceronianus* met en scène la crise du langage et du style, la lutte pour l'intégrité dans leur identité d'auteur à laquelle devaient s'affronter les écrivains de la Renaissance. Le conflit se cristallise autour d'une définition de l'imitation. D'une part, Nosopon, le prétendu cicéronien, insiste sur un modèle exclusif de l'imitation. Il fait de Cicéron une idole. Buléphore met en question l'imitation cicéronienne : “Voyons donc si nous appliquons nous-mêmes une juste règle en estimant qu'il faut chercher, si grand soit-il, dans le seul Cicéron le modèle de l'éloquence” (Mesnard, p. 278). Contre cette rigidité, il avance un modèle plus souple, l'imitation éclectique, modèle qu'il attribue à Quintilien : “j'approuverai cette formule [...] reprise par Quintilien lorsqu'il donne pour règle aux imitateurs de ne pas se contenter de lire un seul auteur, ni de les lire tous pêle-mêle, ni les premiers venus, mais parmi les plus célèbres de faire un choix des meilleurs [...]” (M, p. 281)[1].

Buléphore s'attaque au modèle cicéronien de l'imitation par le critère de la convenance historique. Les cicéroniens, dit-il, refusent de reconnaître l'altérité historique de l'Antiquité (M, p. 291). Buléphore, par contre, souligne l'énorme séparation temporelle, et donc culturelle, qui éloigne Cicéron de leurs jours :

> pour parler de façon adéquate, il faut que notre discours soit en rapport avec les personnes et les circonstances présentes [...]. L'état présent de notre siècle te semble-t-il en rapport avec la mentalité de l'époque pendant laquelle Cicéron a vécu et parlé ? Alors que la religion, la politique, l'administration, l'Etat, les lois, les mœurs, la culture, le visage même des hommes ont été complètement transformés ou que, pour le dire en un seul mot, tout a pris une autre tournure ! (M, p. 300)[2]

En insistant pour que l'on reconnaisse Cicéron et les Anciens comme Autre, Buléphore répète l'argument par lequel les premiers humanistes italiens se sont distingués de leurs contemporains : que l'on doit regarder les civilisations du passé avec une conscience historique, en tenant compte de la distance et des mutations qui nous séparent d'eux. C'est l'argument qui a engendré la philologie comme optique et comme discipline. Cette optique a

---

1 Buléphore nous renvoie ici à l'*Institutio oratoria* (X, II, 24). Pour une appréciation de Quintilien comme maître de l'*imitatio* dans le *Ciceronianus*, et pour les écrivains du seizième siècle en général, voir Terence Cave, *The Cornucopian Text*, I, ch. 2, “Imitation”, p. 35-77 ; et Marc Fumaroli, *L'Age de l'éloquence : Rhétorique et «res literaria» de la Renaissance au seuil de l'époque classique*, Genève, Librairie Droz, 1980, I, ch. 2, p. 77-115.

2 “Ut autem apte dicamus ita demum fieri, si sermo noster personis et rebus praesentibus congruat [...] Uidetur praesens seculi status, cum eorum temporum ratione congruere, quibus uixit ac dixit Cicero, quum sint in diuersum mutata religio, imperium, magistratus, respublica, leges, mores, studia, ipsa hominum facies, denique quid non ? ” (G, p. 124-126). G. W. Pigman a souligné le lien entre les théories de l'imitation et la notion du passé dans “Imitation and the Renaissance Sense of the Past”, *JMRS*, 9, 2 (1979), p. 155-177.

tenu compte du caractère protéen du langage, et grâce à cela les humanistes ont pu se détacher d'une vision des Anciens comme idoles, pour les aborder comme objets d'étude[1]. Les humanistes-philologues ont trouvé des raisons mieux fondées pour admirer les écrivains du passé en reconnaissant leur altérité. Dans son dialogue entre Buléphore et Nosopon, Erasme se montre encore une fois disciple de Lorenzo Valla, et son attaque vise le cicéroniénisme comme un atavisme, une régression à ces attitudes d'adoration qui figeaient le passé. En fait, par ses deux interlocuteurs il fait écho à la polémique des années 1450 entre Valla et Poggio Bracciolini sur les valeurs relatives de Quintilien et de Cicéron[2]. Les discussions sur l'imitation qui se sont prolongées au cours du seizième siècle, et surtout la polémique que le *Ciceronianus* a déclenchée, remettaient en jeu le rapport philologique de l'écrivain avec son passé que Valla avait proclamé. Chaque écrivain a dû négocier ce que Thomas Greene appelle sa "solitude historique"[3]. Très souvent ils ont figuré cette négociation comme une rencontre ambivalente avec Rome[4].

De la vanité est, entre autres choses, l'essai où Montaigne travaille à cette négociation en représentant l'impression qu'il a eue de Rome[5]. Il y fait une réponse à la polémique cicéronienne et une appréciation du rôle d'Erasme dans les avatars de l'humanisme. Dans cet essai, comme dans son livre en général, Montaigne cite ou fait allusion de façon explicite à une multitude de textes précurseurs : Sénèque, Pétrone, Horace, Plutarque, Lucrèce, Suétone, pour ne

---

1 Eugenio Garin voit l'essence de l'humanisme italien dans cette mentalité historiographique, l'effort de comprendre les Anciens dans leur propre contexte historique : "(N)on c'è più – li innanzi – la Verità da illustrare : c'è il rischio di un'avventura dove tutto è, si, oscuro, ma totto, ancora, è possibile [...] (Q)uei filologi [...] pur rispettosissimi de forme tradizionali, affrontano ogni documento, ogni carta, ogni libro, considerando che, così come si presenta, esso è un fatto umano, una traccia e una risonanza umana, e come tale soggeta a esame e a discussione critica [...] Per questa via, proprio e solo l'umanesimo, concludendo del resto una lunga crisi, collocò nei suoi quadri storici e oltrepassò per sempre quell'antica visione del reale statico, a strutture rigide [...]" : *L'umanesimo italiano : filosofia e vita civile nel rinascimento*, Bari, Editori Laterza, 1964, p. 14-15.

2 Voir l'étude magistrale de Salvatore I. Camporeale, *Lorenzo Valla, Umanesimo e Teologia*, Firenze, Istituto Nazionale di Studi sul Rinascimento, 1972, ch. 1, p. 33-146. Ce n'est pas par hasard que le jugement de Nosopon sur Valla souligne son affinité avec Quintilien : "Bien que sa langue soit plus châtiée et plus pure que celle des autres, Valla se rapproche plus de la finesse acquise de Quintilien que de la facilité naturelle de Cicéron" (M, p. 329).

3 C'est le titre du deuxième chapitre de son livre, *The Light in Troy : Imitation and Discovery in Renaissance Poetry*, ch. 2, "Historical Solitude", New Haven, Yale University Press, 1982, p. 4-27.

4 Sur le voyage à Rome, voir Eric MacPhail, *The Voyage to Rome in French Renaissance Literature*, Stanford, California, Stanford French and Italian Studies, 68, 1990.

5 *De la vanité* a suscité des lectures variées. Lawrence D. Kritzman en fait un résumé jusqu'à 1980 avec sa propre analyse de l'essai dans *Destruction/Découverte : Le fonctionnement de la rhétorique dans les «Essais» de Montaigne*, Lexington, Kentucky, French Forum, 1980, p. 141-157. Dans un article récent, Margaret McGowan a bien appécié le caractère complexe de la réaction de Montaigne devant Rome ("Contradictory Impulses in Montaigne's Vision of Rome", *Renaissance Studies*, Vol. 4, n° 4, 1990, p. 392-409).

survoler que les toutes premières pages. Il est donc anti-cicéronien, ou plutôt quintilinien, dans son imitation ; ou, autrement dit, il est érasmien, suivant le modèle des *Adages*. Montaigne annonce à maintes reprises l'éclectisme de son imitation et il le conseille aux autres, comme, par exemple, dans son emprunt de la métaphore antique des abeilles qui "pillotent deça delà les fleurs" (152 A), métaphore qu'Erasme avait aussi empruntée dans le *Ciceronianus* pour décrire la pratique d'imitation de Cicéron lui-même :

> Cicéron n'avait négligé aucune des meilleures sources : il soupesait avec discernement ce qu'il y avait à approuver ou à critiquer dans chaque auteur [...] L'abeille tire-t-elle d'un seul arbre le pollen dont elle fait son miel, ou ne voltige-t-elle pas plutôt vers toute espèce de fleurs, d'herbes ou d'arbustes [...] ? (M, p. 317)[1].

Quand Montaigne inscrit sa rencontre avec Rome à la fin de son essai, il se situe dans la tradition des écrivains du Nord qui ont déjà fait le voyage à Rome – soit dans l'espace, soit en imagination – et qui l'ont intégré dans leurs œuvres : Lemaire de Belges, Du Bellay, Peletier du Mans, Magny, Grévin.... Du Bellay surtout s'est servi de son expérience romaine pour créer à partir de cela une sorte d'autobiographie fictive, le récit de sa recherche d'une identité poétique par la quête d'un style individuel[2]. *De la vanité* prend sa place dans cette tradition. Montaigne évoque Erasme en mettant une discussion du meilleur style (*de optimo dicendi genere*) – et surtout de la corruption de l'écriture – dans le contexte de la décadence civile. Dans *De la vanité*, Montaigne lie l'acte d'écrire aux maux de son temps ("la corruption du siecle"), et de tous les temps : "L'escrivaillerie semble estre quelque simptome d'un siecle desbordé. Quand escrivismes nous tant que depuis que nous sommes en trouble ? quand les Romains tant, que lors de leur ruyne ? " 946B[3]. On a raison de lire cette dernière question comme sa façon de comparer

1 "Neminem priorum non legerat Cicero ; quid quisque probandum aut reprehendendum haberet [...]. Apes num ex uno frutice colligunt mellificii materiam, an potius ad omnes florum, herbarum, fructicum species [...]" (G, p. 180). Voir les remarques de Timothy Hampton sur l'emploi que fait Montaigne de cette métaphore dans *Writing from History : The Rhetoric of Exemplarity in Renaissance Literature*, Ithaca, Cornell University Press, 1990, p. 142-144.

2 Dans un livre récent, George Hugo Tucker a fait une lecture admirable de la poésie "romaine" de Du Bellay comme le récit d'une odyssée de l'identité poétique. Ce qu'il dit sur certaines œuvres de Du Bellay pourrait décrire l'entreprise des *Essais* : "Thus, these are "exercices de style" in the richer sense also of being part of the *fiction* of the poet's quest for an appropriate individual style and idiom" (*The Poet's Odyssey : Joachim Du Bellay and the "Antiquitez de Rome"*, Oxford, Clarendon Press, 1990, p. 43). Dans ce sens, l'essai *De la vanité* serait le commentaire aussi bien que la pratique d'un tel exercice.

3 On voit la même association entre l'éloquence, le désordre politique et la fertilité des terres dans un passage du chapitre 51, *De la vanité des paroles* :

> L'eloquence a fleury le plus à Rome, lors que les affaires ont esté en plus mauvais estat, et que l'orage des guerres civiles les agitoit : comme un champ libre et indompté porte les herbes plus gaillardes (306 A).

Dans la phrase suivante Montaigne se sert des mots "bon conseil", la traduction littérale de "Buléphore".

comparer la France de son temps à la Rome de l'Antiquité. Mais la question évoque aussi, d'une façon plus immédiate, la Rome du seizième siècle, celle de la veille du *Ciceronianus*, la ville humiliée par la catastrophe de 1527, le sac de Rome, dont Montaigne a lu les détails dans le livre 18 de son Guichardin. Le “simptome” de cette année débordée serait dans ce cas le cicéroniénisme. Erasme ne fait pas d'allusion explicite au sac de Rome dans le *Ciceronianus*, mais ses premiers lecteurs ont vu cette œuvre comme sa réaction au désastre[1]. Sa lettre dédicace à Jean de Vlatten, datée du 14 février 1528, met son dialogue dans ce contexte, parlant de

> ce siècle où, je ne sais par quel désordre fatal, tout est remué sens dessus dessous. Soit que tu considères l'état de la religion chrétienne, soit que tu examines la condition des monarchies ou des républiques, soit que tu observes la méthode des études et des belles lettres, le bouleversement est si général qu'aujourd'hui plus que jamais apparaît toute la vérité de cet adage : «le conseil est chose sacrée» (M, p. 261).

Dans cette dédicace, écrite neuf mois après l'entrée de l'armée impériale à Rome, l'imputation d'une décadence générale est mise au compte de l'église, du gouvernement et de l'étude des lettres. Erasme présente le cicéroniénisme comme symptôme du déclin (*uergant ad interitum*) et traite les cicéroniens de “fumistes” (*qui se huius fumo molestissime uenditant iactitantque*) qui se servent de leur titre illusoire pour cacher une maladie plus profonde : un néo-paganisme. Le *Ciceronianus* marque un moment de déception dans la carrière d'Erasme, où il a vu dans l'aberration d'un culte de l'antiquité idolâtre au cœur de l'Eglise, la perversion de son idéal humaniste de syncrétisme, force motrice de ses *Adages* et *Colloques*. C'est le désenchantement post-humaniste, le “sac”, par la force des choses, de l'espoir que les *studia humanitatis* pourraient améliorer la vie politique de la communauté chrétienne.

Quand Montaigne voit dans l'“escrivaillerie [...] quelque simptome d'un siecle desbordé”, et quand il suggère le rapport entre les troubles de la France et la ruine de Rome, il voit le dilemme d'un écrivain à la fin de ce siècle dans les termes suggérés par le *Ciceronianus*. Montaigne souligne le rapport éloquence/décadence civile dans le cadre des “troubles” de son propre temps : la France, cinquante ans après le sac de Rome[2]. La catastrophe des guerres civiles menaçait de mettre la France en ruine ; son pays était en train de se saccager de l'intérieur. Sa réaction racontée dans *De la vanité* était de s'en éloigner. “L'autre cause qui me convie à ces promenades, c'est la disconvenance aux meurs presentes de nostre estat” (956 B). Dans son voyage

---

1 Voir André Chastel, *The Sack of Rome, 1527*, Princeton University Press, Bollingen Series xxxv, 26, 1985, ch. IV, p. 129-136 ; et MacPhail, *The Voyage to Rome in French Renaissance Literature*, ch. 1. 3, “Ciceronianism and the Fall of Rome”, p. 22-32.

2 Voir McGowan, p. 399-400.

hors de la France en 1580, il répète à l'envers le mouvement de retraite en 1570. Ce sont deux déplacements préalables à l'acte d'écrire. Dans les deux cas il lui a fallu se détourner de ce qu'il appelle "la presse" (III, 9, 967 B ; 978 B ; 991 B) : en 1570, de la vie publique à la solitude de tour ; et en 1580, de chez lui en Italie, sa maison même atteinte par la décadence de l'état[1] :

> J'en suis en particulier trop pressé. Car en mon voisinage, nous sommes tantost par la longue licence de ces guerres civiles envieillis en une forme d'estat si desbordée [...], qu'à la verité c'est merveille qu'elle se puisse maintenir. (956 B)

Dans la structure de l'essai *De la vanité* comme dans sa vie, l'itinéraire qui l'a libéré de la catastrophe civile l'a amené à Rome. Retraçant le voyage qu'Erasme avait fait, il a traversé les Alpes pour se trouver devant le spectacle du passé. Son essai témoigne d'une réaction complexe et parfois paradoxale. La civilisation de l'Antiquité est en même temps éloignée et immédiate. Dans sa façon d'évoquer Rome, il se montre dans le sillage d'Erasme et de Valla en regardant cette civilisation par l'optique de la conscience historique. Il y voit d'abord "le tombeau de cette ville" (996 B) et insiste sur la distance, la séparation créée par le temps, par la mort. Mais il éprouve cette perte comme un deuil – elle lui évoque le souvenir de son père – qui renforce le profond dévouement et l'affinité qui le lient à ces morts :

> Ils sont trepassez. Si est bien mon pere, aussi entierement qu'eux, et s'est esloigné de moy et de la vie autant en dixhuict ans que ceux-là ont faict en seize cens ; duquel pourtant je ne laisse pas d'embrasser et practiquer la memoire, l'amitié et société, d'une parfaicte union et tres-vive. (996 B)

Ce télescopage du temps est vertigineux. Il permet à Montaigne de prendre sa place dans la société des absents, car si seize cents ans peuvent se retrécir à 18 ans, comment s'arrêter là ? De combien est éloigné l'instant le plus près du présent ? C'est la notion du temps que Montaigne a exprimée dans *Du repentir* : "non un passage d'aage en autre, ou, comme dict le peuple, de sept en sept ans, mais de jour en jour, de minute en minute. Il faut accommoder mon histoire à l'heure" (805 B). Montaigne a reconnu l'instant immédiat comme fugitif et aussitôt passé : *homo bulla.* Cette compréhension du présent lui a permis de se regarder lui-même comme historiquement "autre" et, en conséquence, de peindre le passage de cet "autre" volage. Le fait de reconnaître l'altérité du moi est aussi ce qui rend possible l'ironie vis-à-vis de lui-même, le jeu spéculaire par lequel Erasme s'est inscrit en tant qu'écrivain

---

1 Géralde Nakam a bien cerné la dette des *Essais* au voyage en Italie dans *Montaigne et son temps. Les événements et les Essais (L'histoire, la vie, le livre)*, Paris, Nizet, 1982, p. 148-152 ; et dans *Les Essais de Montaigne, Miroir et procès de leur temps (Témoignage historique et création littéraire)*, Paris, Nizet, 1984, p. 413-419.

raillé dans le *Ciceronianus*. C'est le jeu de la subjectivité de l'auteur. Dans *De la vanité* Montaigne met en scène cette subjectivité dans toute sa vulnérabilité et toute sa force ludique.

Ce n'est sûrement pas par hasard que, juste avant son évocation de Rome, Montaigne donne ses propres idées *de optimo dicendi genere*. Le style qu'il aime est anti-cicéronien, et il semble répondre dans ce passage à la rigidité de Nosopon. Le style qu'annonce Montaigne est libre, spontané, poétique, imprévu :

> [B] J'ayme l'alleure poetique, à sauts et à gambades. [C] C'est une art, comme dict Platon, legere, volage, demoniacle [...]. [B] Mille poëtes trainent et languissent à la prosaïque ; mais la meilleure prose ancienne [...] [B] reluit par tout de la vigueur et hardiesse poetique, et represente l'air de sa fureur. Il luy faut certes quitter la maistrise et preeminence en la parlerie. [C] Le poëte, dict Platon, assis sur le trepied des Muses, verse de furie tout ce qui luy vient en la bouche [...] (994-5).

Rien de ces excès dionysiaques dans le programme de Nosopon : "D'ailleurs tout ce qui touche à la fureur poétique ne nous intéresse en rien. Etre cicéronien, c'est être sobre" (M, p. 273)[1].

Ce caractère grognon des cicéroniens, peut-être autant que l'aspect néo-païen, agaçait Erasme. Dans sa lettre dédicace à Vlatten, il présente son *Ciceronianus* d'un ton plus léger :

> Je pense que Flaccus n'a pas dit sans raison «mêle un peu de folie à tes conseils» ; c'est pourquoi Erasme t'envoie ce petit livre dont les bagatelles se proposent de distraire quelques instants ton esprit de ses soucis graves et austères. Ces bagatelles, toutefois, sont de celles qui provoquent des réflexions sérieuses [...]" (M, p. 261).

L'Erasme de 1528 montre encore ici l'esprit de l'Erasme de 1509, celui de l'*Eloge de la Folie*, partisan de la rhétorique *in serio ludere* – et, celui pour qui Montaigne avait une affinité particulière : "Il faut avoir un peu de folie qui ne veut avoir plus de sottise [...]" (995 B). Si être cicéronien, c'est être sobre, Erasme et Montaigne, par contre, se sont montrés des "beuveurs tres illustres". Prééminent parmi les aspects ludiques que l'on retrouve chez les deux auteurs est l'autoportrait paradoxal de l'écrivain, la représentation peu flatteuse de l'auteur qui souligne la vanité de cette identité[2]. Montaigne a saisi deux moments dans le *Ciceronianus* où Erasme se met en scène et il les a réinscrits en *imitatio* pour encadrer l'essai sur sa propre vanité d'auteur. Cette

---

1 "Quid agat furor poëticus, nihil ad nos. Ciceronianum esse sobria res est" (G, p. 40).

2 Une remarque de George Hugo Tucker sur Du Bellay me semble bien à propos pour Montaigne ici : "we must none the less remain sensitive to the poet's deliberate exploitation of the potential ambiguities of self-portrayal, and in relation not only to the geographical displacement to Rome, but also, more generally, to the poet's quest for an ideal form of writing" (*The Poet's Odyssey*, p. 17-18).

présentation paradoxale du moi comme auteur/objet de raillerie, cette signature qui ouvre la porte à la moquerie, ce signe d'une vulnérabilité voulue, Montaigne l'aurait apprécié chez Erasme.

Pourquoi Erasme est-il, alors, quasiment "l'absent" des *Essais* ? Pourquoi Montaigne ne le nomme-t-il qu'une seule fois, comme en passant, dans l'essai *Du repentir* ?

> Qui m'eut faict veoir Erasme autrefois, il eust esté malaisé que je n'eusse prins pour adages et apophthegmes tout ce qu'il eust dict à son valet et à son hostesse. (810 C)

On pourrait proposer plusieurs hypothèses. Serait-ce pour des raisons de prudence ? La réputation d'Erasme souffrait beaucoup à la fin du seizième siècle. Après le Concile de Trente, mis à l'Index de Paul IV en 1560, mais aussi critiqué par les Protestants, l'œuvre d'Erasme manquait de plus en plus de lecteurs enthousiastes. Et la réaction d'animosité soulevée parmi les Français par le *Ciceronianus* se sentait encore au moment où Montaigne écrivait[1]. En mettant dans la bouche de Nosopon des critiques contre des Français aussi éminents que Budé, Erasme s'était fait des ennemis. Erasme pouvait se moquer de lui-même, mais les Français n'ont pas apprécié que Nosopon se fût moqué d'eux, bien que Nosopon fût le plus risible de tous[2].

Pourtant, une explication d'ordre esthétique me semble plus à propos ici. Des études récentes sur la pratique de l'*imitatio* montrent que de tels silences sont dans les règles du jeu. L'œuvre d'Erasme est un silence, un intertexte implicite que Montaigne inscrit obliquement, créant ce que Thomas Greene appelle un "mythe d'origines" par une allusion "étiologique"[3]. Les imitations les plus importantes, il faut les dissimuler : c'est un acquis... à tous, sauf aux cicéroniens. Buléphore le rappelle à Nosopon :

> Eh quoi ! Cicéron n'enseigne-t-il pas lui-même que le comble de l'art est de ne pas se laisser deviner. Un discours qui sent l'artifice manque de flamme et d'agrément et finit par se rendre insupportable. [...] C'est pourquoi, si nous voulons imiter avec bonheur, il nous faudra tout d'abord dissimuler cette imitation. (M, p. 287)

---

1 Voir Bruce Mansfield, *Phoenix of His Age : Interpretations of Erasmus, c. 1550-1750*, University of Toronto Press, 1979, ch. 2-3, p. 7-114 ; et Margaret Mann Phillips, "Erasmus in France in the Later Sixteenth Century", dans le *Journal of the Warburg and Courtauld Institutes*, 34 (1971), p. 246-61.

2 Erasme n'est qu'un des nombreux "silences" intéressants des *Essais*. Géralde Nakam en a fait une étude subtile. Ce qu'elle dit sur le massacre de la Saint-Barthélemy, par exemple, pourrait par analogie en dire long sur la présence d'Erasme dans les *Essais*. Voir *Montaigne et son temps*, p. 130-138.

3 "All major works grow from a complex set of origins. But this proliferation must not obscure the special status of that root the work privileges by its self-constructed myth of origins [...]. [T]he intertextual roots of each masterpiece are infinitely more entangled than the official advertisement would indicate. The unconfessed genealogical line may prove to be as nourishing as the visible [...]" (*The Light in Troy*, p. 19).

Fidèle au conseil de Cicéron, Montaigne n'a pas proclamé la présence d'Erasme dans son essai. Mais pour le diligent lecteur, il l'a montrée au doigt par la finesse de son imitation.

Mary B. McKINLEY
University of Virginia

"DE L'ART DE CONFERER" : ESSAI DE LECTURE PHILOLOGIQUE

> Nous ne sommes hommes, et ne nous tenons les uns aux autres que par la parole.
> *Des menteurs*, I, 9, 36 B

La lecture "philologique" vise à cerner les ressources effectives de la pensée de Montaigne – son lexique, ses images, ses allusions, ses citations – plutôt qu'à tâcher de deviner ses intentions, de caractériser ses idées, ou de reconstruire son développement intellectuel. Le lecteur philologique prend comme objet d'étude l'essai individuel, démarqué comme il l'est par un espace blanc, un titre et une numérotation distinctifs, et surtout par un assemblage unique de mots, disposés sur la page dans un ordre, lui aussi, unique. Cette approche de bon sens devrait se recommander à nous et à nos élèves pour au moins deux raisons : 1° elle nous oblige d'emblée à nous mettre de plain-pied avec la qualité de loin la plus impressionnante de Montaigne : sa façon d'écrire sans précédent et inimitable ; 2° en privilégiant dans chaque essai sa propriété exclusive, c'est-à-dire, la configuration de mots qu'il est le seul à posséder, cette méthode de lecture offre un précieux élément de maîtrise sur un discours désinvolte et déconcertant, dont la richesse et la densité continuent de confondre même les plus savants et les plus sophistiqués des experts montaignistes.

La première règle de la lecture philologique est de commencer l'étude d'un texte au début. Non pas en insistant sur les mots typiques et les phrases prégnantes qui laissent entrevoir la pensée mûre de l'auteur, non pas en relevant les images et les démarches obsessionnelles qui conduisent vers le cœur même de l'œuvre, mais en essayant de décrire tout bêtement ce qui se passe dans le texte dès sa toute première phrase. Dans *De l'art de conferer*, le lecteur attentif ne tardera pas à constater que, abstraction faite de son contenu, l'entrée en matière est dominée par une pléthore de constructions antithétiques. La fonction de la justice humaine, proclame la phrase d'ouverture, est "d'en condamner *aucuns* pour l'advertissement des *autres*" (921 B). Semblablement, le livre des *Essais* propose un exemple propre à inspirer de l'aversion et, ce faisant, à enseigner a contrario des valeurs positives :

> [B] On ne corrige pas celuy qu'on pend, on corrige les autres par luy. Je faicts de mesmes. Mes erreurs sont tantost naturelles et incorrigibles ; mais, ce que les honnestes gens profitent au public en se faisant imiter, je le profiteray à l'avanture à me faire eviter [...]. Publiant et accusant mes imperfections, quelqu'un apprendra de les craindre. (921-922)

Et un peu plus loin :

> [B] Il en peut estre aucuns de ma complexion, qui m'instruis mieux par contrarieté que par exemple, et par fuite que par suite. (922)

Cette phrase est remarquable à plus d'un égard. Tout d'abord, la paronomase *par fuite/par suite*, doublement marquée par la convergence en elle de l'homophonie et de l'antonymie, rehausse d'un cran le modèle de contradiction déjà mis en épingle dans la construction précédente de force analogue : *profitent* [...] *se faisant imiter/profiteray* [...] *me faire eviter*. Cet enchaînement de paronomases antithétiques a pour effet de signaler la présence et, éventuellement, d'accuser la fonction structurante d'une constellation de propositions binaires, qui finit par acquérir les dimensions d'un véritable éloge de la contrariété en tant que premier principe de l'action rhétorique.

Les exemples négatifs, argue Montaigne, sont souvent plus édifiants que les positifs ; le dégoût que nous inspirent certains défauts – la bêtise, la dissonance, la cruauté, la maladresse – ce dégoût nous pousse à cultiver les vertus qui leur sont contraires. Et c'est dans ce contexte élaboré de “contrarieté” que s'inscrit la première reprise explicite, depuis l'entrée en matière, du sujet nominal de l'essai :

> [B] [...] une mauvaise façon de langage reforme mieux la mienne que ne faict la bonne. Tous les jours la sotte contenance d'un autre m'advertit et m'advise. Ce qui poind, touche et esveille mieux que ce qui plaist. (922)

L'expression “façon de langage”, en tant qu'allusion voilée à la *conférence*, constitue, on le voit, une transition différée entre le titre et le corps même de l'essai. Cette évidence de continuité est renforcée à son tour par la constatation que le mot *advertit* (“la sotte contenance d'un autre m'advertit”) fait écho à l'*advertissement* de l'incipit. Ce même verbe avertir, qui plus est, initie la série tautologique *advertit* > *advise* > *poind* > *touche* > *esveille*, calculée pour actualiser le modèle pour tout dire “adversatif” et dialogique, qui subit à la page suivante un développement tout à fait frappant :

> [B] L'estude des livres, c'est un mouvement languissant et foible qui n'eschauffe poinct : là où la conference apprend et exerce en un coup. Si je confere avec une ame forte et un roide jousteur, il me presse les flancs, me pique à gauche et à dextre, ses imaginations eslancent les miennes. (923)

Ce commentaire présente l'*art de conférer* sous l'aspect d'un “exercice”, dans le sens physique et sportif du terme : un athlétisme de l'esprit et de la parole qui s'oppose d'une manière radicale à l'acception académique et scolaire du terme. Il s'agit de ce qu'on appelle en français moderne une *joute oratoire*, une *joute d'esprit*. Pour les premiers lecteurs de Montaigne cette métaphore ludique implicite aurait sans doute connoté une forme de tournoi verbal tout aussi brillant et stimulant pour les participants et témoins que les disputes savantes peuvent être ternes et tristes.

D'autres lecteurs, assez savants et avertis pour être au courant des querelles langagières qui divisaient l'Humanisme, auraient pu voir dans les mots *poindre* et *piquer*, surtout dans leur application à la communication verbale, un net témoignage de sympathies érasmiennes. Dans le latin de Juste-Lipse, par exemple, la vertu du meilleur style est rendue par le verbe *pungere* : les sentences des sénéquiens sont pour lui "autant d'aiguillons et de poignards qui pénètrent et transpercent les âmes"[1]. Que le lecteur soit ou non assez bien renseigné pour relever ce jalon dans l'histoire de la rhétorique, c'est un fait de lecture que l'activité que Montaigne appelle du nom de l'*art de conférer* est calqué, d'une manière tout à fait systématique, sur le modèle d'un combat singulier comportant tour à tour un corps-à-corps moral, une "pointure" stylistique, ou une "poignance" affective de force métaphorique équivalente :

> 1. [...] une mauvaise façon de langage reforme mieux la mienne que ne faict la bonne. Tous les jours la sotte contenance d'un autre m'advertit et m'advise. Ce qui *poind*, touche et esveille mieux que ce qui plaist. [...]. Le plus fructueux et naturel exercice de notre esprit, c'est à mon gré la conference. (922 B)
> 2. L'estude des livres, c'est un mouvement languissant et foible qui n'eschauffe poinct : là où la conference apprend et exerce en un coup. Si je confere avec une ame forte et un roide jousteur, il me presse les flancs, me *pique* à gauche et à dextre, ses imaginations eslancent les miennes. (923 B)
> 3. Les contradictions donc des jugemens [...] m'esveillent [...] et m'exercent [...]. Quand on me contrarie, on esveille mon attention, non pas ma cholere [...]. Je festoye et caresse la verité [...], et luy tends mes *armes* vaincues [...]. (924 B)
> 4. [...] je romps paille avec celuy qui se tient si haut à la main [...]. Socrate recueilloit, tousjours riant, les contradictions qu'on faisoit à son discours [...]. (925 C)
> 5. Je cerche [...] plus la frequentation de ceux qui me gourment que de ceux qui me craignent [...]. En fin, je reçois et advoue toutes sortes d'atteinctes qui sont de droict fil, pour foibles qu'elles soient [...]. (925 B)

---

1 Ce passage est rapporté, avec de fort judicieux commentaires, par Christian Mouchel, *Cicéron et Sénèque dans la rhétorique de la Renaissance*, Marbourg, 1990, p. 161-62. Le vocabulaire critique que Lipse partage avec Montaigne relève du même modèle binaire qui informe la réflexion stylistique de Sénèque lui-même. Quoique sur un ton un peu plus nuancé que ses épigones, le rhéteur romain appelle la phrase de Cicéron "molle sans avachissement" (*sine infamia mollis*). Tout en approuvant la simplicité et l'équilibre de Fabianus, il concède à son correspondant que l'on ne lui trouve pas "cette sève oratoire, cette verve dans la stimulation (*oratorius vigor stimulique*) que tu aimes, ces traits pénétrants et inattendus (*subiti ictus sententiarum*)". De même, le discours de Tite-Live, plutôt "glissant" et "vide" (*otiosa praeterlabetur oratio*), n'arrive pas toujours à "stimuler l'attention et porter coup" (*nec omne verbum excitabit ac punget, fateor*) (*Lettres à Lucilius*, C, 7-11).

6. Pourveu que cettuy cy *frappe*, il ne luy chaut combien il se descouvre [...]. Cet autre *s'arme* de pures injures. [...] Ce dernier [...] vous tient assiegé [...] sur les formules de son art. (926B-C)
7. Ayez un maistre és arts, conferez avec luy [...]. Un homme si avantageux en matiere et en conduicte, pourquoi mesle-il à son *escrime* les injures, l'indiscretion et la rage ? (927 B)
8. [...] nos arguments es matieres controverses sont ordinerement contournables vers nous, et nous enferrons de nos *armes*. (929 C)
9. Suyvez cette *pointe* philosophique, un *pouignart* à la main [...]. Il peut advenir que nous nous enferrons, et aidons au coup outre sa portée. J'ay autrefois employé à la necessité et presse du combat des revirades [...]. (936 B)
10. Ce sont belles *armes*, mais elles sont mal emmanchées. (937 B)
11. Pouvons nous pas mesler au tiltre de la conference et communication les devis *pointus* et coupez que l'alegresse et la privauté introduict entre les amis [...] ? [Et] s'il n'est aussi tendu et serieux que cet autre exercice que je viens de dire, il n'est pas moins *aigu* et ingenieux [...]. Et à la charge qu'on me faict [...] si je n'ay dequoy repartir brusquement sur le champ, je ne vay pas m'amusant à suivre cette *pointe* d'une contestation ennuyeuse [...]. (938 B)
12. En cette gaillardise nous *pinçons* par fois des cordes secrettes de nos imperfections [...] et nous *entre-advertissons* utillement de nos deffauts. (939 B)
13. [Tacite] plaide tousjours par raisons solides et vigoreuses, d'une façon *pointue* et subtile, suyvant le stile affecté du siecle : ils aymoyent [...] la *pointe* et subtilité [...]. Il ne retire pas mal à l'escrire de Seneque : il me semble plus charnu, Seneque plus *aigu* [...] vous diriez souvent qu'il nous peinct et qu'il nous *pince*. (941 B)

Les extraits dans ce découpage ont été retenus en raison de la présence dans chacun d'eux d'un mot ou d'une expression provenant du champ sémantique du combat singulier et/ou de la stimulation, jumelé dans bon nombre de cas avec une occurrence du radical *poin-* (Nos. 1, 9 [bis], 11 [bis], 13 [bis]). Dans la perspective philologique qui est la mienne, *De l'art de conferer* peut être lu comme une longue séquence métaphorique fondée à un bout par le mot *poind* (No. 1) et coiffée à l'autre par le mot *pince* (No. 13). On pourrait dire aussi que, sur le plan du signifié, cette séquence est chargée d'amplifier dans toutes ses nuances le contenu sémantique contextuel du titre. Quoi qu'il en soit, il est profondément satisfaisant de pouvoir constater dans cet essai, à partir du découpage ci-dessus, un degré apparent de cohérence, même si ce n'est qu'au niveau primitif de son lexique, rarement atteint par les diverses lectures "normales" des *Essais*, c'est-à-dire celles qui sont axées sur le contenu thématique ou sur des idées imputées à leur auteur.

Mais, pour en revenir à mon modeste aperçu philologique : j'observe avec une curiosité fascinée comment, tout à la fin de l'essai, le mot *pince* (No. 13) semble venir à point nommé couronner la ligne sémantique promulguée par la séquence séminale *advertit* > *poind* > *pique*, etc. inaugurée dans les citations 1 et 2. Ce rapprochement s'avère encore plus pertinent lorsque l'on considère le double embranchement ouvert, rétrospectivement, par l'effet de "pincement" attribué au style "pointu" de Tacite. Cette image recoupe, d'une part, la ligne sémantique *aigu* < *pointe* < *pointue* (N°. 13), et rejoint, de l'autre, le "pincement" correctif pratiqué par les âmes bien nées, s'avertissant les unes les autres de leurs défauts dans un esprit de camaraderie chevaleresque (N°. 11 : "les devis pointus et coupez [...] entre les amis" ; N°. 12 : "nous pinçons par fois des cordes secrettes"). A partir de ce dernier texte, certains lecteurs, sensibles à l'étrangeté du composé "s'entre-advertir", pourraient repenser à la phrase initiale de l'essai ("en condamner aucuns pour l'advertissement des autres"), et, de là, aux nombreux autres endroits où *advertir* et ses dérivés, dans le sens étymologique d'une incitation au "re-tour" sur soi, servent à articuler l'un des aspects primordiaux de la fonction sociale et de l'efficacité morale de l'*art de conférer*[1].

Le septième passage dans mon découpage requiert une attention extrême. Car c'est le seul endroit de l'essai les deux mots opératoires du titre, *art* et *conférer*, réapparaissent côte-à-côte : "Ayez un maistre és arts, conferez avec lui". Cette injonction, avec l'accent qu'il met sur les aspects négatifs de l'art de conférer scolaire (l'érudition, la technique, l'autorité), pose deux modes disparates de *conférence*, tout aussi exclusifs l'un de l'autre que l'intelligence et la logique, le talent et le savoir, le bon sens prolétaire et la rigidité académique, l'aisance aristocratique et la mesquinerie bourgeoise. Réduite à son expression nucléaire, la distinction entre la bonne et la mauvaise *conférence* est reprise dans la confrontation de deux modèles opposés d'interaction compétitive : la disputation savante, où l'on oppose une résistance acrimonieuse à la contradiction et au dialogue, et la sportive élégance d'une partie d'escrime entre nobles jouteurs. Notons en passant que la manière de conférer irascible attribuée au maître-ès-arts se trouve à l'antipode de l'attitude débonnaire dont Montaigne se réclame quant à lui (N°. 3 : "Quand on me contrarie, on esveille mon attention, non pas ma cholere" [924 B]) ; la *conférence* académique est à l'antipode aussi de l'attitude ordinaire de Socrate (N°. 4), qui "recueilloit, tousjours riant, les contradictions qu'on faisoit à son discours" (925 C).

On voit donc se dessiner les linéaments d'une typologie et d'une sociologie de la *conférence*, où l'éloquence digne de ce nom est conçue comme une fonction non pas de ce que sait un orateur, même pas de ce qu'il dit ou de ce qu'il fait, mais plutôt de ce qu'il est. "Tel homme, tel discours" (*Talis vir,*

---

1 Voir 922 B, 924 C, 925 C, 929 B, 930 C, 936 B [bis], 937 B.

qualis oratio) ; "Le discours est le miroir de l'âme" (*Oratio speculum animi*)[1]. Voilà, filtré par la rhétorique néo-érasmienne dont Montaigne est solidaire, le non-dit – "le style c'est l'homme même", dira Buffon – qui recoupe tous les points nodaux de son argument. C'est ainsi que la meilleure forme de *conférence*, tributaire qu'elle est d'une essence humaine et d'un statut social spécifiques, est présentée systématiquement au cours de l'essai sous l'aspect d'un passe-temps désintéressé, pratiqué dans un esprit jovial et détendu de réciprocité dialectique entre gens de même naissance et de même monde.

L'hommage rendu par Montaigne aux échanges spontanés entre égaux est d'autant plus remarquable qu'il coïncide, par prolepse, aux mots *pointu*, *aigu*, et *pincer* (N°. 11, 12), avec sa discussion, tout à la fin de l'essai, du style littéraire des deux écrivains latins auxquels il ressemble le plus, Tacite et Sénèque. Quant à ce premier (N°. 13),

> [B] Il plaide tousjours par raisons solides et vigoreuses, d'une façon pointue et subtile, suivant le stile affecté du siecle : ils aymoyent [...] la pointe et subtilité [...]. Il ne retire pas mal à l'ecrire de Seneque : il me semble plus charnu, Seneque plus aigu [...] vous diriez souvent qu'il nous peinct et qu'il nous pince. (941)

Le recours de Montaigne dans deux contextes disparates à la constellation verbale *pointu/aigu/pincer* est riche en suggestions. Tout d'abord, cette convergence éclaire le glissement discret, dans les dernières pages de l'essai, qui nous mène insensiblement des manifestations orales aux actualisations écrites de la *conférence*. Tout se passe comme si un seul critère global devait présider à l'art oratoire, à l'écriture historique, à la réflexion morale, et à la conversation de tous les jours. Tout discours qui se veut efficace et fécond doit trouver les variantes et revêtir les formes de cette *ars dicendi* unique qui éperonne et aiguillonne, qui touche et fait mouche, cette rhétorique, pour tout dire, dont Montaigne voyait chez Tacite et Sénèque le modèle stylistico-esthétique par excellence.

L'éloge montaignien de la manière pointue/poignante de Tacite n'est pas limité pour autant au seul domaine du style. Au contraire, il recoupe un éventail d'autres questions, qui ont trait plutôt à la vocation morale de l'écrivain et à ses responsabilités éventuelles vis-à-vis de ses lecteurs. Il s'agit surtout de savoir dans quelle mesure Tacite est digne de foi en tant qu'historien des faits et gestes des autres, étant donné sa répugnance apparente à parler à cœur ouvert de lui-même.

---

1 Erasme, *Adages* I, 6, 50. Pour tout ce qui concerne les théories littéraires d'Erasme, l'ouvrage de Jacques Chomarat fait autorité : *Grammaire et rhétorique chez Erasme*, Paris, 1981, p. 833-42. Sur la réception de l'éloquence érasmienne pendant la Renaissance se reporter à l'étude séminale de Gérard Defaux, "Parole, présence, écriture : vers une rhétorique de l'intériorité", *Marot, Rabelais, Montaigne : l'écriture comme présence*, Paris, 1987, p. 11-54.

Les toutes dernières pages de l'essai sont consacrées en fait à la comparaison de deux sortes fondamentales de *conférence*, qui sont illustrées par deux catégories distinctes de livres : les uns étant centrés principalement sur leur auteur, les autres sur leur matière ; les premiers, au dire de Montaigne, sont prisés pour leur "propre force et fortune", les derniers "à raison de leurs subjects" (939 B) :

> [B] Bonne part des livres fameux sont de cette condition. Quand je leus Philippe de Comines [...] j'y remarquay ce mot pour non vulgaire : qu'il se faut bien garder de faire tant de service à son maistre, qu'on l'empesche d'en trouver la juste recompense. Je devois louer l'invention, non pas luy ; je la r'encontray en Tacitus, il n'y a pas longtemps : *Beneficia eo usque laeta sunt dum videntur exsolvi posse ; ubi multum antevenere, pro gratia odium redditur* (Tacite, *Annales*, IV, 18). [C] Et Seneque vigoreusement : *Nam qui putat esse turpe non reddere, non vult esse cui reddat* (Sén. *Ep.* LXXXI). Q. Cicero d'un biais plus lache : *Qui se non putat satisfacere, amicus esse nullo modo potest* (Q. Cicéron, *De petitione consulatus*, IX). (940)

Cet exercice laconique de stylistique comparée marque le seul endroit dans *De l'art de conferer* où Montaigne suggère, exemples textuels à l'appui, en quoi pourrait consister une *conférence* persuasive ou efficace. Les quatre auteurs qu'il allègue se répartissent *grosso modo* en trois groupes : Commynes et Tacite, qui se contentent de rapporter sans plus les *inventions* d'autrui, occupent un juste milieu, qui reste par définition à l'abri de tout commentaire ; la version *lache* de Quintus-Cicéron, en revanche, est visiblement mal cotée. Sénèque est le seul des quatre auteurs évoqués à avoir su articuler le *topos* en question d'une manière du tout distinctive : *vigoreusement*, dans la notation sténographique de Montaigne[1]. En l'absence de toute explication supplémentaire de la supériorité consentie à Sénèque, on est amené à conclure que la *vigueur* de sa phrase est une fonction de sa "pointure". Dans les termes de la visée de valeurs qui oriente l'argument de Montaigne, la "vigueur" et la "lâcheté" sont des entités codées, susceptibles de représenter par métonymie la constellation d'attributs ou, pour parler comme M. Riffaterre, le "système descriptif" des deux styles antagonistes – le pointu et l'émoussé, le dialogique et le monologique, le privé et le public, le stimulant et l'ennuyeux – qui sont opposés l'un à l'autre depuis les premières pages de l'essai. La distinction de Sénèque réside donc dans la manière dont il s'y prend pour rehausser et rendre sienne une invention commune : c'est-à-dire, vraisemblablement, en mimant dans la facture syntaxique de son aphorisme

---

1 Ailleurs dans *De l'art de conferer*, *lâche* est synonyme, selon les cas et les contextes, de "plat", "ennuyeux", de tout ce qui manque de "vigueur" ou de "pointe" : "les plus plattes raisons sont les mieux assises, les plus basses et *lasches*, et les plus battues" (933 B) ; "Un homme [...] se demenoit tout lâchement en sa table [...]. Suyvez cette *pointe* philosophique, un pouignart à la main" (936 B) ; "je ne vay pas m'amusant à suivre cette *pointe*, d'une contestation *ennuyeuse* et *lasche*" (938 B).

(*esse... non... reddere / non... esse... reddat*) les idées d'antagonisme, de duplicité, voire de perversité qui en constituent le contenu.

Comme Montaigne le précise un peu plus loin, un écrivain de ce calibre donne à son lecteur de quoi jauger, en plus du message communiqué,

> la force et la beauté de son âme [...] en consideration du chois, disposition, ornement et langage qu'il y a fourny. (940 B)

Qualis vir, talis oratio. Ce qui n'est pas précisé, pourtant, c'est que le tour vigoureux que Montaigne admire chez Sénèque, se trouve être le modèle même de sa manière et de son style à lui. Pour apprécier toute la résonance intratextuelle de l'éloge de Sénèque qui prépare la conclusion de *De l'art de conferer*, il suffit de repenser aux nombreux exemples de cette écriture antithétique, réflexive, pour tout dire "pointue", dont Montaigne fait parade depuis les premières pages de l'essai :

> [...] ce que les honnestes gens profitent au public en se faisant imiter, je le profiteray à l'avanture à me faire eviter. (921 B)
> Je cerche [...] plus la frequentation de ceux qui me gourment que de ceux qui me craignent. (925 B)
> [...] vous diriez souvent qu'il nous peinct et qu'il nous pince. (941 B)

Si l'on avait le loisir de faire l'inventaire des autres emplois de *vigueur* et ses dérivés, on ne tarderait pas à voir que ces termes surgissent aux endroits précis où les meilleures formes de *conférence* sont rattachées contextuellement aux idées de contention, de virilité, et de talent, et où elles sont opposées au savoir livresque, au pédantisme, et à l'habileté technique[1]. Quant à l'adjectif *lâche*, l'antonyme fonctionnel de *vigoureux*, ses occurrences retracent un itinéraire un peu plus complexe et sinueux. Le fait que *lâche* figure dans la phrase finale de l'essai, et dans un rapport serré avec Tacite, confère à ce mot un statut assez spécial :

> Voilà ce que la memoire m'en represente [de Tacite] en gros, et assez incertainement. Tous jugemens en gros sont láches et imparfaicts. (943 C)

Le reproche que Montaigne s'adresse à lui-même coïncide au mot *lâche* avec la faiblesse principale qu'il dénonçait chez Tacite : sa tendance à subordonner les considérations privées aux publiques, et sa répugnance à parler de sa vie personnelle, notamment d'une magistrature que Tacite aurait exercée à Rome :

> [B] Cela m'a semblé [...] un peu láche [...]. Ce traict me semble bas de poil pour une ame de sa sorte. Car le n'oser parler rondement de soy a quelque faute de cœur [...]. [C] J'ose non seulement parler de moy, mais parler seulement de moy [...]. (942)

1 Voir 932 B, 924 BC, 931-932 B, 936 B, 940 BC, 941 B.

Il ne s'agit ici que d'une vétille, mais la réticence qui aurait induit Tacite à sacrifier l'authenticité personnelle au respect des bienséances, n'en trahit pas moins aux yeux de Montaigne une mollesse morale, qui est le pendant, au niveau du contenu, de la "lâcheté" d'expression et de style que manifeste Quintus Cicéron au niveau de la forme.

Ce retour indirect à Tacite, par la voie du mot *lâche*, est typique de la manière dont Montaigne sait passer, sans qu'il y paraisse, de sa modeste fonction initiale de témoin et narrateur à un rôle éventuel prépondérant de metteur-en-scène et de vedette. L'on admire aussi comment il s'y prend en même temps pour infléchir son argument originaire dans le sens d'une interrogation et, souvent, comme dans le cas présent, d'une affirmation, voire d'une célébration, des prestiges et prérogatives du Moi comme entité et valeur autonomes.

La critique de Tacite qui clôt *De l'art de conferer* met le lecteur en présence d'un étonnant fait accompli. En soulignant les dichotomies traditionnelles entre auteur et livre, manière et matière, en déplaçant de l'oral à l'écrit la référence primaire du mot *conférence*, Montaigne investit, rétroactivement, son titre déjà polysémique d'une dimension toute neuve : l'idée de ce qu'on appelle de nos jours, sans trop de rigueur, du nom de "littérature". Pour Montaigne et son public lecteur, toute la problématique que nous désignons par ce mot gravitait autour d'une seule question, celle qui devait dominer, pendant plus de deux siècles, la réflexion post-érasmienne, c'est-à-dire, "moderne", sur la rhétorique : les fondements et les propriétés du meilleur style (*de optimo genere dicendi*, pour évoquer le sous-titre du *Ciceronianus*).

C'est ainsi que dans les pages finales de *De l'art de conferer*, nous sommes conviés à examiner, à comparer, en un mot à "essayer" plusieurs versions juxtaposées d'un même lieu-commun de morale, qui ne diffèrent les unes des autres que par le choix et la disposition des mots, c'est-à-dire par leur constitution philologique et leur facture littéraire. Entraîné dans un va-et-vient continu, le lecteur passe, sur un rythme à proprement parler "dialogique", de Commynes à Tacite, de Sénèque à Q. Cicéron, de la phrase "vigoureuse" de l'un au débit carrément "lâche" de l'autre. Cette série de "conférences" ou comparaisons à plusieurs voix, fondées exclusivement sur des critères de forme, donne lieu à une dernière opposition ancrée plutôt dans des considérations de contenu. L'un des pôles de ce nouvel antagonisme est occupé par le sujet parlant lui-même, l'autre par Tacite, dont la "vigueur" et la "pointure" stylistiques, jugées dignes de Sénèque, sont pourtant compromises par une modestie déplacée que Montaigne qualifie de "lâche". L'ambivalence de l'exemple de Tacite consiste en ceci : il n'a pas su maintenir au niveau du contenu la vivacité admirable qu'il avait su si bien réaliser au niveau de la forme. Quel est donc *l'art* véritable *de conférer* ? Celui-là, de toute évidence, qui, contrairement au procédé conflictuel de Tacite, mais fidèle à la démarche totalisante de Montaigne, réunit l'*optimum genus dicendi* – le style "pointu" à la Sénèque – avec la franchise confessionnelle des *Essais*, modèle fondateur de ce nouveau genre littéraire que Richard Regosin appelle "Le Livre du Moi".

Jules BRODY
Northern Illinois University

"DES COCHES" :
UNE RHÉTORIQUE TRANSPORTABLE ?

Le chapitre *Des coches* est un texte fameusement décousu, que les éditeurs se sont plu à effiler pour le retisser à leur guise, mais le plus souvent sur le plan de la *dispositio* que sur celui de l'*inventio argumentorum*[1]. Pourtant, c'est sur le statut des preuves que porte le début du chapitre et sur la vérité qui peut se trouver dans les procédés d'argumentation :

> Il est bien aisé à verifier que les grands autheurs, escrivant des causes, ne se servent pas seulement de celles qu'ils estiment estre vraies, mais de celles encores qu'ils ne croient pas, pourveu qu'elles ayent quelque invention et beauté. Ils disent assez veritablement, s'ils disent ingenieusement. (III, 6, 898-899 B)

C'est bien la vérité qui est en cause, ou, plus précisément, la vérité des causes, c'est-à-dire, l'explication des faits. Montaigne comprend très bien que la mentalité scientifique se définit par la recherche des "maistresses causes" qui sous-tendent le monde des phénomènes. Il comprend aussi, avec Aristote, que le discours proprement scientifique est le raisonnement logique qui procède par déductions irréfutables de point en point sur la ligne droite du syllogisme. Mais, avec Aristote aussi, il sait distinguer entre le discours scientifique et celui plus usité, partant plus utile, qui s'engage dans les probabilités plutôt que dans les certitudes. Nous nous aventurons ici dans le monde des *endoxa*, le monde des "idées admises" ou "des opinions partagées par tous les hommes", auxquelles nous acceptons de nous fier comme à des points de repère pour nous orienter tant bien que mal dans les chemins plus sinueux du monde non-scientifique[2]. Les premiers lecteurs de Montaigne s'y connaissaient. Citations des "grands autheurs", invention d'arguments, beauté d'expression, ingéniosité surtout – ils se retrouvaient au pays cohabité par la dialectique et la rhétorique, aux sources mêmes de cette facilité verbale qui était le produit le plus vanté du système des pédagogues humanistes.

Retenons d'abord qu'en dépit du ton plutôt humoristique adopté par Montaigne lorsqu'il nous offre la curieuse explication aristotélicienne de "cette coustume de benire ceux qui estrenuent" (899 B), il s'agit tout au début du

---

1 On trouvera le résumé d'un certain nombre de ces projets de reconstruction dans J. O'Neill, *Essaying Montaigne. A Study of the Renaissance Institution of Writing and Reading*, London, Boston and Henley, 1982, p. 188-209 ; il faudrait y ajouter, entre autres, l'article de E. M. Duval, "Lessons of the New World : Design and Meaning in Montaigne's *Des Cannibales* (I, 31) and *Des coches* (III, 6)", *Yale French Studies*, LXIV (1983), p. 95-112.

2 Aristote, *Topiques*, I, 100a-100b : les idées admises sont "les opinions partagées par tous les hommes, ou par presque tous, ou par ceux qui représentent l'opinion éclairée".

chapitre d'une démonstration voulue des procédés propres à la dialectique et à la rhétorique. En proposant au lecteur un texte susceptible d'une analyse dialectique et rhétorique, Montaigne se met visiblement en conformité avec les normes de la critique de son temps, attestées dans les commentaires, qui soulignaient l'ingéniosité dans l'argumentation, ou *inventio argumentorum*, partagée entre la dialectique et la rhétorique, et découvraient la beauté dans les figures. Est propre à la dialectique toute sorte de raisonnement qui puisse conduire à des conclusions vraisemblables sinon vraies. Or, manifestant déjà ce penchant pour les partis extrêmes qui caractérise tout le chapitre *Des coches*, Montaigne prend dans la dialectique le mode d'argumentation qui fait tout l'opposé du syllogisme scientifique. Il parle d'entasser plusieurs causes. C'est le raisonnement dit “du tas”, le sorite, qui consiste à entasser les arguments à titre de probabilité à tel point qu'ils emportent conviction ou par le poids ou par une heureuse rencontre avec le vrai enfoui dans la multitude des raisonnements probables ou par une longue péripétie qui suit le fil tortueux des propositions connexes pour conclure enfin avec une reprise du point de départ. Le sorite, en faveur chez les sceptiques et les épicuriens de l'antiquité, mais entièrement négligé par la logique médiévale, avait été récupéré par la dialectique humaniste à partir de Lorenzo Valla[1]. En même temps, les humanistes avaient trouvé dans la rhétorique une figure qui fait pendant au sorite ; c'est le *climax*, la gradation (*gradatio*) qui s'annonce par des procédés d'addition agencés par des répétitions verbales[2]. Je propose en exemple les vers de Ronsard cités sous la rubrique *gradation* dans *La Rhétorique françoise* d'Antoine Fouquelin (édition de 1557, fol. 32) :

> De la simple parole ilz sont venus aux cris :
> Des cris a la fureur, furieus ilz ont pris
> Les armes en la main.

---

1 Pour le sorite chez les sceptiques de la Nouvelle Académie, voir Cicéron, *Académiques*, II, xvi, 49, et xxviii-xxix, 92-94 ; pour le sorite chez les humanistes, voir L. Jardine, “Lorenzo Valla : Academic Skepticism and the New Humanist Dialectic” dans *The Skeptical Tradition*, édité par M. F. Burnyeat, Berkeley, 1983, p. 253-286 ; pour “la méthode d'explications multiples” en usage chez les épicuriens et signalée chez Montaigne par la citation de Lucrèce, voir M. Conche, “L'unité du chapitre *Des coches*” dans *Etudes montaignistes en hommage à Pierre Michel*, éditées par C. Blum et F. Moureau, Genève et Paris, 1984, p. 89-94.

2 Cf. Melanchthon, *Erotemata dialectices*, III, *De sorite* : “Sorites est argumentatio, in qua praedicato primae propositionis aliud praedicatum attribuitur necessario cohaerens, eodemque modo ulterius procedi per gradus potest, donec in conclusione ultimum praedicatum additur primae propositionis subiecto[...] Quomodo convenit sorites ad gradationem rhetoricam, quae vocatur *climax* ? Usitata est gradatio in communi sermone, quia necesse est in ratiocinando saepe causas et effectus contexere [...] Differunt autem *climax* et sorites hoc modo : Tunc proprie sorites dicitur, quando subiectum primae propositionis in conclusione repetitur” (*Opera*, édités par C. G. Bretschneider et H. E. Bindseil, 28 vol., Braunschweig, etc., 1834-60, XIII, col. 624-26). Pour la gradation où “on ne passe pas au mot suivant avant d'avoir repris le précédent”, voir *Rhétorique à Herennius*, IV, xxv, 34 ; Quintilien, *Institution oratoire*, IX, III, 56-7.

Autre exemple : je parle de l'envie de vomir qui me vient en mer, mais sur l'eau je n'ai jamais peur ; la peur me fait venir à l'esprit les dangers et ceux qui les affrontent courageusement ; on peut montrer du courage dans les maladies aussi bien que sur le champ de bataille ; je joins les batailles aux maladies de voyage pour tomber à mes coches. Il est vrai que la gradation, aimantée par sa proximité au sorite, a tendance à tourner en cercle, pour ne pas dire en volute. Cette figure à base de répétitions semble ouvrir le champ sur les vastes territoires érasmiens *de copia*, mais dans le chapitre *Des coches*, ils sont strictement démarqués, policés même par le rappel à l'ordre dialectique inscrit dès le début.

Si, prenant Montaigne à la lettre lorsqu'il parle d'entasser les causes, nous tenons à voir dans *Des coches* un lieu de l'argumentation par sorite, par entassement, il faut tout de même qu'en bonne forme dialectique il y ait une thèse à défendre, pour le moins un sujet à définir. Là encore il faut que le diligent lecteur se munisse des directions mises à l'entrée du chemin avant de risquer de s'y perdre. Ce qui est visé dès le début, c'est la rhétorique elle-même, prise au sens large pour y comprendre les procédés d'*inventio* qu'elle partage avec la dialectique, mais aussi tout l'apparat de l'*elocutio* par laquelle elle se distingue de la dialectique, c'est-à-dire, tout son train de figures d'amplification auquel le titre de l'essai, *Des coches*, moyens de transport, métaphores, donne un premier démarrage encore imperceptible. Le lecteur passé par les mains des humanistes saura que la rhétorique s'annonce non seulement par son langage figuré mais aussi par un contenu et des procédés formels qui lui sont propres. Tandis que la dialectique essaie de résoudre les questions de portée universelle et se meut dans les abstractions, la rhétorique traite des questions à portée plus restreinte, elle se limite aux personnes et aux choses avec toutes leurs particularités de temps et de lieu. Pour reprendre les termes techniques, la dialectique s'adresse aux thèses, la rhétorique aux hypothèses. Thèse : le mal de mer est l'effet de la crainte. Hypothèse : chez moi, Michel de Montaigne, le mal de mer est l'effet d'un remuement interrompu acompagné de certaines conditions atmosphériques. Pour les procédés de raisonnement formels, la rhétorique se porte de préférence à deux, à l'enthymème et à l'exemple. L'enthymème, c'est-à -dire syllogisme lâche ou imparfait, suggère des conclusions plutôt qu'il ne les impose de façon irréfutable. Première prémisse d'enthymème : sur l'autorité de Plutarque, le mal de mer est l'effet de la crainte. Deuxième prémisse : chez moi, je sens que c'est le contraire, “et le scay non par argument, mais par necessaire experience” (899 B). Conclusion : le mal de mer n'est pas toujours l'effet de la crainte et, en plus, l'autorité des anciens, et même l'autorité du raisonnement dialectique, est contestée par les particularités inconsistantes de l'expérience. Pour ce qui est de l'exemple, il n'y a pas besoin d'insister, puisque Montaigne insiste toujours.

Si je m'attarde un peu sur ces détails, c'est pour porter l'attention sur cet exorde en forme de démonstration qui nous met en route pour ce long voyage que sera le chapitre *Des coches*. C'est la rhétorique elle-même qui se signale comme objet différé de notre enquête, mais en même temps comme ressort à tous les mouvements qui nous emporteront. Nous nous préparons à accumuler les observations, mais en même temps à les égrener sur un fil d'arguments continus et de reprises verbales, à la mode du sorite et de la gradation ; nous sommes bien avertis quant aux rapports souvent difficiles qu'on pourra décerner entre thèse et hypothèse ; et nous concevons que l'enthymème des rhétoriciens ne vient pas toujours au renfort des "idées admises" qui composeraient le bien-fondé de l'argumentation dialectique.

Car la rhétorique des humanistes, on l'a souvent remarqué, n'est pas étrangère à un certain scepticisme. Si, depuis Valla et depuis Rudolphe Agricola, elle s'arroge une place parmi les disciplines qui "inventent" le savoir, c'est parce que le plus souvent elle a partie liée avec la dialectique. Or, la dialectique est la science du probable, non du vrai. Comme dit Agricola, "il n'y a aucune science de la vie et des mœurs, aucune science de la nature qui ne soit controversée, aucune opinion qui n'ait trouvé ses adhérents parmi les plus grands génies ; donc on discute partout des probabilités, parce qu'on ne peut pas parler des certitudes"[1]. On croirait lire l'*Apologie de Raimond Sebond*. Néanmoins la dialectique peut servir à faire avancer le savoir si ce n'est qu'en raisonnant sur les matières fournies par l'expérience et par les autres disciplines. Depuis Agricola, la dialectique s'est donné comme tâche d'ordonner et de trier les apports de l'expérience et des disciplines en les répartissant en lieux appropriés, mettant d'un côté les concordants (*consentanea*), de l'autre les contredisants (*dissentanea*), pour en conclure, dans l'état des connaissances, donc provisoirement, sur les définitions à établir et sur les partis à prendre[2]. Si c'est la dialectique surtout qui fait tourner les roues de la machine à arguments, c'est la rhétorique qui fournit les matériaux, les retirant du monde des personnes, des choses, des temps et des lieux, et les classant souvent selon les ressemblances et les oppositions pour faciliter la composition des discours *in utranque partem*. Voyons un peu les lieux topiques qui depuis Cicéron étaient assignés à la rhétorique délibérative et démonstrative : la force, qui repose sur les armées, les flottes, les armes, les machines de guerre ; la ruse, qui emploie l'argent, les promesses, la dissimulation, l'action rapide, le mensonge ; la sagesse, la justice, le courage,

---

1 Rudolphus Agricola, *De inventione dialectica*, Cologne, 1539 ; réimprimé Frankfurt/Main, 1967, II, vi, p. 207 ; pour les idées d'Agricola, voir M. Cogan, "Rudolphus Agricola and the Semantic Revolutions of the History of Invention", *Rhetorica*, II (1984), p. 163-94.

2 *De inventione dialectica*, II, xxix, p. 367-72.

la modération, et leurs contraires[1]. On se croirait au beau milieu du chapitre *Des coches*. Sa narration, aussi bien que son exorde, par un tour de réflexivité, retrouve la rhétorique, constituée en objet du voyage proposé au lecteur aussi bien qu'en moyen de transport. Jeu spéculaire sans doute, mais il y a plus que jeu.

A s'adresser aux particularités des personnes et des choses, la rhétorique des humanistes s'engageait dans le flux du temps. Les précepteurs humanistes en proposant aux élèves d'imiter les auteurs de l'antiquité avaient mis l'accent sur l'un des grands problèmes qu'on trouve inscrits dans les *Essais* de Montaigne, et surtout dans *Des coches*. Est-ce que les mots, les tours d'expression, l'aspect référentiel de la langue, la langue elle-même, sont figés dans le contexte historique de leur énonciation première, ou est-ce qu'ils peuvent sauter les temps et les espaces pour être pleinement entendus dans le monde contemporain ? Lorsque Montaigne s'assure la bienveillance de son lecteur en baissant son ton jusqu'à lui faire demander d'où vient "cette coustume de benire ceux qui estrenuent" (899 B), c'est pour insister sur le côté paradoxal de la liaison saugrenue qu'il propose, d'abord entre les procédés abstraits du raisonnement dialectique et cette particularité culturelle, ensuite entre deux langues, langue d'érudition, voire d'Aristote, et langue populaire. Lorsqu'il continue en mettant en parallèle sa propre conduite à l'heure du danger et celle de Socrate, les coches mis au service de la guerre à l'époque contemporaine et les coches utilisés pour les célébrations de la paix dans l'antiquité, Montaigne a bien établi une série de contrastes entre le présent et le passé, entre la culture moderne et la culture des anciens. Seuls les mots, surtout les mots répétés se donnant le relais de paragraphe en paragraphe comme l'exige la rhétorique de la gradation, servent de monnaie de mise à des mondes séparés dans le temps.

Du faste des anciens Montaigne en vient au thème de la dépense, excessive et réglée, de là à la libéralité, mal avisée et prudente, à la moralité civique et à l'opportunisme politique. Si nous côtoyons ici la philosophie morale, nous ne sortons pas pour autant des lieux de la rhétorique. Louange et blâme constituent tout le programme de la rhétorique démonstrative ; et richesses, façons d'exercer le pouvoir politique, titres de gloire, comportement des citoyens, sont parmi les lieux où elle cherche de préférence des thèmes à amplifier et à embellir[2]. Rappelons aussi que pour parler de l'invention rhétorique, aussi bien que de l'amplification et de l'embellissement, où la rhétorique se pare de tout son luxe, la théorie se servait habituellement de métaphores empruntées au monde de l'argent. Le lieu où l'écrivain entasse ses arguments et ses citations répertoriés est un trésor (*thesaurus*), d'où il s'approvisionne d'une abondance (*copia*) de choses et de mots, qui enfle son

---

1 *Rhétorique à Herennius*, III, ii, 3 ; vi, 10.

2 *Rhétorique à Herennius*, III, vi, 10.

discours coulant comme un fleuve, mais un fleuve d'or[1]. Dans ce code métaphorique il est à noter que le trésor entassé se répand en espèces, que l'argent est liquide, que l'or coule. Ainsi dans ces pages *Des coches*, l'argent est mobile. Il est dépensé, il s'écoule ; employé en dons judicieux, il est "mieux logé qu'en des coffres" (905 C). La discussion sur la conduite de ceux qui donnent et de ceux qui reçoivent roule sur la libéralité, la largesse, la prodigalité, discours moral qui convient à une société où l'argent circule par une "pecuniarum translatio" (*ibid.*). Les mots, eux aussi, sont mobiles. Ce passage se signale par un va-et-vient entre le monde contemporain et l'antiquité. Cet autre monde séparé par le temps peut avoir un sens pour nous moyennant le système d'échange constitué par notre capacité de comprendre les langues de l'antiquité, par la traduction et par la mobilité des citations. Même les manifestations les plus éphémères d'une culture politique et artistique qui n'est plus la nôtre peuvent au moins s'imaginer grâce à cette monnaie d'échange que sont les mots. Les grands spectacles des amphithéâtres romains sont transportés jusqu'à nous par un vocabulaire dont nous tenons le sens et par la rhétorique de l'*enargeia*, que les humanistes ont apprise à l'école des anciens[2].

Montaigne, homme bilingue s'il en fût, et dont le bilinguisme est plus profondément enraciné chez lui que chez la plupart des humanistes, sait passer avec une certaine aisance entre deux systèmes culturels. Mais il lui en vient peut-être une conscience accrue de la différence linguistique, de la diversité des mentalités, de la "perpetuelle multiplication et vicissitude de formes" dans "ce monde qui coule" (908 B) et dans lequel la communication avec l'autre est toujours menacée par des erreurs de traduction. Que faire alors d'un autre monde qui ne sait pas encore son a, b, c ?

Car "nostre monde vient d'en trouver un autre", un monde enfant, analphabète, sans "lettres" (908 B). Montaigne, si habitué à passer la parole directement à ses auteurs antiques, se trouve tout de suite dans l'obligation de faire intervenir un tiers, un témoin sur place, un truchement, en l'occurrence Martin Fumée, traducteur des *Historias de las Indias* de Francisco López de Gómara. Montaigne s'est déjà exprimé dans son chapitre *Des cannibales* sur les problèmes soulevés par les partis pris des témoins et par les inepties des traducteurs. Mais dans *Des coches* ce n'est plus l'historien qui part à la découverte de ce qu'il "estime estre vrai", mais le rhétoricien qui consent à se

---

1 Cf. Erasme, *De duplici copia verborum ac rerum*, I, i : "Non est aliud vel admirabilius vel magnificentius quam oratio, divite quadam sententiarum verborumque copia aurei fluminis instar exuberans" (édition de B. I. Knott, Amsterdam, 1988, p. 26).

2 Le livre *De amphitheatro* de Juste Lipse (Anvers, 1584), dont Montaigne tire sa description des spectacles romains, y compris les citations d'auteurs anciens, se recommande par une exactitude de philologue consacrée à une analyse minutieuse des mots employés dans les textes latins. La connaissance des choses, surtout de "l'estrangeté" des "inventions" (p. 902) d'une culture éloignée, est uniquement une affaire de langue.

servir même de ce qu'il "ne croit pas", pourvu que cela ait "quelque invention et beauté" (898-99 B). Le tableau du Nouveau Monde dans *Des coches* est fait selon les prescriptions de la rhétorique relatives aux genres délibératifs et démonstratifs, les mêmes que Montaigne a déjà mis en œuvre dans la première partie de son texte où il s'agissait du monde antique et du monde moderne. Nous nous retrouvons sur les lieux de la rhétorique, où les matières fournies par López de Gómara sont réparties d'après les classements habituels : la naissance, l'éducation, l'argent, les signes du pouvoir, les titres de gloire, la patrie, les amitiés – cette liste prise dans la *Rhétorique à Herennius* (III, vi, 10) correspond exactement aux étapes parcourues dans le premier paragraphe sur les habitants du Nouveau Monde. La rhétorique commence par imposer aux races nouvellement découvertes un système pour ainsi dire taxonomique grâce auquel il sera possible de les placer dans le monde des connaissances. Et pour les intégrer dans l'idéologie morale des Européens, il suffit d'en appeler encore une fois à la rhétorique. Là on trouvera les lieux communs propres à la sécurité et à la vertu, à l'utile et à l'honnête, à l'éloge et au blâme, et l'on pourra adapter les nouvelles observations au schéma habituel en mettant en parallèle les choses qui conviennent (*consentanea*) et celles qui ne conviennent pas (*dissentanea*) au titre proposé. C'est la méthode dialectique en somme qui sous-tend le choix et la disposition des renseignements que Montaigne entasse dans son premier paragraphe sur l'Amérique et qui donne le branle aux jugements qu'il y essaie.

Mais si les thèses qu'il avance emportent conviction, les particularités de son hypothèse, c'est-à-dire les attributs des personnes et des choses chez les Indiens, font des remous troublants dans le beau fleuve de la rhétorique. Il y a d'abord la question de langue. Où les conceptions manquent, les mots manquent aussi. Montaigne s'imagine être transporté dans la mentalité des habitants du nouveau monde. Alors il voit les Européens "montez sur des grands monstres incogneuz", "garnis d'une peau luysante et dure et d'une arme trenchante et resplendissante" (909 B). Pour les Indiens, cette figure de rhétorique, la périphrase, si transparente qu'elle soit aux yeux des lecteurs européens, reste opaque. Tout au contraire de notre communication avec l'antiquité, qui est purement verbale, les habitants du nouveau monde sont frappés d'aphasie à leur première rencontre avec "des gens barbus, divers en langage" (*ibid.*). Ces lacunes linguistiques signalent une première résistance à la tentative de tout réduire aux normes de la rhétorique. Si un certain scepticisme à l'égard des prétentions globales de la rhétorique s'éveille ainsi dans l'esprit du lecteur, il n'est que trop renforcé par l'emploi que Montaigne fait ici du jeu des répétitions verbales opérées par le sorite et la gradation. Il reprend le thème de l'or tout en le transportant chez les Indiens, où on peut voir un jardin plein d'arbres, de fruits et de toutes sortes d'herbes "excellemment formez en or" (*ibid.*). Le roi des Indiens peut se délecter à contempler amassés dans son jardin et dans son cabinet tous les produits de son royaume transformés en statues d'or. Or immobile cette fois, thésaurisé, entassé. En même temps, le thème de la circulation plutôt bénéfique de l'argent dans la culture européenne est repris sur un tout autre ton : la vente trop chère, la vente qui est trahison, avarice, "mercadence" et "trafique" (910 B). D'une part, la manifestation d'une culture qui résiste au mouvement ; de l'autre, un système d'échange qui tourne au commerce colonial. Le projet dialectique se proposait l'intégration du nouveau monde dans un système d'argumentation à pièces mobiles et qui se veut universel. Il faut bien reconnaître "par necessaire experience" qu'il n'a réussi qu'à voler et qu'à ruiner ce qu'il ne pouvait assimiler.

Mais la rhétorique, ce Protée, a encore d'autres tours à jouer. D'abord c'est le grand style, l'imitation cicéronienne, qui vient déployer jusqu'au nouveau monde ses copieuses exhortations à la vertu, amplifiées à grand renfort de figures de pensée. C'est toujours le grand rêve des Cicéroniens, celui de contourner les faits historiques et de transporter dans le monde moderne le meilleur de la morale des anciens, morale inextricablement liée à l'expressivité de la langue latine à l'époque dite d'or. Rêve que l'histoire a déjà rendu irréalisable, quant à l'Amérique, mais rêve dont on peut douter en tout cas que la pureté morale et linguistique sorte indemne du voyage. Montaigne nous a fait voir à maintes reprises que ces hautes conceptions morales et la langue qui y est affectée, pour compréhensibles qu'elles soient aux élèves des humanistes, ne se transportent intégralement qu'en blocs figés de citations. Dans un nouveau contexte, dans un nouveau monde, les mêmes mots risquent de sonner faux. Que penser au juste de cette rhétorique qui prône "l'admiration et imitation de la vertu" (européenne, cela s'entend toujours), au moyen desquelles ces "ames si neuves" pourraient être "dressées" au "profit" de leurs nobles conquérants (910 B) ?

Vient ensuite le style dit "médiocre", sous forme de discours rapportés, que Montaigne a pris presque textuellement dans les *Historias de las Indias* de López de Gómara[1]. Encore une figure de rhétorique, la *sermocinatio*. Ici, pour la première fois, on entend parler les habitants du nouveau monde, la "balbucie de cette enfance" comme l'appelle Montaigne (911 B), non sans ironie, étant donné le discours sensé et digne par lequel ces "enfants" répondent à ceux qui "leur conseilloient d'accepter [la verité de nostre religion], y adjoustans quelques menasses" (*ibid.*). Le ton ironique est tout fait pour nous persuader que les habitants du nouveau monde ne sont pas inférieurs aux Espagnols quant à l'intelligence et au bon sens. Il nous en vient

---

1 Pour les transcriptions et les adaptations (très instructives) que Montaigne a faites du texte de Gómara, voir P. Villey, *Les livres d'histoire moderne utilisés par Montaigne*, Paris, 1908.

une sorte de complicité qui semble nous mettre du côté des Indiens, dont nous croyons entendre les *ipsissima verba* mais sans y trouver rien qui nous déloge de notre supériorité de lecteurs avisés. Mais qu'est-ce que nous entendons au juste ? Un discours qui nous parvient par quatre intermédiaires, à travers trois langues différentes, et nous savons, "tesmoing mes Cannibales", que Montaigne cite ici peut-être à dessein (*ibid.*), ce qu'il faut croire des truchements. Puis, c'est un discours-écho, qui ne répond qu'en répliques du tac au tac aux propos des Espagnols (et Montaigne ajoute de son cru pour exagérer la formule qui existait déjà chez Gómara). Les Indiens parlent déjà aux maîtres – si tant est qu'ils parlent du tout. Car ce que nous avons là, c'est encore de la rhétorique, rhétorique empruntée cette fois aux procédés narratifs des historiens, qui depuis l'antiquité s'étaient ingéniés à composer des discours de pure imagination, auxquels ils "ne croyaient pas", pour les attribuer aux personnages importants et même aux dignes représentants des races condamnées au colonialisme, tel cet Ecossais qui parle chez Tacite du désert que les Romains nomment la paix[1]. Les pages de Gómara redondent de tels discours. Montaigne n'a pas besoin de rappeler à ses lecteurs contemporains qu'ils ont affaire ici à la rhétorique, et très précisément à la rhétorique à l'aide de laquelle l'Europe se raconte son histoire. La transporter telle quelle en Amérique, et l'imposer aux indigènes, c'est leur mettre effectivement un bâillon.

Reste le troisième des genres stylistiques préconisés dans les manuels. Le style bas est réservé à la narration des faits, sans amplifications ni couleurs de rhétorique. Aussi Montaigne raconte-t-il avec une sobriété relative les souffrances des rois du Pérou et du Mexique, souffrances qu'ils s'étaient attirées par leur refus de parler et qui ne prirent fin que lorsqu'on leur eut coupé définitivement la voix en choisissant très délibérément de les étrangler et de les pendre (au lieu de les brûler). La simple narration des faits impose un point de vue qui est forcément celui d'un observateur. Montaigne est libre d'allonger le texte de Gómara, et il en fait un récit beaucoup plus dramatique et beaucoup plus pathétique, mais seulement pour renchérir sur les réactions de cet observateur à distance qu'est le lecteur. Les protagonistes, eux, ne changent pas de rôle, et ils ne parlent pour ainsi dire pas. Ils gardent jusqu'à la mort le secret des vives sources de leur trésor culturel, cet or qui promettait une copieuse "abondance de richesses" et qui répondait "si peu à l'esperance" (913 B).

Pour expliquer ce mécompte, Montaigne retrouve les idées-clés de son essai, celles qui ont jalonné notre lecture de degré en degré de sa gradation. L'or chez les habitants de l'Amérique se tenait "tout assemblé", solidifié en objets culturels "de montre et de parade", "grand monceau" qui passait de père

---

1 *Agricola*, XXX.

en fils tel un texte sacré écrit dans une langue qui n'est plus en circulation (*ibid.*). Montaigne nous donne un échantillon de ce texte lorsqu'il transcrit ce qu'il a appris de son "autheur" (qui est toujours Gómara) au sujet du cosmos mexicain. C'est le seul moment où il laisse la parole entièrement aux représentants de la culture indienne, ou plutôt à leur porte-parole espagnol, sans y ajouter de commentaires – ou presque ! Cela fait un paragraphe en bloc, qui s'interpose pour arrêter les idées en cours d'exploitation. Des chiffres soigneusement notés semblent affirmer que l'univers imaginé par les Indiens est commensurable avec le nôtre, qu'il y aurait donc la possibilité d'en parler. Parfois, nous croyons entrevoir des concepts qu'il serait possible de traduire dans notre code culturel. Mais à la fin nous sommes laissés les mains vides, bafoués, devant un système clos dont la lisse surface nous fascine tout en restant impénétrable.

Montaigne fait le contraste entre la solidité de l'or amoncelé dans le nouveau monde et "nostre or" en Europe, "tout en emploitte et en commerce", que nous "menuisons et alterons en mille formes, espandons et dispersons" (913 B). C'est la *copia* des choses et des paroles, le vif-argent de l'éloquence puisé aux lieux de l'invention rhétorique. Mais la transportation de cette rhétorique, article de foi pour les humanistes qui l'avaient importée des terres grecques et romaines, devient un projet chimérique aux yeux sceptiques de Montaigne. La rhétorique s'enlise dans ce pays où il n'y a ni coches ni "autre voiture" ni aucun de nos modes de transport (915 B), et où les métaphores habituelles ne marchent pas. La dialectique aussi, qui allait toujours de pair avec la rhétorique et dont les prétentions à la validité universelle venaient de ce qu'elle se justifiait en raison des idées admises, les *endoxa* ou "opinions partagées par tous les hommes", se voit barrer la route par ceux qui ont su se dresser un chemin tout à eux, "droict" et "uny" (914 B). Ce que Montaigne a découvert sur les chemins du nouveau monde, c'est l'ethnocentrisme de la rhétorique[1].

C'est une constatation autrement lourde de conséquences que ne sont celles qui répètent tout au long des *Essais* que nous ne pouvons imaginer que selon

---

1 Pour l'ethnocentrisme déjà inscrit dans *Des cannibales*, premier essai de Montaigne sur le nouveau monde, voir la brillante étude de G. Defaux dans son *Marot, Rabelais, Montaigne : l'écriture comme présence*, Paris et Genève, 1987, p. 145-177. Là, il s'agissait surtout de "mémoire culturelle", et Defaux peut encore parler de "la sûreté rhétorique avec laquelle [Montaigne] assure ses enchaînements". Cette "sûreté" semble ébranlée par *Des coches*. A comparer aussi les quelques remarques très pertinentes sur la rhétorique du chapitre *Des cannibales* dans un article de J. M. Blanchard, "Of Cannibalism and Autobiography", *Modern Language Notes*, XCIII (1978), p. 654-76. Si dans *Des cannibales* il s'agit surtout d'une assimilation (digestion) de la culture du nouveau monde, il n'est peut-être pas hors de propos de faire remarquer que dans *Des coches*, où l'accent est mis sur l'altérité de cet "autre monde", la métaphore alimentaire introduite dès la première page est celle de l'indigestion (le vomissement). Les questions soulevées par la confrontation entre les deux mondes sont reprises un peu dans le sens de cet article, mais avec beaucoup plus d'envergure, dans le livre magistral de Stephen Greenblatt, *Marvelous Possessions : The Wonder of the New World*, Chicago, 1991.

notre portée. Le "nous" de l'essai *Des coches* se rapporte à l'ensemble des Européens, identifiés par des apanages culturels, par une rhétorique, par un système économique, par des instruments de guerre, par des moyens de transport. Or, la rhétorique est chez elle sur les places publiques, au tribunal, en chaire, dans les conseils de chefs de guerre. De tous les arts verbaux, c'est elle qui confine le plus à l'action. Ahuri, Montaigne contemple comment la rhétorique, toujours labile, se laisse accaparer par une culture acharnée à la possession, donc à la perte de ce qu'il ne peut imaginer. C'est la parole étrangère à la bouche, aussi bien que l'arme inconnue à la main que les Européens ont pris possession des terres nouvelles et réduit au silence les représentants des races indigènes. Au service de l'agressivité les mots changent subtilement de sens, les métaphores se dévoyent. Montaigne nous dit que le dernier roi du Pérou, assis sans bouger sur sa litière d'or, fut "avallé" par un homme à cheval (915 B). L'homme mobile met bas l'homme doré, mais, par un dernier tour de rhétorique dont le grotesque sied bien à l'action, on peut croire qu'il fut *avalé* dans un sens métaphorique, et que l'Européen fut redevable de sa "mechanique victoire" à sa bouche autant qu'à son moyen de transport qui n'apportait que la mort[1].

Que reste-t-il, donc, de ces décombres, pour le rhétoricien humaniste et français qui n'a jamais quitté l'Europe ? Montaigne déploye toutes les ressources de la rhétorique pour construire un monument, aussi beau qu'émouvant, à la mémoire de ce monde condamné au silence. C'est un édifice circulaire, bâti d'après le modèle bien connu des amphithéâtres romains, où les spectateurs, "assis à leur aise", en toute sécurité, regardaient, eux aussi, à travers des réseaux "tyssus d'or", de sales massacres (906-907 B). Lorsque Montaigne retombe enfin à ses coches, c'est pour boucler le cercle commencé au titre, et d'une façon rigoureusement conforme aux prescriptions du sorite des dialecticiens, amplifié "ingenieusement" au moyen de la gradation rhétorique[2]. Sorite et gradation : figures d'accumulation et de circularité. Dans le texte féru de rhétorique que nous laisse Montaigne, sinon dans le monde de son expérience, les opposés coexistent. Les mots circulent et ils s'entassent, le fleuve de la rhétorique est aussi un monceau d'or.

Ann MOSS
University of Durham

---

1 Il y a dans l'exemplaire de Bordeaux une rature et une substitution qui font rêver : on lisait originellement à la fin de l'essai : "et le porta par terre", texte que Montaigne a corrigé en mettant : "et l'avala par terre".

2 Le mouvement qui nous mène de la certitude (descriptions des coches) jusqu'à la conclusion sceptique (il n'y a point de coches) reprend en la parodiant la formule du raisonnement par sorite tel qu'on le trouve chez les pyrrhoniens : voir Sextus Empiricus, *Adversus Mathematicos*, IX, 182-190, qui "entasse" les noms des dieux pour conclure "il n'y a point de dieux".

III

LES FIGURES

QUELQUES ASPECTS D'UNE RHÉTORIQUE DE LA PITIÉ DANS LES *ESSAIS* DE MONTAIGNE

D'un naturel "tendre"[1], prompt à ressentir les impressions pénibles, l'homme qui fut Michel de Montaigne se déclare en garde contre cette faiblesse périlleuse et peut-être un peu trouble, qu'on nomme la pitié[2]. Mais l'auteur des *Essais*, qui parle à ses lecteurs, ne peut ni ne veut occulter ces mouvements du cœur, lui qui aimerait se peindre "tout entier et tout nud"[3]. Surtout, le moraliste s'accuserait bien fort de ne pas communiquer son indignation et sa pitié devant la "barbarie". Ainsi motivé à trois niveaux (hygiène de l'âme, sincérité de la peinture de soi, et désir d'un pathétique persuasif), le thème de la pitié est très présent dans le discours des *Essais*, inextricablement lié à celui de la haïssable cruauté des hommes, qui en engendre sans cesse l'occasion ; et, bien sûr, cette diversité des motifs entraîne la mise en œuvre de moyens rhétoriques très différents.

Pour considérer ici un instant cette rhétorique de la pitié, il serait tout à la fois trop facile et tout à fait impossible d'organiser notre propos, successivement, autour des trois points qu'on a dégagés : ce serait trahir Montaigne, dont le texte ne se définit que par la coexistence de ces diverses préoccupations. Nous envisagerons donc d'abord cette thématique de la pitié et ses principales occurrences, puis son traitement par le lexique, la syntaxe et les figures (ces deux derniers points à partir d'exemples, quitte à montrer sur pièce la diversité des intentions au sein d'un même passage). Le sujet, qui nous apparaissait d'abord "pointu", s'est révélé immense, et nous ne prétendons apporter ici les résultats que de quelques coups de sonde.

"J'ay une merveilleuse lascheté vers la misericorde et la mansuetude. Tant y a qu'à mon advis, je serois pour me rendre plus naturellement à la compassion, qu'à l'estimation"[4]. Ainsi, dès son chapitre initial (dans une addition de 1588, il est vrai), Montaigne proclame sa différence face aux Stoïciens qui jugent la pitié "vitieuse". Avec cette méditation, dès leur seuil, sur le sort des vaincus, les *Essais* apparaissent d'emblée pour ce qu'ils sont : une œuvre de discernement de soi par l'écriture, contre la peur. Car Montaigne a peur. Il se révèle souvent habité par des "imaginations" sanglantes, images de torture notamment. Curieux passage, en ce même Livre I, que celui où se

1 III, 10, 1003 B.

2 Le mot "pitié" est employé vingt-quatre fois dans les *Essais*, mais Montaigne aime beaucoup aussi le mot de "compassion", qui revient douze fois (voir *infra*).

3 *Au Lecteur*, 3A.

4 I, 1, 8 B.

glisse cet "extatique" à qui il suffisait de "faire ouir des cris lamentables et plaintifs" pour qu'il tombât dans une sorte de catalepsie dont il ne sortait que meurtri lui-même par les coups et les piqûres de son entourage[1]. Non moins significative, l'anecdote du cauchemar d'Apollodore, qui "se voyoit escorcher par les Scythes, et puis bouillir dedans une marmite". Montaigne avait-il connu de telles paniques intimes[2] ? En tout cas, chez le compilateur qui sélectionne (gratuitement ?) de semblables traits, il y a bien, croyons-nous, un vrai effroi à imaginer cette souffrance de la chair dont, même chez les animaux, il supporte difficilement la pensée[3]. Et il n'y a pas lieu, sans doute, de distinguer entre la torture de son propre corps et celle d'autrui : à se "représenter" (mot bien montaignien) celle-ci, celle de la chair de l'humanité, c'est toujours à soi que l'on pense. Imagination douloureuse qui, bientôt, n'est plus abstraite, chez Montaigne, grâce (si l'on ose dire) à sa "cholique" – et qu'il a hâte de secouer toutes les fois qu'elle lui est survenue : quelle joie il éprouve à nous dire (à se dire) que sa santé se rétablit entière à l'issue de chaque crise[4] ! Cette présence de la souffrance, donc de la pitié, donc de la cruauté, au cœur de ce livre des *Essais* qui s'ouvre et se poursuit à l'ombre des Stoïciens, en est un trait fondamental et y résonne comme une sourde inquiétude. Zone sensible, zone obscure, où l'on découvre même en soi "je ne sçay quelle aigre-douce poincte de volupté maligne à voir souffrir autruy [...]"[5]. Autre forme de cette peur que l'on disait ? Peur de la souffrance, mais aussi peur de soi.

Deux chapitres sont ici essentiels : II, 11 (*De la cruauté*) et II, 27 (*Couardise mere de la cruauté*). Ajoutons I, 1, déjà cité (*Par divers moyens on arrive à pareille fin*), puis deux des grands chapitres éthiques, soit II, 5 (*De la conscience*) et III, 1 (*De l'utile et de l'honneste*), sans oublier les deux essais américains : I, 31, *Des cannibales*, et III, 6, *Des coches*, qui fournissent des exemples particulièrement saisissants. Chemin faisant, nous en appellerons aussi à II, 32, à II, 35, comme à d'autres essais.

Une pareille thématique pose assurément des problèmes rhétoriques spécifiques. Car les conditions de l'énonciation sont très diverses, voire très contrastées. Tantôt, on dirait que Montaigne *se* parle à lui-même des souffrances "pitoyables" : alors il va, d'instinct, vers des formes d'expression discrètes, atténuées, comme s'il voulait contrôler sa pitié, ne pas effrayer son

---

1 I, 21, 99 C (anecdote tirée de la *Cité de Dieu* de saint Augustin, d'après la note de l'éd. citée).

2 II, 5, 367 A. Tant de propos sur la pitié ne tendraient-ils pas à exorciser, en la formulant rationnellement, cette épouvante primitive dont la "rhétorique" reste souvent au stade du cri ou du gémissement ?

3 II, 11, 429 A et 435 A.

4 III, 13, 1093 B.

5 III, 1, 791 B.

humanité : métaphores retenues, euphémismes et litotes. Tantôt, c'est bien à nous qu'il parle. On a remarqué dès longtemps que ce livre "sceptique", les *Essais*, est plein de certitudes immédiates. Et l'une de ces certitudes est que la cruauté est horrible, la pitié juste et nécessaire, car seule propre à rectifier la conduite dans une âme bien née (à moins qu'elle ne soit héroïque et n'aime la vertu pour elle-même)[1]. Alors, une expression vigoureuse de la pitié s'impose à l'écrivain : il ne s'agit plus de "mesnager" les cœurs, mais bien de les émouvoir. Cet usage-ci de la rhétorique est certes plus classique, quoiqu'il prenne, chez Montaigne, des notes bien particulières. Cette distinction entre le texte qui dit "je" et celui qui dit "nous" (ou "vous") est schématique, voire parfois arbitraire : il faut pourtant l'avoir présente à l'esprit, en analysant la rhétorique "piteuse" des *Essais*.

Dans le domaine du lexique, les choix de Montaigne semblent clairs. Cinq termes, en somme, se partagent le champ. "Pitié" d'abord ("piteux", "pitoyable"), qui dénote à proprement parler cette "passion" émue par l'idée de la souffrance, sans impliquer nécessairement que ladite passion soit suivie de l'action : Néron n'arrête pas sa mère sur le chemin de la mort où il l'envoie, mais, lui disant adieu, il sent en lui "horreur et pitié"[2]. Intéressant, ce voisinage avec le mot "horreur" : la pitié a quelque chose de physique, et le terme fonctionne même peut-être, ici, comme un intensif d'"horreur". Elle "serre" le cœur, et, comme la plupart des expressions du corps selon Montaigne, elle ne ment pas[3].

Le verbe "pleurer" et le nom des "larmes" sont à placer un peu en-deçà dans l'échelle sémantique. Phénomène physique lui aussi, mais qui semble, dans les *Essais*, plus ou moins contrôlé par la volonté, les larmes (ou l'abstention des larmes) peuvent être feintes[4]. Il reste que, dans l'humanité commune, elles sont le signe naturel de la commisération. Termes d'une rhétorique non verbale, elles disent simplement l'être humain devant la souffrance. Montaigne ne regrette pas que les larmes "tentent [s]es larmes"[5]. Il loue les poètes qui "n'osent pas descharger seulement des larmes leurs heros"[6].

La famille de "plaindre" est à placer, au contraire, un peu au-delà du terme central de "pitié". "Plaindre" implique souvent (non pas toujours) une

---

1 II, 11, 426 C.

2 I, 38, 235 B.

3 III, 9, 978 B.

4 III, 4, 830 B ; voir aussi 430 C. Pleurs au déclenchement aberrant (surtout chez les "monstres" de cruauté : le tyran de Phères pleurait, au théâtre, devant les malheurs d'Hécube, mais ignorait la pitié à l'égard de son propre peuple (II, 27, 693 B)).

5 II, 11, 430 C.

6 II, 2, 346 A. Et l'on peut se demander si l'anecdote de Psamménite et celle concernant, paraît-il, le cardinal de Lorraine (I, 2, 11), tous deux refusant de pleurer la mort d'êtres très chers, ne relèvent pas plutôt d'une hygiène de l'âme que d'une immédiate sincérité dans la peinture du moi. L'ajout de 1588, à la fin du chapitre (p. 14), le suggère fortement.

formulation verbale de la pitié (même muette : l'esprit se "rend compte" qu'il a pitié). Le terme est, si l'on veut, un peu plus intellectuel, connotant un discernement volontaire : "les morts, je ne les plains guiere [...], mais je plains bien fort les mourans"[1].

Le mot "misericorde" est surtout employé, dans les *Essais*, pour dire la clémence du chef de guerre ou du prince : sentiment de pitié devant un "miserable", mais sentiment cette fois efficace, qui devrait fleurir en pardon effectif, sauf opposition de la volonté. Ce mot princier, ou divin, Montaigne n'hésite pas, pourtant, à se l'appliquer à lui-même lorsqu'il parle de sa "merveilleuse lascheté vers la misericorde et la mansuetude"[2].

Quant à "compassion" (et au verbe "compatir"), c'est probablement le terme le plus signifiant de ce registre, au sein des *Essais*. Montaigne est pleinement conscient de sa valeur étymologique de partage de la souffrance. C'est ce sentiment (si essentiellement humaniste) qu'il a éprouvé à Ferrare, devant la tragique démence du Tasse, misérablement "survivant à soy-mesmes"[3]. C'est celui qu'il connaît aussi, au spectacle de la crédulité du "pauvre peuple abusé"[4], ou face au "malheur de la chose publique"[5]. La même pitié pour les hommes qui faisait pleurer Héraclite[6] ? Passion efficace, que cette "compassion", qui "sert d'aiguillon à la liberalité et à la justice" (le texte de 1588 dira "à la clemence")[7]. Elle trouble l'âme, en effet, et "fleschit" notre pratique des rapports humains. Aussi est-ce par rapport à elle que Montaigne, surtout, va "s'essayer" et mesurer ses forces, inquiet de voir qu'elle "peut infiniment" en lui, mais préférant cette "foiblesse" à l'inhumaine ataraxie stoïcienne. Montaigne, quant à lui, accepte de "compatir", et rien ne l'indique mieux que le partage qu'il opère d'un même lexique entre celui qui fait pitié et celui qui a pitié : "pitoyable", "plaindre", "larmes", "lamenter".

Ainsi, l'effort rhétorique de Montaigne se manifeste d'abord dans ce discernement terminologique, lorsque la tension de l'esprit se porte à bien penser sur soi. On n'est pas ici dans une rhétorique de l'ornement, mais bien de l'analyse délibérative où l'*electio verborum* importe essentiellement ; et les duplications de termes viennent encore affiner la pertinence des nominations : "despit et compassion" devant le Tasse, "fleschir et compatir" au spectacle des affligés.

Mais n'abandonnons pas immédiatement la terminologie. Certains termes descriptifs, concrets, doivent être annexés au vocabulaire de la pitié : ceux

1 II, 11, 430 A.
2 I, 1, 8 B (déjà cité p. 91 note 4).
3 II, 12, 492 A.
4 I, 27, 179 A.
5 III, 12, 1046 C.
6 I, 50, 303 A.
7 II, 12, 567 A et B (voir variante à la note 8 de l'éd. citée).

qui, en amont du lexique psychologique dont on vient de parler et qui discernait les états de l'âme, peignent la situation même de celui qui fait pitié. Notons combien Montaigne est discret lorsqu'il s'agit de ses propres souffrances, celles de la "cholique" : il s'interdit de chercher la compassion dans les yeux d'autrui, et c'est exceptionnellement, emporté par son discours, qu'il dit ses "longues suppressions d'urine, de trois, de quatre jours"[1], et les pierres qui "espreignent le pur sang de [s]es reins"[2] : le plus souvent, il dédramatise à l'évidence, souvent non sans humour. Car la "cholique" est un mal qu'il connaît bien, qui ne donne pas place à l'incertitude, ni donc à cette sorte de peur que surtout il redoute : celle d'une torture inexpérimentée, où sa conscience pourrait se perdre[3]. Et comment alors ne pas remarquer, lorsqu'il évoque la souffrance des autres, par exemple les vingt-deux occurrences du mot "gêne" ("géhenne"), dont treize appliquées positivement à des situations de torture, ou les quelques cinquante mots de la famille de "tourmenter", dont une quinzaine ainsi spécialisés, et les verbes "deschirer", "desrompre", "brusler", "griller", "rostir", et l'insistant écho des "lamentations" du pauvre homme ? Richesse lexicale qui n'est peut-être pas sans complaisance, car elle exorcise, en quelque sorte, en l'objectivant sur le papier, la crainte de ces souffrances inconnues : tous ces termes rangés sous un mot sinistre et qui dit tout, celui de "cruauté", inscrit au titre de deux essais[4].

Poursuivi, peut-être, par le souvenir des "lamentations" que, comme magistrat instructeur, il a entendu arracher à la chair de l'homme, Montaigne fait plus que "compatir" : il accuse cette "cruauté". Voyons maintenant la syntaxe de cette dénonciation, fondée (répétons-le) sur l'une des certitudes éthiques majeures qui innervent les *Essais*.

Le mieux sera de prendre un exemple. C'est au chapitre *De la conscience* (II, 5). Montaigne vient de parler de ce témoignage intérieur qui donne assurance à l'innocent, et il se demande comment le juge pourra savoir si c'est vraiment la conscience de l'accusé qui s'exprime. Commence alors le célèbre passage sur la torture judiciaire[5]. Dans le texte de 1580, le magistrat Montaigne s'efforce de s'en tenir à des arguments rationnels : la torture n'est pas un moyen certain d'obtenir la vérité. Des structures binaires antithétiques, soit comparatives ("plustost un essay de patience que de vérité"), soit hypothétiques (si l'innocent est assez "patient" pour endurer, pourquoi pas le coupable ?) amènent à la conclusion que ce moyen d'enquête est "plein d'incertitude et de danger" ; si l'on ose dire, le résulat "ne vaut pas la peine" –

1 III, 4, 837 C.

2 III, 13, 1095 C.

3 *Ibid.*, 1091 B et 1094 B.

4 II, 11 et II, 27. Nous croyons inutile de donner les occurrences du lexique de la torture : la *Concordance* de Roy Leake (à qui nous devons tant) nous en dispense.

5 II, 5, 367-369.

sauf "que c'est le moins mal que l'humaine foiblesse aye pu inventer" : froideur du sceptique et du professionnel ? C'est dans sa version de 1588 que le texte commence à frémir. Pour nous mettre en présence du corps souffrant, il met en œuvre l'apostrophe et l'anaphore, le questionnement rhétorique qui ébranle le lecteur : "Que ne diroit on, que ne feroit on pour fuyr à si griefves douleurs ? ". Et puis, voici qu'en ses dernières années, Montaigne vient de lire dans Quinte-Curce l'horrible récit des tortures de Philotas, le "progrez de sa geine" – et l'humaniste s'est ému. Alors il surcharge de nouveau le fameux passage, et de façon décisive. Nouveau parallélisme anaphorique pour renforcer la partie argumentaire ("et celuy qui les peut souffrir, cache la verité, et celuy qui ne les peut souffrir") ; puis une citation latine de Publius Syrus, autorité qui donne poids au propos[1], et emprunt qui catalyse, comme souvent chez Montaigne, la mise au jour de l'expression parfaite ("D'où il advient que celuy que le juge a gehenné, pour ne le faire mourir innocent, il le face mourir et innocent et gehenné") ; puis deux syllabes d'une incise assassine ("dict-on"), qui exténuent le prétexte, tiré du moindre mal, dont l'esprit se contentait tout à l'heure pour justifier la torture. Enfin et surtout, création d'une nouvelle fin de chapitre, par adjonction d'une vingtaine de lignes d'un ton entièrement différent (et notons que Montaigne doit les avoir écrites de l'abondance du cœur, sous le coup des nouvelles lectures qu'on disait, pour sacrifier ainsi la clausule qui était une des plus heureuses des *Essais*, alors qu'il semble surveiller de si près la chute de ses chapitres). Il passe, en effet, d'une structure argumentaire à une autre qu'on aimerait dire lyrique : affirmation du "moi" qui prend position, qui s'attaque à la bonne conscience du lecteur ("vostre ignorance", "estes-vous pas injustes ? "), use d'apparents *adynata* dont on constate au vol qu'hélas ! ils n'en sont pas ("luy faites pis que le tuer"), d'hyperboles ("combien de fois il ayme mieux mourir"), de rythmes binaires avec homéotéleutes ("bien inhumainement pourtant et bien inutilement"), de brachylogies violemment imagées ("desrompre un homme"). Et Montaigne va bien jusqu'au pathétique, lorsqu'il montre le juge faisant chercher dans le ventre du soldat en maraude "ce peu de bouillie" qu'il a "arraché" aux enfants d'une pauvre femme. Pitié pour elle et ses petits ! Pitié pour le soldat ! Le tout culmine sur un effet sombrement ironique (à l'examen de l'estomac, "la femme se trouva avoir raison") et sur une alliance de mots particulièrement violente dans la bouche d'un parlementaire : "Condemnation instructive", dit Montaigne, puisque en effet la condamnation à avoir le ventre ouvert devient ici une procédure d'instruction[2]...

---

1 *Ibid.* La citation de P. Syrus est détachée et en latin (les rhéteurs recommandaient la citation comme élément efficace de l'*ars suasoria*) ; celle de Vivès, qui suit, n'est pas déclarée.

2 *Ibid.*, 369, dernière ligne (on se demande si "instructive", ici, n'a pas déjà son acception moderne en même temps que son sens technique en termes de procédure).

Dans un tel passage, il s'agit bien d'ébranler les passions du lecteur (*affectus concitare*, dit Quintilien). Quelles passions ? Les siennes, sans doute, car il est vrai que l'écrivain vibre à sa propre indignation. Mais n'est-il pas clair aussi que Montaigne a beau prétendre ne pas vouloir "former" l'homme : l'emploi d'une pareille rhétorique de la pitié montre pourtant bien qu'il s'adresse aux hommes. Et est-ce un hasard, si c'est surtout dans les dernières années, alors que l'accueil reçu par les *Essais* ne lui permet plus de prétendre sérieusement qu'il écrit pour lui-même et pour quelques proches, que sa rhétorique persuasive prend son essor[1] ? et est-ce imprudent d'apercevoir des passages plutôt destinés au for intérieur dans ceux où il se fait justement plus discret ? Il y a, dans les *Essais*, deux voix sur la pitié : l'une pour la contenir, l'autre pour l'amplifier.

Ajoutons un autre exemple, qui fera peut-être mieux ressortir cet usage des figures et des tropes dont nous avons déjà traité. A la fin du chapitre II, 27 (*Couardise mere de la cruauté*), Montaigne coud également, après 1588, un important développement supplémentaire[2]. De la traduction que Vigenère vient de donner de Chalcondyle, il extrait la mention d'une atrocité "souvent" pratiquée, dit-on, par le sultan Mahomet. Il faut d'abord la décrire, et Montaigne s'y emploie en accumulant les compléments de manière ou analogues (usage de la narration si caractéristique du discours des *Essais*) : "faire trancher les hommes en deux parts *par* le faux du corps, *à l'endroit* du diaphragme et *d'un seul coup* de cimeterre, d'où il arrivoit qu'ils mourussent *comme* de deux morts à la fois ; et voyoit-on, dict-il, l'une et l'autre part *pleine de vie* se demener *long temps après*, pressée *de tourment*". Cette sorte de personnification de chaque moitié d'homme, en proie au "tourment", est d'un effet saisissant, bien dans la ligne de la sorte de brachylogie qui ouvrait la description : "faire trancher les hommes en deux" : non pas "les corps" (des hommes). Notre affaire n'est pas ici, de nous demander si ce Montaigne des dernières années met ou non quelque complaisance dans de tels tableaux d'horreur, dignes des canards de l'époque. Il nous importe, au contraire, de le voir réagir. Face aux deux moitiés qui s'agitent, l'écrivain poursuit : "Je n'estime pas qu'il y eut grand sentiment en ce mouvement". Notons le "je" : il s'agit bien d'intervenir, de s'essayer devant l'épouvante. Et merci à l'esprit qui se hâte d'atténuer cette horreur. Il est intolérable d'imaginer que le corps ait "sentiment" de cette atroce déchirure, et donc vital – pour repousser l'ébranlement, l'aliénation de la pitié – de s'accrocher à ce doute rationnel. Mouvement de récupération de soi, de la part de l'essayiste, que viennent

---

1 Le recours à une violence rhétorique, ou plutôt à une "éloquence" dont on sait combien Montaigne se défiait, se justifie de plus en plus à mesure que l'auteur des *Essais* se sent investi de quelque autorité sur son lecteur.

2 II, 27, 701.

confirmer le déictique d'effacement ("*ce* mouvement", innommable) et l'euphémisme ("mouvement"), et que prolongera aussi une belle formule gnomique, rassurante dans son parallélisme familier : "les supplices plus hideux à voir ne sont pas tousjours les plus forts à souffrir". Exorcisme du "hideux" par l'évasion dans le registre du jugement intellectuel. Mais le démon revient à la charge, avec des réminiscences atroces de Plutarque et de Paul Jove. Pour nous en tenir à la première[1], écoutons Montaigne répéter que Crésus mena dans la boutique d'un foulon un favori de son frère, qu'il haïssait, "et le fit tant grater et carder à coups de cardes et peignes de ce cardeur, qu'il en mourut". Ici encore, notons la violence de cette figure qui tient à la fois de la brachylogie et en quelque sorte de la catachrèse : non pas "carder la peau", mais "ce gentilhomme, il le fit carder"... Et cette nouvelle conclusion de l'essai II, 27 culmine sur une scène d'anthropophagie affreusement détaillée. Ici, si nous avons bien su lire Montaigne, il faut de nouveau constater qu'il joue avec sa pitié, tantôt la tenant en lisières grâce à l'intelligence modératrice, tantôt lui donnant carrière, comme pour jouir de l'évidence ainsi atteinte par les mots, qui contraint les hommes à partager sa pitié.

Une de mes certitudes – et j'espère qu'elle ne m'est pas propre – est que Montaigne est avant tout un poète. Or qu'est-ce qu'un poète, sinon celui qui connaît assez la matière des mots pour s'en servir à nous représenter impérieusement les choses ? La rhétorique, qu'il a apprise au collège et dans ses chers anciens, assurément l'y aide. Mais le poète est l'homme du concret, l'homme des choses : celles-ci priment sur les mots (je ne suis pas sûr que Montaigne eût apprécié l'intitulé de notre colloque, mais nous plaiderions nos bons sentiments !). La pitié pour la condition humaine est chose trop immédiate pour que les règles de la rhétorique s'imposent d'avance à leur expression : au mieux, ses procédés viennent sous la plume. Ils sont bien là, mais en position ancillaire, depuis la pudique litote jusqu'à la période pathétique : celle, par exemple, qui conduit nos yeux depuis la litière d'or du dernier Inca, planant au-dessus de la mêlée, jusqu'au geste brutal de l'"homme de cheval" qui "l'alla saisir au corps, et l'avalla par terre"[2]. Ici, la pitié prend toute sa force, entée qu'elle est sur l'admiration : émotion complexe suscitée par le destin des hommes et qui nous semble caractéristique de l'humanisme montaignien[3].

Gabriel-André PEROUSE
Université Lumière/Lyon - 2

---

1 *Ibid.*, fin du dernier paragraphe.

2 III, 6, 915 B.

3 I, 50, 303. Notre communication au Colloque de Paris (mai 1992), commémoration du 4ème centenaire de la mort de Montaigne, a pour sujet l'admiration dans les *Essais*, sujet inséparable de celui que nous avons tenté d'aborder ici.

L'HYPERBOLE DANS LES *ESSAIS*

Quand on pense à Montaigne et à la rhétorique, on a tendance à accentuer les ruses et les subtilités qu'on repère dans les *Essais*, à chercher le calcul de l'auteur qui donne comme préférence un style à sauts et à gambades, à tracer les thèmes qui surgissent à intervalles espacés et dont on trouve des échos avec difficulté, et à sonder les souches profondes et cachées sous les affirmations simples mais contradictoires[1]. En lisant les *Essais* dernièrement, j'ai été surtout frappée par un parler qui semble tout autre, par un moyen d'écrire qui semble manquer de contrôle et qui privilégie l'*amplificatio* et une accumulation sans ordre apparent. C'est ce côté plutôt incontrôlé et exagéré même que je propose d'explorer sous la figure de l'hyperbole.

Dans sa discussion des tropes, Quintilien réserve pour la fin ses remarques sur l'hyperbole, car il la considère comme une stratégie pour les plus avancés et comme "une beauté hardie" ; il termine ses observations ainsi :

> c'est proprement une exagération outrée, et qui va au delà du vray, mais du reste également propre à amplifier ou à diminuer[2].

Il reconnaît la figure comme belle et hardie parce qu'elle est difficile à manier, surtout si l'on veut convaincre celui qui écoute qu'il n'a pas affaire à un trompeur. Cette difficulté est observée par plusieurs rhétoriciens, et elle est approfondie (entre autres) par les commentateurs du théâtre du XVIIe siècle[3] ; mais personne n'en a exploré le détail mieux que Pierre Fontanier qui, au début du siècle dernier, a repris en gros la définition de son illustre prédécesseur. Dans *Les Figures du discours*, il a insisté sur l'importance de l'effet d'illusion produit par l'emploi de l'hyperbole, et sur le rôle joué par la réflexion pour que l'effet le plus parfait puisse être atteint. Les traits rapportés par Fontanier illuminent l'emploi que Montaigne fait de l'hyperbole dans les *Essais*, et méritent ainsi d'être repris dans leur ensemble :

> *L'Hyperbole augmente ou diminue les choses avec excès, et les présente bien au-dessus ou bien au-dessous de ce qu'elles sont, dans la vue, non de tromper, mais d'amener à la vérité même, et de fixer, par ce qu'elle dit d'incroyable, ce qu'il faut réellement croire.* Les mots, considérés en

---

1 Parmi les nombreux livres et articles sur les connaissances de Montaigne en matière de rhétorique, on pourrait citer mon ouvrage *Montaigne's Deceits*, London, 1974, et *Rhétorique de Montaigne*, éd. F. Lestringant, Paris, 1985.

2 *De l'Institution de l'Orateur*, Paris, 1718, p. 557.

3 Voir D'Aubignac, *Pratique du théâtre*, Paris, 1657, p. 445 : "l'hyperbole est de ce même rang, car les paroles portent l'imagination plus loin de leur propre sens ; elle est convenable au Théâtre, où toutes les choses doivent devenir plus grandes, et où il n'y a qu'enchantement et illusion".

> eux-mêmes et dans tous les rapports grammaticaux, y peuvent conserver leur signification propre et littérale, et s'ils ne doivent pas être pris à la lettre, ce n'est que dans l'expression totale qui résulte de leur ensemble. Il y a même plus, l'*Hyperbole*, pour être une beauté d'expression et pour plaire, doit porter le caractère de la bonne foi et de la franchise, et ne paraître, de la part de celui qui parle, que le langage même de la persuation. Ce n'est pas tout, il faut que celui qui écoute puisse partager jusqu'à un certain point l'illusion, et ait besoin peut-être d'un peu de réflexion pour n'être pas dupe, c'est-à-dire, pour réduire les mots à leur juste valeur. Tout cela suppose que l'*Hyperbole*, en passant la croyance, ne doit pas passer la mesure ; qu'elle ne doit pas heurter la vraisemblance, en heurtant la vérité[1].

Ainsi, selon Fontanier, le rôle de l'hyperbole n'est point de déformer ou même de déguiser la vérité mais, tout en allant jusqu'à l'incroyable, de faire croire[2]. Dans le contexte de notre étude sur les *Essais*, il est notable à quel point Fontanier insiste sur la vraisemblance ainsi que sur la vérité, tout en mettant en relief la bonne foi et la franchise de l'auteur et en assumant une participation vive de la part du lecteur.

Pour Montaigne, exagérer est une condition naturelle à l'homme qui, à partir de son propre monde, peut en étoffer mille autres[3]. Quand il étudie cette condition et la façon dont elle informe sa propre façon de parler, Montaigne admet une tendance vers l'hyperbole avec sa franchise ordinaire ;

> je grossis et enfle mon subject par vois, mouvemens, vigueur et force de parolles, et encore par extention et amplification, non sans interest de la verité nayfve [...] La parole vive et bruyante, comme est la mienne ordinaire, s'emporte volontiers à l'hyperbole[4].

Dans cet aveu, Montaigne reconnaît le plaisir vif qu'il ressent dans l'acte de raconter, et même quand il perçoit la distance croissante entre le récit qu'il donne et la réalité vécue. Dans la chaleur de la contestation, il admet qu'une fois lancé et entraîné par ses mots, son argument va bien au-delà de son intention et de sa capacité ordinaire ; les idées de son adversaire, réel ou imaginaire, le poussent au-dessus de lui :

---

1 Pierre Fontanier, *Les Figures du discours*, éd. Genette, Paris, Flammarion, 1977, p. 123-124. L'ouvrage a été publié pour la première fois en 1821.

2 Quintilien avait, lui aussi, insisté sur la modération et l'importance de la vérité dans l'emploi de l'hyperbole, "car", dit-il, "encore que l'hyperbole soit incroyable, elle ne doit pas néantmoins être excessive [...] ; à la vérité, l'hyperbole ment mais non pas à dessein de tromper", éd. cit., p. 558.

3 "Nostre discours est capable d'estoffer cent autres mondes et d'en trouver les principes et la contexture. Il ne luy faut ny matiere ny baze ; laissez le courre : il bastit aussi bien sur le vuide que sur le plain, et de l'inanité que de matiere, *dare pondus idonea fumo*" (III, 11, 1027 B).

4 *Ibid.*, 1028 B-C.

> Si je confere avec une ame forte et un roide jousteur, il me presse les flancs, me picque à gauche et à dextre, ses imaginations eslancent les miennes. La jalousie, la gloire, la contention me poussent et rehaussent au dessus de moy-mesmes[1].

Malgré l'approbation évidente qu'il semble accorder à une telle démarche, Montaigne garde toujours des sentiments équivoques envers ses propos qui tendent vers l'exagération : "Tu es trop espais en figures", dit-il en empruntant la voix d'un autre pour se condamner dans *Sur des vers de Virgile*[2] ; ou encore, "or je me pare sans cesse, car je me descris sans cesse", affirme-t-il, dans *De l'exercitation*, acceptant que l'acte de se décrire entraîne inévitablement une certaine élaboration dans la représentation de soi[3]. De telles affirmations attirent l'attention directement sur sa surabondance verbale. En plus, cette attitude ambivalente devant le fait d'exagérer (attitude qui oscille entre l'approbation et la critique) souligne à la fois une reconnaissance de la tradition rhétorique qui conseillait la prudence dans l'emploi de l'hyperbole et une appréciation non moins puissante de cette figure.

Les commentateurs des *Essais* sont partagés dans leurs jugements sur cette surabondance de Montaigne. Qu'il y ait *surplus*, tout le monde se met d'accord[4] ; mais expliquer ses causes est plus problématique. Un parler qui va au-delà du simple but de transmettre un message – soit pour rendre la complexité d'une pensée, soit pour essayer de se communiquer entièrement aux autres[5] – un tel parler peut également engager le lecteur et servir à mettre en jeu sa propre imagination[6].

Pour illustrer la manière hyperbolique des *Essais*, ayons recours à la représentation de la raison dans l'*Apologie*. Montaigne en donne au moins trois définitions qui vont toutes dans la direction d'abaisser l'orgueil de l'homme. En voici ses trois présentations :

> 1 - La raison va tousjours, et torte, et boiteuse, et deshanchée, et avec le mensonge comme avec la verité [...] c'est un instrument de plomb et de cire, alongeable, ployable et accommodable à tous biais et à toutes mesures (II, 12, 565 A).
>
> 2 - L'humaine raison [...] elle se perd, s'embarrasse et s'entrave, tournoyant et flotant dans cette mer vaste, trouble et ondoyante des

---

1 *De l'art de conferer* (III, 8, 923 B).

2 III, 5, 875 B.

3 II, 6, 378 C.

4 Voir l'article très suggestif de Jules Brody, "From Teeth to Text in *De l'expérience* : A Philological Reading", *L'Esprit Créateur*, Spring 1980, p. 7-22, où il prend la caractérisation d'un langage poétique de Chomsky comme son point de départ. Ses conclusions m'ont aidée à arriver aux miennes.

5 C'est l'argument de F. Gray, *Le Style de Montaigne*, Paris, 1958, p. 59.

6 En ce qui concerne la part du lecteur dans les *Essais*, je dois beaucoup aux observations de Michel Jeanneret, *Des Mets et des Mots*, Paris, 1987, surtout p. 249-71.

> opinions humaines, sans bride et sans but. Aussi tost qu'elle pert ce grand et commun chemin, elle va se divisant et dissipant en mille routes diverses (II, 12, 520 A).
> 3 - Nostre esprit retombe en pareille profondeur [ainsi que Phaëton], se dissipe et se froisse de mesme, par sa temerité (II, 12, 535 C).

Chacune de ces phrases est construite sur un ton affirmatif qui n'admet pas de contradiction, avec des tournures absolues telles que “tousjours”, “à tout biais”, et “à toutes mesures”. Chacune, pleine d'emphase, et articulée sur un rythme qui s'entraîne, multiplie adjectifs, verbes et participes au présent et semble ne pouvoir s'arrêter. La transposition physique est immédiate. Dans chaque exemple, la raison marche comme un être. Chaque fois, Montaigne a créé une évocation qui invite son lecteur à voir une personne, à rendre visible un objet à manier, et, en somme, à devenir une sorte de partenaire avec qui partager l'effort de fixer cet outil instable. Chaque adjectif appelle un autre, à sens très proche, qui redouble et, le plus souvent, triple l'effet de prolongement car, inhérente à la raison humaine est une tendance à allonger, à augmenter et à n'en pas finir sinon par des mots qui laissent l'image toujours incomplète et l'argument tout ouvert (des mots tels que “tous biais”, “toutes mesures”, “mille routes”, “pareille profondeur”). Quand l'image de la mer intervient (métaphore bien favorisée par Montaigne et surtout dans les endroits de son argument où il touche à l'hyperbole) elle fournit une extension toute naturelle et toute semblable au mouvement embarrassé et incertain déjà établi. Les adjectifs qui caractérisent la mer (opinions humaines) reprennent exactement les aveugles gestes de la raison. Dans le troisième exemple, encore un glissement et la raison se fragmente et s'évapore aussi vite que dans l'image associée – la chute rapide de Phaëton.

Caractéristique dans les trois présentations de la raison est l'inefficacité évidente de ses mouvements que Montaigne essaye de communiquer en entassant les uns sur les autres verbes et adjectifs qui dénotent le branle perpétuel de la raison (comme s'il s'agissait d'un être mal formé), mais qui, par le fait même de maintenir cette mobilité aberrante, rendent le déchiffrage de ces mouvements fort difficile. Ce genre d'effet paradoxal est au centre de l'attaque que Montaigne monte contre les prétentions de l'homme dans l'*Apologie*, et ailleurs, et qui autorise l'emploi de l'hyperbole[1].

Il y a d'autres raisons, cependant, pour justifier son emploi. Une condition naturelle à l'homme est une poussée innée vers le grossissement ; autre condition que nous partageons tous, et qui appelle l'hyperbole tout automatiquement, s'exprime dans des impulsions inattendues qui provoquent

---

[1] En parlant de sa propre perception des choses, Montaigne a recours à un vocabulaire pareil qui souligne, par sa répétition insistante, la difficulté de fixer le regard sur soi. Voir le début de *Du repentir* : “Je ne puis asseurer mon object. Il va trouble et chancelant, d'une yvresse naturelle” (III, 2, 805 B).

comme réaction soit exagération, soit dénigration. En attribuant cette condition à sa propre personne, Montaigne trouve chez lui des choses qui se passent, sans qu'il sache comment – des manifestations, par exemple, qui pourraient être un effet de génie ou qui sont des saillies poétiques[1] ; ou, sur un plan plus personnel, il ressent une impulsion de la volonté sans le secours de la raison[2]. Face à ces témoins de manque de contrôle, Montaigne réagit avec véhémence et avec un style qui correspond, style qui multiplie les mots dans une tentative de saisir sur le vif l'émotion provoquée par ces manifestations et de donner à l'incertitude et au flou une précision momentanée. Devant le vaste canevas de ses écrits qui sont la conséquence inévitable de l'impatience qu'il souffre de ne pas pouvoir saisir les choses qui passent ni même de contrôler leur source, Montaigne peut parfois s'excuser ; mais, il y a des signes qui suggèrent qu'il cherche aussi une certaine maîtrise et qu'il s'efforce à bander son âme pour en sentir l'écoulement, comme il le dit dans *De l'experience*[3]. Il est possible que les nombreuses références dans les *Essais* à "chimères", "inepties", et "étrangetés"[4] puissent s'expliquer par une conscience tourmentée par tant de manifestations involontaires, explication qui pourrait aussi s'appliquer au fait que Montaigne parle de ses *Essais* comme d'un dessein farouche, vain ou extravagant[5]. Une abondance de mots qui s'accumulent, se répètent et attaquent est ce qu'il a trouvé de meilleur pour confronter une existence qui se forme en partie sans qu'il puisse en contrôler les éléments[6].

Dans d'autres endroits où il cherche moins à fouiller ces choses sous-jacentes, et où il travaille plutôt à déterminer la valeur réelle de nos observations des autres, Montaigne est encore plus véhément dans sa critique. Sa désapprobation cuisante envers les prétentions ordinaires des hommes est souvent exprimée par un recours à l'hyperbole, à des entassements d'adjectifs, et à des glissements qui transforment la présence physique d'un homme et la réduisent à un objet de dérision. Au début de *De la phisionomie*, il attire l'attention sur nos faibles moyens de percevoir tout ce qui n'est point

1 Voir *De la vertu* (II, 29, 705) et *Divers evenemens de mesme conseil* (I, 24, 127).

2 *Des prognostications* (I, 11, 44).

3 "Il faut bien bander l'ame pour luy faire sentir comme elle s'escoule" (III, 13, 1105 C). Pour les rapports entre la confession et ce qui sort sans le vouloir, il faut consulter l'article de Richard L. Regosin, "Montaigne's Monstrous Confession", in *Montaigne Studies. An Interdisciplinary Forum*, I, November 1989, p. 73-87.

4 On rencontre de telles dénigrations partout dans les *Essais*, en particulier dans *De la vanité* et *De l'oisiveté* (I, 8, 32-3).

5 *De l'affection des peres aux enfans* (II, 8, 385).

6 Du reste, il n'y a pas toujours coïncidence entre pensées et écrits ; ces derniers se développent parfois sans l'aide de sa volonté comme il explique dans *De l'art de conferer* : "[B] Ma volonté et mon discours se remue tantost d'un air, tantost d'un autre, et y a plusieurs de ces mouvemens qui se gouvernent sans moy. Ma raison a des impulsions et agitations journallieres [C] et casuelles" (III, 8, 934).

grossier : "Nous n'apercevons les graces que pointues, bouffies et enflées d'artifice" – surcharge d'épithètes qui interpelle le lecteur et qui invite son avis – son accord, peut-être – sur leur effet désapprobateur. Un peu plus loin, reprenant la même structure, Montaigne poursuit : "nous [...] n'apercevons la richesse qu'en montre et en pompe. Nostre monde n'est formé qu'à l'ostentation : les hommes ne s'enflent que de vent, et se manient à bonds, comme les balons" (III, 12, 1037 B). Les trois substantifs – "montre", "pompe" et "ostentation" – à peu près pareils en signification, mais sonnant toujours plus fort, viennent appuyer la critique. C'est pourtant l'image saisissante des hommes, tout enflés, pleins d'air et de vanité qui "se manient à bonds, comme les balons", qui finit par détruire complètement l'évocation de l'orgueil humain.

Entasser des mots forts, en employer plus qu'il n'en faut pour rendre le sens tout simple, et éviter les mots neutres – voilà ce qui caractérise le style sinon le goût de Montaigne. Quelques exemples : quand il parle de sa mémoire, elle n'est pas simplement défaillante mais "monstrueuse en défaillance" ; pour accentuer sa servilité, il se peint "rampant au limon de la terre", choisissant le mot "limon", synonyme noble et poétique de *boue* ou de *vase*, pour affirmer davantage ; ce qu'il craint dans sa solitude, c'est de "croupir", au sens fort de pourrir[1]. Il renforce de tels mots, déjà chargés, par des adverbes, de préférence longs et sonores. "Certes, c'est un subject *merveilleusement* vain, divers, et ondoyant que l'homme", affirme-t-il dans son premier essai. En parlant de lui-même, il maintient qu'il va au change (c'est-à-dire accepte ou initie le changement) *indiscrettement*, *tumultuairement* ; et qu'il dit "*pompeusement* et *opulemment* l'ignorance [...] la science *piteusement* et *megrement*" ; une telle surcharge a l'effet de sommer le lecteur, l'invitant à réagir contre ce que Montaigne dit[2]. L'entassement peut paraître spontané, comme dans *De l'aage* où les trois adjectifs superimposés dans "Mourir de vieillesse, c'est une mort rare, singuliere et extraordinaire", sont commentés par un long développement ; mais on voit aussi des ajouts postérieurs qui impliquent un emploi réfléchi évident quand, dans *Des boyteux*, il ajoute "obscure et obtuse" à sa première constatation "nostre apercevance est grossiere"[3].

Le plus souvent, des superlatifs et des expressions affirmatives et absolues signalent une intention hyperbolique bien délibérée. Des phrases s'ouvrent

---

1 Sur sa mémoire, voir I, 9, 34 ; "limon" est employé dans *Du jeune Caton* (I, 37, 229) ; et le choix de "croupir" au sens de "pourrir" se trouve dans *De la solitude* (I, 39, 241) et *De la phisionomie* (III, 12, 1057).

2 Les adverbes sont cités respectivement dans *Par divers moyens on arrive à pareille fin* (I, 1, 9), *De la vanité* (III, 9, 994) et *De la phisionomie* (III, 12, 1057).

3 *De l'aage* (I, 57, 326) ; et *Des boyteux* : "[B] Tant il y a d'incertitude par tout, tant nostre apercevance est grossiere, [C] obscure et obtuse" (III, 11, 1026).

avec "C'est follie... C'est merveille... tout... tousjours... chaque... rien en vient... il n'est rien". Leur pouvoir dénonciateur est parfois renforcé encore davantage : "L'homme en tout et par tout, n'est que rapiessement et bigarrure"[1]. De telles expressions extrêmes peuvent, dans certains contextes, se juxtaposer comme si deux Montaignes différents se dialoguent : dans *De la vanité*, une voix accuse la vanité de ses écrivailleries tandis qu'une autre donne à cette vanité, par l'emploi des traits hyperboliques, une dimension totalisante – "tant de paroles pour les paroles seules !"[2]. L'ironie bien évidente d'une telle stratégie crée un espace pour le lecteur à côté du sujet écrivant[3] qui, par l'hyperbole renforcée par l'ironie, arrive à se séparer de son propre discours, à l'objectiviser afin d'en faire son commentaire. Au premier abord, la présence du lecteur à l'intérieur de l'argument semble assurer son soutien et même une certaine connivence, mais autant Montaigne nous introduit dans l'analyse ébauchée, autant il nous provoque avec des exclamations d'une intensité rare. "J'abomine", dit-il, à propos des paroles prononcées par César pour encourager ses soldats ; à propos de lui-même – "je suis affamé de me faire connoistre", "je m'estalle entier" ; et à propos de son parler scandaleux : "j'ose non seulement parler de moy, mais parler seulement de moy"[4].

Si l'on pense aux termes de vitupération, à l'accumulation des horreurs et au style violent si répandus dans les pamphlets contemporains dont s'excusent quelques auteurs comme Goulart[5], on dirait peut-être que les propos de Montaigne sont moins scandaleux qu'il ne le prétend. Toute la différence, cependant, réside dans le fait que les *Essais* assument non seulement l'association mais l'incorporation totale dans le scandale du moi qui écrit scandaleusement. L'effet d'une litanie d'atrocités et de cruautés corporelles

---

1 *Nous ne goustons rien de pur* (II, 20, 675 B).

2 Selon François Rigolot, ces rapports d'oppositions extrêmes régissent le livre III des *Essais* : voir son article convaincant, "Les *Incipit* des *Essais* : structure et evolution", *Actes de Bordeaux*, 1980, éd. Michel, p. 247-60 ; pour leur harmonisation, voir les propos de Marcel Gutwirth, "Les *Essais* et la manière de s'en servir", dans *O un Amy! Essays on Montaigne in Honor of Donald M. Frame*, éd. La Charité, Lexington, French Forum, 1977, p. 137-55.

3 Pour les rapports entre Montaigne et le lecteur, voir mon ouvrage, *Montaigne's Deceits*, et plus récemment l'essai de Terence Cave, "Problems of Reading in the *Essais*", dans *Montaigne. Essays in memory of Richard Sayce*, éds. McFarlane et Maclean, Oxford, 1982, p. 133-66.

4 Les citations des *Essais* se trouvent respectivement dans *De l'utile et de l'honneste* (III, 1, 802 B) : "J'abomine les enhortemens enragez de cette autre ame des-reiglée" ; *Sur des vers de Virgile* (III, 5, 847 et 889) : "et n'est par jugement que j'ay choisi cette sorte de parler scandaleux ; c'est Nature qui l'a choisi pour moy" ; *De l'exercitation* (II, 6, 379) et *De l'art de conferer* (III, 8, 942).

5 Simon Goulart (*Mémoires sur l'Estat de France sous Charles IX*, s. l. n. d. [Middelbourg, 1576], Préface) exprime son problème ainsi : "Quant aux choses librement dites, ie demande quel langage plus doux on pouvoit tenir, veu l'enormité des choses passées ? Sera-il donc permis aux hommes de renverser tout, et que personne n'en sonne mot ? ce n'est point faire des libelles diffamatoires d'appeler un cruel, perfide et massacreur par son nom [...] C'est raison que nous ne surmontions point le mal par le mal ; mais opposer du papier et un discours veritable aux glaives des massacreurs, ne s'appelle point impatience en bon langage".

qu'on rencontrait si fréquemment à l'époque et qu'on rapportait tout au long des pamphlets agit comme une anesthésie ; l'effet des provocations de Montaigne, appartenant franchement au "je" qui parle, est de susciter tout notre intérêt.

C'est surtout dans le contexte des guerres civiles que l'agression verbale de Montaigne se fait remarquer avec le maximum de véhémence. Dans *De la phisionomie*, il hyperbolise en alliant une violence soutenue en langage abstrait à une précision inattendue dans son évocation des cruautés corporelles infligées au nom de la justice et de la dévotion, et il invite le lecteur à participer à cette charade et même à enflammer les gens à faire pire. Il évoque, en hypothèse, un être

> [C] à qui on aye [...] persuadé qu' [en] renversant la police, le magistrat et les loix [...], [en] desmembrant sa mere et en donnant à ronger les pieces à ses anciens ennemis, [en] remplissant des haines parricides les courages fraternels, [en] appellant à son ayde les diables et les furies, [en faisant cela] il puisse apporter secours à la sacro-saincte douceur et justice de la parole divine. [B] L'ambition, l'avarice, la cruauté, la vengeance n'ont point assez de propre et naturelle impetuosité ; amorchons les et les attisons par le glorieux titre de justice et dévotion (III, 12, 1043).

Un même renversement des valeurs, exprimé par des redoublements d'adjectifs et de substantifs, se retrouve dans *De l'utile et de l'honneste*, où les vertus sont définies par des phrases qui dénotent les vices : où *devoir* c'est "une aigreur et aspreté intestine", où *courage* représente "une conduitte traistresse et malitieuse", et où *zele* constitue "une propension vers la malignité et violence"[1].

L'ironie qui résulte de la juxtaposition de telles oppositions extrêmes, qui rendent comme nulles ces valeurs morales, peut néanmoins parfois forcer l'approbation ; mais, pour la plupart, notre appréciation de l'ironie nous mène à la censure. Ainsi, dans l'*Apologie*, en nous associant à l'ironie, Montaigne semble confiant que nous allons applaudir sa critique de l'homme ridicule : "cette miserable et chetive creature" qui "se die maistresse et emperiere de l'univers" ; et de même, dans l'*Histoire de Spurina*, que nous allons accepter sa condamnation inattendue de César :

> le plus beau et le plus riche naturel qui fut onques, et a rendu sa memoire abominable à tous les gens de bien, pour avoir voulu chercher sa gloire de la ruyne de son pays et subversion de la plus puissante et fleurissante chose publique que le monde verra jamais.

Une suite de superlatifs – trois dans la première phrase, trois dans la dernière – vient appuyer la force du mot "abominable" et les deux pôles opposés "gloire"

---

1 III, 1, 793 B.

et "ruyne". Pareillement avec la conjonction de "subtile folie" et de "subtile sagesse" avec laquelle Montaigne évoque l'instable génie du Tasse, il fait appel à notre admiration ; de même, avec le panache de cette phrase paradoxale : "L'impression de la certitude est un certain tesmoignage de folie et d'incertitude extreme",[1] sachant que le jeu entre "certitude", "certain" et "incertitude" va provoquer la réflexion.

L'exagération – entassement abondant de mots qui nous entraînent plus loin qu'il ne faut – n'est point toujours limitée simplement au rôle d'engager le lecteur. Son rôle est plus étendu. Ces traits de style interviennent aussi aux moments où Montaigne ressent des doutes sur ce qu'il est en train de réclamer. Cette attitude hésitante qui, la plupart des fois, se manifeste par une accumulation extraordinaire de propos contradictoires a été étudiée surtout en ce qui concerne les observations de Montaigne sur la mort[2]. On a prêté moins d'attention à ses propos sur l'état chancelant de la France. Là, quand Montaigne se trouve face à la ruine manifeste de son pays, on a l'impression que l'hyperbole s'interpose moins pour nous éblouir par une exubérance verbale mais plutôt pour chercher à se convaincre et à se consoler d'une situation qui semble irrévocable[3].

C'est dans *De la vanité*, et dans le contexte général d'un monde "inepte à se guérir", que Montaigne contemple ce qu'il pense être la dernière période de survie pour la France – "nous avons assez duré". Il essaye de se consoler de la chute imminente de son pays par des exemples qui donnent de fortes raisons pour ne pas désespérer : il cite Platon qui avait démontré comment les polices se conservent en dépit de toutes sortes de maladies mortelles et intestines ; et il évoque d'une manière éloquente et presque convaincante l'extrême résistance de Rome à la destruction. La tentative de consolation ne fait que commencer, cependant. Ayant adopté la métaphore traditionnelle – état/corps, sujet au dépérissement – Montaigne l'abandonne pour reprendre l'idée de mutation – "les grandes mutations esbranlent l'estat et le desordonnent". A mesure que son argument avance, il commence à perdre son équilibre ; petit à petit, les propos de Montaigne glissent vers des considérations qui oscillent entre la confiance et le désespoir. L'affirmation – "tout ce qui branle ne tombe pas" –

1 Les citations sont prises respectivement de l'*Apologie* (II, 12, 450 A, 492 B, et 541 C) ; et de l'*Histoire de Spurina* (II, 33, 733 A). La conjonction d'idées opposées à effet paradoxal est une stratégie souvent employée par Montaigne (voir également *De la phisionomie*, III, 12, 1038). A ce sujet, il faudrait consulter l'article de John O'Brien, "Montaigne and the Exercise of Paradox : *Essais* III, 12", dans *Montaigne in Cambridge*, éd. Ford et Jondorf, Cambridge, 1989, p. 53-68.

2 L'analyse fut lancée par Hugo Friedrich, *Montaigne*, Paris, 1968. *Que philosopher c'est apprendre à mourir* (I, 20) offre l'exemple le plus pertinent de l'accumulation à titre de convaincre.

3 Fausta Garavini a écrit de manière très convaincante sur la fonction consolatrice des ajouts aux *Essais* ; voir son article "Allongeails ou Pansements ? La fonction des ajouts dans le texte de 1588", *Revue d'histoire littéraire de la France*, 88, 1988, p. 908-22.

est d'abord renforcée par des souvenirs évidents de son séjour à Rome ; mais, sa force est vite minée par des réflexions telles que "Or tournons les yeux par tout : tout crolle autour de nous ; en tous les grands estats [...] que nous cognoissons, regardez-y : vous y trouverez une evidente menasse de changement et de ruyne". Ainsi, le ton neutre et distancié de l'affirmation "tout ce qui branle ne tombe pas" donne place à un appel direct à un "nous" qui est censé être présent et capable de reconnaître avec Montaigne les signes d'effondrement. Le regard passe vite de "croller" à "changement" et "ruyne", et revient à la toute première hypothèse inquiétante – "nous avons assez duré". Cette opinion, visiblement, Montaigne aurait voulu l'affaiblir, d'abord par un recours à des exemples choisis pour consoler et aussi en fouillant la nature même de l'écroulement, en étudiant ses résistances à la chute et son progrès vers la destruction. Paradoxalement, l'élaboration de ses fouilles a un effet contraire ; leur détail fixe l'attention inexorablement sur les manifestations visibles de la ruine et détruit l'intention première. Les mots "innovation" et "changement" avaient suggéré d'autres mots à sens associé – mutation, ébranler, désordonner, branle, crollement, menace de changement, ruine. Au-dessous de l'argument qui essaye d'accumuler des affirmations confiantes, ces mots maintiennent l'idée d'altération et d'écroulement, et c'est à cette conclusion de ruine totale et irrémédiable qu'est mené, malgré lui, Montaigne, conclusion où les substantifs sonnants – "altération", "dissipation" et "divulsion" – rendent manifeste un redoublement d'inquiétude né de la reconnaissance d'un processus de dépérissement bien plus insidieux : "[C] le plus voysin mal qui nous menace n'est pas alteration en la masse entiere et solide, mais sa dissipation et divulsion l'extreme de noz craintes"[1].

Partout dans les *Essais*, l'invitation à participer est évidente, quels que soient les autres motifs de Montaigne. L'association de l'hyperbole et de l'ironie, nous l'avons constaté, implique le lecteur ; et parfois, elles opèrent ensemble de façon que celui qui lit est invité à reconstituer pour lui-même les personnes que Montaigne est en train d'attaquer. Rappelons l'évocation de l'armée humaine dans l'*Apologie* : les hommes de guerre splendidement équipés s'avancent sur la plaine et provoquent la terreur par leur aspect affreux – "ce furieux monstre à tant de bras et à tant de testes". Notre imagination est mise en marche. Nous voyons cette vaste armée effrayante ; mais au moment où nous nous mettons à apprécier ce spectacle, Montaigne intervient ; et, en

---

1 Toute la discussion sur l'ébranlement de l'état de France occupe les pages 959-62 dans l'essai *De la vanité*. Il serait intéressant d'étudier le nombre de fois que Montaigne amplifie le ton et enfle le souffle pour essayer de se persuader ; un bon exemple se trouve dans *De la solitude* (I, 39, 240 A) où il nous encourage aussi avec des phrases insistantes : "Faisons que nostre contentement despende de nous ; desprenons nous de toutes les liaisons [...], gaignons sur nous" ; et plus loin (242 A) : "vivons pour nous [...]. Ramenons à nous [...] préparons nous y ; plions bagage ; prenons [...] congé [...] despetrons nous". Et comme si ces encouragements ne suffisent pas, Montaigne y ajoute impérativement "Il faut".

nous rappelant ce qui habite sous cette armure étincelante et ce qui manie ces instruments de guerre qui font si peur – "c'est tousjours l'homme foyble, calamiteux et miserable. Ce n'est qu'une formilliere esmeuë et eschauffée" – il détruit l'image que nous venons de créer. La comparaison des hommes avec un tas de fourmis passionnées, actives et enflammées complète la destruction de la splendeur superficielle de notre spectacle de la guerre. Comme si la comparaison avec sa surcharge d'épithètes ne suffit pas, Montaigne ajoute ensuite dix soi-disant preuves pour défendre son attaque. Chacune vise l'homme particulier, et la liste finit par des exemples précis pris dans l'histoire romaine. En vérité, ces preuves (comme les épithètes et la comparaison) sont superflues à l'argument ; mais quels plaisirs supplémentaires pour nous dans cette élaboration des preuves de la faiblesse de l'homme :

> Un souffle de vent contraire, le croassement d'un vol de corbeaux, le faux pas d'un cheval, le passage fortuite d'un aigle, un songe, une voix, un signe, une brouée matiniere suffisent à le renverser et porter par terre. Donnez-luy seulement d'un rayon de Soleil par le visage [...] un peu de poussiere aux yeux [...] le voylà rompu et fracassé [...][1].

Une même association entre l'auteur et le lecteur assure la critique la plus aiguë des prétentions de l'homme qui s'exalte et vante ses opinions jusqu'aux cieux. Montaigne gonfle la carcasse de ce vaniteux jusqu'à ce qu'elle crève, et à mesure qu'il élabore sa peinture, il nous associe à sa démarche car nous avons certainement en tête la fable de la grenouille qui veut se faire aussi grosse que le bœuf :

> Estirons, eslevons et grossissons les qualitez humaines tant qu'il nous plaira ; enfle toy, pauvre homme, et encore, et encore, et encore :
> *Non, si tu ruperis, inquit*
> [Non pas même quand tu crèverais, dit-il][2].

L'enflure, Montaigne le dit cette fois en image, c'est la condition qui caractérise l'homme.

L'hyperbole joue un grand rôle dans cet effort de faire voir ou de réaliser une présence qui vit réellement devant nous. Voyons la manière dont il parle de la vieillesse ou comment il peint les gestes de son jugement ; les mêmes mots reviennent. Le vieillissement est saisi à merveille par un entassement de trois épithètes qui tracent le contrôle incertain dans les remuements d'un vieillard qui sont prolongés par une comparaison inattendue :

> C'est un mouvement d'yvroigne, titubant, vertigineux, informe, ou des joncs que l'air manie casuellement selon soy.

1 II, 12, 475 A.
2 L'*Apologie* (II, 12, 531 B).

De semblables mots rappellent la marche du jugement de Montaigne et de ses idées qu'il avait décrites dans *De l'institution des enfans* comme s'agissant d'un mouvement "à tastons, chancelant, bronchant et chopant"[1]. Dans les deux cas, pour concevoir la pensée de Montaigne, on n'a pas besoin de tous ces mots ; qu'elle soit prolongée par une image supplémentaire ou par des mots en surcroît indique peut-être l'indulgence d'un auteur qui cherche à aller plus loin que sa pensée et à créer des effets poétiques.

Le plaisir visible que Montaigne ressent par ces allongements d'adjectifs, formés le plus souvent à partir de participes présents, a pour effet non seulement de nous faire voir mais aussi de nous faire sentir. Cette conséquence est encore plus marquée quand il a recours aux verbes pour porter le poids de sa critique. La malice ou le vice, par exemple, ne sont pas des abstractions : ils habitent la chair, et se manifestent dans des douleurs physiques qui demeurent – "[C] La malice hume la plus part de son propre venin et s'en empoisonne. [B] Le vice laisse comme un ulcere en la chair [...] qui tousjours s'esgratigne et s'ensanglante elle mesme"[2]. L'action des verbes, leur répétition même et leur insistance emphatique font que les souffrances durent.

Plaisir, conscience de la faiblesse physique de l'homme, ainsi que certains thèmes favoris, entraînent chez Montaigne de manière simultanée un flux de mots et une satisfaction évidente. Prenons comme exemple l'élaboration du branle saisi dans ses manifestations les plus connues au début de *Du repentir* et que je me dispense d'évoquer de nouveau. A plusieurs reprises, Montaigne a tenté d'imiter par le langage ce branle qu'il observe autour de lui, que ce soit la sensation agréable de se laisser mollement rouler d'après le roulement céleste (II, 34, 741), ou le pouvoir de recréer le mouvement instable qui caractérise la condition humain. Dans *De l'inconstance de nos actions* (II, 1), bien que son objet semble être de peindre et puis de dénigrer l'éternel va-et-vient de notre inconstance, l'effet de l'étendue même de sa description de ces mouvements est tout autre. Une préoccupation linguistique profonde semble se déclarer, dont l'écho s'insinue à la fois dans le sens et dans le son des mots ; des structures se reprennent et sont entrecoupées par des citations de poésie latine tirées des auteurs les plus signalés ; et des métaphores s'amplifient d'elles-mêmes comme les flots qu'elles absorbent. La marche de nos inclinations est variable :

1 *De la vanité* (III, 9, 964 C) et *De l'institution des enfans* (I, 26, 146 A). Il faudrait aussi comparer la phrase dans *Sur des vers de Virgile* (III, 5, 896 B) : "Voyez comme il va chancelant, choppant et folastrant".

2 *Du repentir* (III, 2, 806) ; l'élément corporel est souligné davantage plus loin dans ce passage où Montaigne note, "comme le froid et le chaut des fiévres est plus poignant que celuy qui vient du dehors".

> [A] [nous allons] à gauche, à dextre, contre-mont, contre-bas, selon que le vent des occasions nous emporte [...] Ce que nous avons à cett'heure proposé, nous le changeons tantost, et tantost encore retournons sur nos pas : ce n'est que branle et inconstance,
> *Ducimur ut nervis alienis mobile lignum* [Horace]
> Nous n'allons pas ; on nous emporte, comme les choses qui flottent, ores doucement, ores avecques violence, selon que l'eau est ireuse ou bonasse :
> [B] *nonne videmus*
> *Quid sibi quisque velit nescire, et quaerere semper,*
> *Commutare locum, quasi onus deponere possit ?* [Lucrèce]
> [A] Cháque jour nouvelle fantasie, et se meuvent nos humeurs avecques les mouvemens du temps,
> *Tales sunt hominum mentes, quali pater ipse*
> *Juppiter auctifero lustravit lumine terras.* [Cicéron traduisant Homère]
> [C] Nous flottons entre divers advis : nous ne voulons rien librement, rien absoluëment, rien constamment (II, 1, 333).

Ces trois derniers adverbes, forts et résonnants, dont le sens est nié résolument à chaque coup, jettent une lumière rétrospective sur l'écoulement perpétuel que Montaigne vient d'évoquer avec tant de saveur, et avec l'aide des poètes anciens qu'il admire[1]. C'est comme un enchantement, ces flots d'inconstance qui attirent Montaigne, et qu'il transmet avec un lyrisme presque amoureux.

Ce même thème de flottement est repris à la fin de l'essai *De la vanité*, cette fois à travers la voix de l'oracle de Delphes. Sur un ton qui touche, Montaigne amplifie énormément à partir des mots prononcés à l'origine, “Regardez dans vous”. La découverte et l'élaboration vont ensemble. La commande – “Regardez dans vous” – est répétée trois fois ; et un équilibre incertain s'établit entre les demandes de se resserrer et les faits d'écoulement :

> vous vous escoulez, vous vous repandez ; appilez vous, soutenez vous ; on vous trahit, on vous dissipe, on vous desrobe à vous.

Avec le bon mot qui baptise l'homme “le badin de la farce”, Montaigne semble laisser suspendue en l'air la résolution de ce mouvement perpétuel[2].

---

[1] D'autres passages qui développent les mêmes préoccupations sont assez nombreux ; voir en particulier, l'ouverture célèbre de *Du repentir* (III, 2, 804-5) et l'*Apologie* (II, 12, 601 A) : “Et nous, et nostre jugement, et toutes choses mortelles, vont coulant et roulant sans cesse. Ainsin il ne se peut establir rien de certain de l'un à l'autre, et le jugeant et le jugé estans en continuelle mutation et branle”.

[2] *De la vanité* (III, 9, 1001 B). L'irrésolution cache le sentiment désespéré qui se révèle chez Montaigne ; pourtant, dans *De mesnager sa volonté*, où les ravages du temps arrivent à le pénétrer, la profondeur est traduite par des exagérations reprises : “Mon monde est failly, ma forme est vuidée ; je suis tout du passé [...]. Le temps me laisse ; sans luy rien ne se possede [...]. Mais aussi, au delà de ces limites [celles de l'accoutumance], ce n'est plus que confusion” (III, 10, 1010-11 C-B).

Ici, comme ailleurs, ressort le contentement goûté par Montaigne quand il prononce ou répète certains mots. Et ce contentement se communique. Rappelons sa manière de se distinguer des autres dans *De la praesumption* :

> Chacun regarde devant soy ; moy, je regarde dedans moy : je n'ay affaire qu'à moy, je me considere sans cesse, je me contrerolle, je me gouste. Les autres vont tousjours ailleurs [...] ; moy je me roulle en moy mesme.

Un vocable frappe par dessus les autres – la syllabe *moy* répétée à travers toute la phrase, syllabe mise en relief aussi par le *je* qui revient (le *je* qui "me gouste"), et à son tour la conjonction *je* et *goûter* signale le contentement et prépare le point culminant – "moy, je me roulle en moy mesme" : affirmation qui retient *moy* au centre et qui, par le système d'échos de son et de sens et par le jeu d'association que Montaigne favorise, rappelle la sensation agréable évoquée deux pages plus tôt, celle de se laisser mollement rouler d'après le roulement céleste[1].

Le plaisir que Montaigne goûte en créant devant nous les gestes qui sont les siens n'est pas tout intellectuel ; son effet est corporel, et les mots sont prononcés comme s'ils sont dignes d'être croqués. Les idées ou les souvenirs se manifestent à travers des associations physiques mais très raffinées ; les pensées qui viennent pendant le sommeil sont reçues par l'âme en songe comme un doux contact physique, un frôlement : "ce que l'ame y prestoit, c'estoit en songe, touchée bien legierement, et comme lechée seulement et arrosée par la molle impression des sens"[2]. Des termes semblables qui dénotent une même satisfaction à manier et à goûter les mots, reviennent sous sa plume quand il analyse ses emprunts des arguments de ses prédécesseurs, et où, encore une fois, l'abstrait de l'argument est transformé, soumis à un processus physique de l'essayage : "j'en prens un tantost à lecher seulement, tantost à effleurer ; et parfois à pincer jusqu'à l'os". On reconnaît ici la main qui roule tant de sujets virtuels entre ses doigts[3]. Il n'est pas étonnant alors que, tenté à ce point, Montaigne succombe à l'hyperbole.

Au début de ce travail, en citant deux définitions de l'hyperbole élaborées par des spécialistes en rhétorique, j'ai attiré l'attention en particulier sur la nécessité d'être prudent dans l'emploi de cette figure afin de *faire croire*. Si être prudent se définit par un emploi rare de l'exagération et de l'emphase, alors Montaigne ne l'a certainement pas été. Il aime entasser, laisser divaguer les

---

1 *De la praesumption* (II, 17, 657-8 A) ; les échanges entre le roulement personnel et celui des sphères célestes se trouvent à la page 656.

2 *De l'exercitation* (II, 6, 376 A).

3 *De Democritus et Heraclitus* (I, 50, 302 C). Il est à remarquer que le ton de l'essai passe rapidement de l'humble suivant qui se tient à la rive quand les sujets difficiles s'annoncent, à l'écrivain confiant qui, en élaborant sa pensée, manie la langue et choisit les arguments à son vouloir.

mots à leur gré, les superposer. Cet amour n'est point exprimé sans contrôle ; il a été grand lecteur, et fut très conscient de ses prédécesseurs, et surtout conscient des singularités de son propre style. Avec raison, on a souligné son talent comme critique littéraire[1] ; et on sait depuis longtemps sa profonde connaissance des traditions rhétoriques[2]. Visiblement, il a suivi Quintilien dans l'avis que "le grand secret pour toucher les juges, c'est que nous soyons touchez nous-mêmes"[3] ; et s'il a connu Longin (ce qui est probable)[4], il a reconnu avec lui que pour atteindre au sublime, il faut faire sentir ses transports[5].

L'étude de l'hyperbole dans les *Essais* a fait ressortir à quel point l'écrivain Montaigne était ambitieux, entraîné volontairement par ses mots qui coulaient si facilement. L'étude a mis en relief quelques-uns des effets de sa propre manière d'écrire que Montaigne a admirés chez les grands auteurs du passé : faire sentir, faire croire, et faire participer à la création des phrases et des idées comme le demandent les poètes, effets que les auteurs de rhétorique attribuaient à l'emploi savant de l'hyperbole. Montaigne préférait Sénèque à Cicéron parce que ce dernier est languissant tandis que le premier est tout enflammé[6]. Quand il commente les vers de Virgile, Montaigne les loue non pas parce que "c'est bien dire", mais parce que "c'est bien penser", c'est-à-dire les esprits les plus forts sont remplis et ravis par l'effet de ces vers[7] ; c'est la capacité d'émouvoir qui compte et non pas un étincellement superficiel qui attire d'abord et qui lasse.

Imitant Horace, Montaigne veut aussi avec saveur et avec amour, accumuler, "crochetter" et "furetter" le magasin des mots et des figures car, ce qu'il a à dire est également outre l'ordinaire[8] ; ses conceptions demandent un style grossissant et une fabrique comme celle de Plutarque qui donne corps,

---

1 Voir l'article de Dorothy G. Coleman, "Montaigne's Text : *Neglegentia Diligens*", dans *Montaigne in Cambridge*, p. 103-14.

2 Voir Marc Fumaroli, "Michel de Montaigne ou l'éloquence du for intérieur", dans *Les Formes brèves de la prose et le Discours discontinu (XVIe-XVIIe siècles)*, éd. J. Lafond, Paris, 1984, p. 27-50 ; et mon ouvrage, *Montaigne's Deceits*.

3 Quintilien, *éd. cit.*, p. 383.

4 Voir l'argument convaincant de Dorothy G. Coleman, "Montaigne and Longinus", *Bibliothèque d'Humanisme et Renaissance*, XLVII, 1985, p. 405-13. Il est possible qu'il ait connu les effets du sublime à travers des auteurs intermédiaires : voir dans ce volume la communication de Michel Magnien, "Montaigne et le sublime dans les *Essais*".

5 J'ai utilisé l'édition de Sainsbury. *On the Sublime*, livre I, ch. 4, parle de l'effet de l'hyperbole : "The effect of decorated language upon an audience is not persuasion but transport".

6 *De la colere* (II, 31, 716).

7 *Sur des vers de Virgile* (III, 5, 873) ; il faudrait aussi consulter le commentaire sur cet essai de Michel Jeanneret dans sa conclusion dans *Des Mets et Des Mots*, p. 249-71.

8 En parlant d'Horace, Montaigne écrit : "Il voit plus cler et plus outre dans la chose ; son esprit crochette et furette tout le magasin des mots et des figures pour se représenter ; et les luy faut outre l'ordinaire, comme sa conception est outre l'ordinaire" (III, 5, 873 B).

"non plus de vent, ains de chair et d'os", à tant de menues pensées qui se présentent[1].

Néanmoins, bien qu'il clarifie l'effet recherché par rapport aux auteurs anciens, à Plutarque ou à Sénèque par exemple, son style n'est pas le leur[2]. Il a admiré leur feu ; leur manière concise et serrée suscitait son envie ; leur substance riche et rénovable provoquait ses éloges, mais sa propre façon était plus lâche et dégagée. Elle venait de cette tendance naturelle pour l'élaboration et l'exagération qu'il avait et dont il était parfaitement conscient ; elles faisaient partie intégrante de son projet d'éveiller le lecteur et d'engager son imagination.

A la fin de l'*Art de conferer*, Montaigne révèle une attitude un peu ambiguë envers certaines finesses verbales qu'il laisse consciemment courir à l'aventure : "Je voys qu'on s'honore de pareilles choses. Ce n'est pas à moy seul d'en juger"[3]. Tout en semblant se critiquer, il laisse le chemin ouvert pour nos louanges, et peut-être devina-t-il que nous allions rappeler en même temps comment il avait admiré chez Platon cette même grâce merveilleuse et si savante à se laisser ainsi "rouler au vent, ou à le sembler"[4].

Margaret M. McGOWAN
University of Sussex.

---

1 *Du démentir* (II, 18, 665).

2 En discutant l'admiration de Montaigne pour Sénèque et Plutarque et pour leur style serré et condensé, Lawrence Kritzman (*Destruction/Découverte : le fonctionnement de la rhétorique dans les "Essais" de Montaigne*, Lexington, French Forum, 1980, p. 100-1), donne l'impression que le style de Montaigne est calqué sur le leur. Il me semble que Montaigne reconnaît que le sien n'est pas dans ce moule ; au contraire.

3 *De l'art de conferer* (III, 8, 943 C).

4 *De la vanité* (III, 9, 994 C).

IV

L'HERMENEUTIQUE

L'ÉNERGIE DU "LANGAGE COUPÉ" ET LA CENSURE ÉDITORIALE

Lewis Carroll a plaisamment loué le logicien Goclénius d'avoir eu plus que personne "le don d'entrevoir l'évidence"[1]. Je placerais volontiers la présente communication sous le patronage de ce Goclénius, et aussi sous celui, non de Lewis Carroll lui-même, ce qui serait présomptueux, mais de sa Tortue qui, faute d'avoir distancé Achille, le conduit, d'évidence en évidence, dans le labyrinthe sans issue d'un métalangage qui s'ignore[2]. Tout mon dessein se réduit en effet à exposer des faits patents, puis à tenter de comprendre comment ils ont pu passer inaperçus ainsi que la censure qui les frappait. Quant à chercher l'issue, c'est une autre affaire.

Commençons par les évidences. Il suffit de feuilleter, même distraitement, l'Exemplaire de Bordeaux, pour constater que Montaigne y a disséminé des milliers de retouches autographes qui affectent la segmentation des énoncés par ponctuation et emploi de majuscules. De plus, cette constatation est corroborée par les consignes inscrites de la main de Montaigne sur la page de garde, à l'adresse du futur imprimeur :

> [C']est un langage coupé/qu'il n'espargne les poincts & lettres majuscules. Moimesme ai failli [sou]vant a les oster & a mettre des comma ou il faloit un poinct[3].

Et la fonction des "lettres majuscules" en question est précisée par une autre de ces prescriptions, qui tend à limiter l'emploi des graphies emphatiques :

> [N]e mettez en grande lettre que les noms propres ou au moins ne [di]versifiez pas come en cet examplere que un mesme mot soit tantost en grande [let]tre tantost en petite.

– les majuscules ne seront donc pas utilisées pour privilégier des mots (selon un usage d'ailleurs courant chez les imprimeurs jusqu'à la fin du XVIIIe siècle : le Royaume, les Lois, les Magistrats...), mais pour marquer des coupures dans la chaîne des énoncés ; en d'autres termes, elles auront une

---

1 *Symbolic Logic*, part I, trad. Gattegno et Coumet (*Logique sans peine*, Hermann, 1966, p. 218). Goclénius a montré que les sorites aristotéliens sont rétrogradables.

2 "What the Tortoise said to Achilles", trad. Gattegno et Coumet, éd. citée, p. 241-246, et commentaire par E. Coumet, p. 281-288.

3 *Essais*, reproduction en phototypie de l'Exemplaire de Bordeaux, Paris, Hachette, 1912, planche 2 (mêmes références pour la citation suivante). Cet ouvrage sera désigné ci-après par les initiales E. B.

fonction syntaxique, que je désignerai ici sous le terme de “scansion” pour la distinguer de la “ponctuation” proprement dite.

Les exigences de l'écrivain sont formulées de façon explicite, comme on voit, et confirment les intentions lisibles dans ses retouches. Tout est clair. Trop clair, sans doute, et jusqu'à éblouir ; car voici maintenant l'énigme : depuis quatre cents ans, ce sont lettres mortes. Ces prescriptions de Montaigne n'ont jamais été respectées. Ces signes autographes de segmentation n'ont jamais été imprimés. Et personne, à ma connaissance, n'a jamais trouvé étrange que les plus méticuleux érudits ne s'en soient jamais souciés – sans parler de ceux que scandalise la seule idée de voir paraître une édition tout simplement conforme à l'original.

Inutile d'exposer davantage les motifs d'étonnement, ou d'en mesurer la naïveté. Mieux vaut en tirer une hypothèse de travail : il doit y avoir quelque chose de radicalement insolite dans les procédés de segmentation mis en œuvre par Montaigne – quelque chose qui à la fois caractériserait son “langage coupé” et le rendrait intolérable, en son état brut, aux esprits façonnés par les codes de l'écriture classique et moderne, et enclins à détourner pudiquement le regard devant les audaces d'un vrai maître du langage.

C'est bien le cas. Pour l'établir selon une méthode rigoureuse, il faudrait dresser la typologie des segmentations pratiquées dans les *Essais*, ce qui requerrait des dizaines d'analyses et rendrait l'exposé interminable. Je me bornerai à indiquer la voie d'après quelques échantillons, en insistant sur ceux qui font difficulté et, de ce fait, pourraient expliquer – mais sans la justifier – la convention tacite de censure qui les dérobe aux lecteurs. Mais, au préalable, quelques mots sur un exemple amusant : une retouche autographe qui segmente la déclaration bien connue de Montaigne sur son indifférence envers la ponctuation. Celle-ci se trouve dans le chapitre *De la vanité* ; en voici la transcription exacte :

> Ie ne me mesle, n'y d'ortografe, & ordonne seulement qu'ils suiuent l'ancienne ; **N**y de la punctuation : ie suis peu expert en l'vn & en l'autre[1].

Dans son remarquable article sur les hyperbates de Montaigne, Françoise Charpentier cite cette phrase en note, et précise : “On ne peut dire ici qu'il y ait une hyperbate, parce que le second membre (“ny de la punctuation”) est

---

[1] III, 9, E. B. pl. 877. Dans ce passage comme dans ceux qui seront cités et analysés ci-après, les signes de ponctuation et caractères inscrits en surcharge du texte imprimé (ou d'une première retouche) sont imprimés en **caractères gras**. On comparera utilement ces transcriptions avec l'édition procurée par Villey et Saulnier (PUF, 1965), choisie ici comme exemple des publications modernes d'usage courant, mais de bon niveau scientifique. A cette fin, les références à la pagination de cette édition suivront les références aux planches de la reproduction de l'Exemplaire de Bordeaux.

toute espeçe d'humilité & de supplication, de l'appaiser, se resolut à toute extremité de l'attendre l'espee au poing. Cette sienne resolution arresta sus bout la furie de son maistre, qui pour luy auoir veu prendre vn si honorable party, le receut en grace. Cet exemple pourra souffrir autre interpretation de ceux, qui n'auront leu la monstrueuse force & vaillance de ce Prince là. L'Empereur Conrad troisiesme, ayant assiegé Guelpho Duc de Bauieres, ne voulut condescendre à plus douces conditions, quelques viles & laches satisfactions qu'on luy offrit, que de permettre seulemēt aux gentils-femmes qui estoyent assiegées auec le Duc, de sortir leur honneur sauue à pied, auec ce qu'elles pourroyent emporter sur elles. Elles d'vn cœur magnanime s'auiserēt de charger sur leurs espaules leurs maris, leurs enfans & le Duc mesme. L'Empereur print si grād plaisir à voir la gentillesse de leur courage, qu'il en pleura d'aise; & amortit toute cette aigreur d'inimitié mortelle & capitale, qu'il auoit portée contre ce Duc: & dés lors en auant le traita humainement luy & les siens. L'vn & l'autre de ces deux moyens m'emporteroit aysemēt, car i'ay vne merueilleuse lascheté vers la misericorde & le pardon: tant y a qu'à mon aduis, ie serois pour me rendre plus naturellement à la compassion, qu'à l'estimation: si est la pitié, passion viticuse aux Stoiques: ils veulent qu'on secoure les affligez, mais non pas qu'on flechisse & compatisse auec eux. Or ces exemples me semblēt plus à propos, d'autāt qu'on voit ces ames assaillies & essayées par ces deux moyens, en soustenir l'vn sans s'esbranler, & flechir sous l'autre. Il se peut dire, que de se laisser aller à la compassion & à la pitié, c'est l'effect de la facilité, debōnaireté, & mollesse, d'où il aduient que les natures plus foibles, comme celles des femmes, des enfans, & du vulgaire y sont plus subiectes; mais ayant eu à desdaing les larmes & les pleurs, de se rendre à la seule reuerence & respect de la saincte image de la ver-

annoncé par le premier "ny" : pas d'effet d'ajout ni de surprise"[1]. C'est exact ; mais cette remarque même trahit le sentiment que quelque chose ici ressemble à une hyperbate, rajout d'un énoncé après achèvement apparent d'une unité d'expression. Or, justement, Montaigne accentue cet effet, par un procédé de segmentation : il transforme la virgule en point-virgule après "... l'ancienne", et surcharge d'une majuscule le second "ny", ce qui détache le dernier complément, tend à l'isoler en dépit de la corrélation "ny... ny" (désormais dissymétrique) et augmente l'impression d'inattendu créée d'abord par le rythme syntaxique. Autre détail, plus drôle peut-être que significatif : au début de la phrase, Montaigne a laissé passer une faute d'orthographe : "ie ne me mesle, *n'y* d'orthographe"[2] ; il corrige au contraire la ponctuation, et de façon expressive pour la fin : " ; Ny de la punctuation".

Mais cessons de plaisanter, pour passer à des cas plus nets de segmentations par majuscules qui paraissent déranger l'articulation syntaxique – celles que l'on serait tenté de corriger, donc les plus insolites, et les plus significatives. Tel est le début du chapitre III du Livre I :

> Ceux qui accusent les hommes d'aller tousiours beant apres les choses futures, Et nous aprennent à nous saisir des biens presens, & nous rassoir en ceux-là, comme n'ayant aucune prise sur ce qui est à venir, voire assez moins que nous n'auons sur ce qui est passé, touchent la plus commune des humaines erreurs : S'ils osent appeler erreur, chose à quoy nature mesme nous achemine, pour le seruice de la continuation de son ouurage[3].

Deux majuscules sont placées à l'intérieur d'une phrase, la première après virgule, la seconde après deux-points, et toutes deux à l'initiale de syntagmes indissociables des propositions contextuelles (si bien que l'on ne peut pas rendre le passage conforme à nos règles en transformant les ponctuations faibles en points). Cette double anomalie marque les inflexions du texte :

– le premier énoncé ainsi segmenté, "Et nous apprennent...", est la transposition positive de l'expression précédente : après le reproche est donné le précepte, à saisir comme une nouvelle formulation, un nouveau début de phrase ;

– le second énoncé est en subordination, juste après la proposition principale à valeur et à rythme conclusifs : "... touchent la plus commune des humaines erreurs : S'ils osent appeler erreur...". C'est une *correctio*, et

---

1 "L'hyperbate : une maîtresse forme du troisième allongeail", dans *Montaigne et les "Essais"*, actes du Congrès de Paris (1988) réunis par Cl. Blum, Champion, 1990, p. 239-347 ; texte cité p. 246, note 5.

2 Dans la discussion, P. Desan a fait observer que cette graphie se rencontre parfois au XVIe siècle, pour le premier terme d'un couple de "ny". Mais je ne l'ai pas encore rencontrée ailleurs dans l'E. B. Quant à la graphie "ortografe", à l'italienne, elle est courante et ne saurait être considérée comme fautive. Dommage.

3 I, 3, E. B. pl. 10 ; PUF p. 15.

comme un "ravisement" qui jette le doute sur le précepte banal, et fait problème : ainsi est marqué le vrai point de départ de la méditation greffée après 1580 sur les exemples répertoriés dans la première version.

Cette fonction inaugurale de la segmentation par majuscules est attestée de façon encore plus nette dans des passages de transition. Par exemple au début du chapitre *Des prieres* (I, 56), lorsque Montaigne, après quelques formules de modestie et de soumission au magistère ecclésial, en vient à son propos :

> Et pourtant me remettant tousiours à l'authorité de leur censure, qui peut tout sur moy, je me mesle ainsin temerairement à toute sorte de propos : Comme icy. Ie ne sçay si ie me trompe, Mais puis que par vne faueur particuliere de la bonté diuine [...][1].

La première majuscule en surcharge, "Comme icy", détache la formule de comparaison et interdit de la lire en simple complément de la proposition précédente ; pour une lecture à haute voix, elle oblige à placer un accent sur "comme". Quant à la majuscule de "Mais" (en surcharge aussi, avec transformation par rature du deux-points après "trompe" en simple virgule), elle marque le vrai début du propos, faisant de la proposition "Je ne sçay si je me trompe" une sorte d'abrégé du préambule, et comme un palier d'élan.

Un peu plus loin, dans le même chapitre, une majuscule interne sépare, à la fin de la phrase, le syntagme qui pose le problème :

> I'auoy presentement en la pensée, d'où nous venoit cett'erreur, de recourir à Dieu en tous nos desseins & entreprinses, & l'appeller à toute sorte de besoing, & en quelque lieu que nostre foiblesse veut de l'aide, Sans considerer si l'occasion est iuste ou iniuste[2].

Un tel procédé peut évidemment être employé à tout moment, dans le corps du texte, pour marquer ou souligner une inflexion. Ainsi dans le chapitre *De la phisionomie* (III, 12), pour commenter le discours de Socrate devant l'Héliée :

> Si quelqu'un estime, que parmy tant d'autres exemples que i'auois à choisir pour le seruice de mon propos, ès dicts de Socrates, i'aye mal trié cettuy-cy, & qu'il iuge ce discours estre esleué au dessus des opinions communes, Je l'ay faict à escient : Car ie iuge autrement, Et tiens, que c'est un discours, en rang, & en naïfueté, bien plus arriere, & plus bas, que les opinions communes[3].

– La structure syntaxique rattachait au début de la phrase, en un tour pseudo-conditionnel, la proposition "Je l'ay faict à escient" ; la majuscule l'isole, logiquement, accentuant l'effet de surprise de la décision paradoxale ; après

1 I, 56, E. B. pl. 265 ; PUF p. 318.
2 E. B. pl. 266 ; PUF p. 318.
3 III, 12, E. B. pl. 959 ; PUF p. 1054.

telles autres qualitez voisines. Il y a des beautez, nõ fieres seulement; mais aygres; il y en a d'autres douces, & encores au dela, fades. D'en prognostiquer les auantures futures, ce sont questions que ie laisse indecises. I'ay pris comme i'ay dict ailleurs, bien simplement & cruement, pour mõ regard, ce precepte ancien; que nous ne sçaurions faillir à suiure nature: que le souuerain precepte c'est de se conformer à elle. Ie n'ay pas corrigé comme Socrates, par institution, & force de la raison, mes complexions naturelles, & n'ay aucunemẽt troublé par art mon inclination. Ie me laisse aller, comme ie suis venu, Je ne combats rien, Mes deux maistresses pieces viuent de leur grace en pais & bon accord. Mais le lait de ma nourrice a esté Dieu mercy mediocrement sain & temperé. I'ay vn visage fauorable & en forme & en interpretation,

Quid dixi habere me? Imo habui Chreme,

Heu tantum attriti corporis ossa vides,

& qui faict vne contraire montre à celuy de Socrates. Il m'est souuant aduenu, que sur le simple credit de mon port & de mon air, des personnes qui n'auoyent aucune cognoissance de moy, s'y sont grandement fiées; soit pour leurs propres affaires, soit pour les miennes, & en ay tiré és pays estrangiers des faueurs singulieres & rares. Mais ces deux experiences valent à l'auanture, que ie les recite particulierement. Vn quidam, delibera de surprendre ma maison & moy: son art fut, d'arriuer seul à ma porte, & d'en presser vn peu instamment l'entrée. Je le cognoissois de nom, & auois occasion de me fier de luy, comme de mon voisin & aucunement mon alié. Ie luy fis ouurir, Le voicy tout effroyé, son cheual hors d'haleine, fort harassé. Il m'entretint de cette fable, qu'il venoit d'estre rencontré à vne demie lieuë de la, par vn sien ennemy, lequel ie cognoissois aussi, & auois ouy parler de leur querelle: que cet ennemy luy auoit merueilleusement chaussé les

quoi le "jugement" qui motive celle-ci est annoncé, puis exprimé avec ses attendus, les majuscules placées à l'initiale des propositions relançant à chaque fois le mouvement rhétorique. Ce genre de scansion, qui à la fois affermit et avive l'expression, est utilisé fréquemment pour accroître la véhémence des formules par lesquelles Montaigne affirme ses choix éthiques, et leur singularité. Ainsi au sujet de sa loyauté, réputée contraire aux usages, dans les relations amoureuses :

> C'est contre la forme, **M**ais il est vray pourtant, que i'ay en mon temps conduict ce marché, selon que sa nature peut souffrir, aussi conscientieusement qu'autre marché, & auec quelque air de iustice : **Et** que ie ne leur ay tesmoigné de mon affection, que ce que i'en sentois, **Et** leur en ay representé naïfuement, la decadence, la vigueur, & la naissance, les accez & les remises[1].

– La concession initiale est réduite à sa fonction de préambule rapide, et comme le palier d'appui, avant l'attaque sur "Mais il est vray..." ; et l'élan est réitéré, plus loin, par les majuscules de scansion qui marquent les degrés d'une sorte de surenchère de sincérité.

Il est possible de tirer de ces quelques exemples une première conclusion, partielle, mais relativement importante : le "langage coupé" des *Essais* est caractérisé par des élans plutôt que par des arrêts ; en d'autres termes, les "coupures" y sont marquées par ce qui signale le commencement d'un énoncé (la majuscule) plutôt que par ce qui signale la fin du précédent (le point). Telle est la raison de la fréquence des majuscules de scansion après ponctuation faible – non seulement après les deux-points, ce qui est assez courant au XVIe siècle, mais aussi après les virgules, ce qui est exceptionnel, sinon même proscrit à toute époque. Telle est aussi la singularité qui écarte ce style des conventions de la rhétorique traditionnelle.

Car la coutume est de considérer la ponctuation, quels qu'en soient les instruments, comme marquant la fin des énoncés ; ce qui revient à concevoir l'acte d'énonciation comme destiné à s'achever sur un mouvement conclusif. Ce présupposé est commun aux modèles accrédités de l'art oratoire ; il est aisément décelable dans la période cicéronienne, avec protase, akmé et apodose privilégiée par sa clausule rythmique : le mouvement ascendant crée une attente, qui doit être satisfaite au terme du mouvement descendant, de manière que la phrase puisse se clore sur son dernier mot. Une semblable préoccupation transparaît dans le modèle concurrent, de la sentence terminée sur l'expression frappante, ou rendue compacte par sa symétrie, ou sa brièveté. Dans tous les cas, la coupure est péremptoire, et réclame l'acquiescement. Montaigne, lui, inscrit dans son texte une tout autre conception du discours, ou plutôt des propos : l'achèvement y compte moins que l'élan qui inaugure

---

1 III, 5, E. B. pl. 806 ; PUF p. 889.

le mouvement ou la reprise qui le fait rebondir et le prolonge ; les clôtures deviennent ainsi comme provisoires, susceptibles d'être transgressées par des sortes d'hyperbates à l'échelle de la phrase entière. Ce trait spécifique de son langage, que Françoise Charpentier a su distinguer dans des tours stylistiques[1], est rendu immédiatement lisible par les retouches de scansion portées sur l'Exemplaire de Bordeaux.

L'énergie du "langage coupé", sa dynamique interne, est ainsi aux antipodes du discours péremptoire comme du balbutiement hésitant ; c'est celle d'une parole "brusque", audacieuse, portée à dépasser ses propres limites. J'en prendrai pour formule, et en même temps pour nouvel exemple à étudier, un passage bien connu du chapitre *De l'expérience* :

> Ce n'est rien que foiblesse particuliere qui nous faict contenter de ce que d'autres, ou que nous-mesmes auons trouué en cette chasse de cognoissance. Un plus habile ne s'en contentera pas. Il y a tousiours place pour un suyuant. Ouy et pour nous mesmes, & route par ailleurs. Il n'y a point de fin en nos inquisitions : Nostre fin est en l'autre monde. C'est signe de racourciment d'esprit quand il se contente : ou de lasseté. Nul esprit genereux ne s'arrete en soi, Il pretend tousiours & va outre ses forces. Il a des eslans au dela de ses effects. S'il ne s'avance et ne se presse et ne s'accule et ne se choque, il n'est vif qu'à demi. Ses poursuites sont sans terme, & sans forme : Son aliment, c'est admiration chasse ambiguité : Ce que declaroit assez Apollo, parlant tousiours à nous doublement, obscurement & obliquement, Ne nous repaissant pas, mais nous amusant & embesongnant[2].

La première phrase (délimitée après coup, par point et majuscule en surcharge – ".Un" – à la troisième ligne) est construite selon les règles, avec une clausule à deux membres égaux, analogues à des péons quatrièmes ("en cette chass(e)/de cognoissanc(e)"). Le mouvement des deux sentences brèves qui suivent est accéléré par une relance, due à l'addition manuscrite en interligne, dont la ponctuation est soigneusement marquée (". Ouy" – il est très rare que Montaigne prenne ainsi la peine d'inscrire un point entre le signe d'insertion et la phrase ajoutée). La même cadence rapide anime l'addition marginale ("Nul esprit [...] qu'à demi." – on remarquera l'hyperbate "ou de lasseté", détachée par deux-points, et la majuscule de scansion après virgule, "Il pretend") ; puis deux formules d'allure conclusive (avec groupes binaire et ternaire, dans leur dernier état) sont taillées dans le texte imprimé par

[1] Cf. la conclusion de son article cité plus haut : l'hyperbate "oppose au style clos et structuré si frappant dans les premiers essais un style ouvert [...]. Cette rupture voulue du propos, "marqueterie mal jointe", [...] cette attention aux tressaillements les plus inattendus de sa pensée, voire de son être guetté dans son "passage" [...] tout cela est l'expression [...] des intentions fortes qui guident la poursuite des *Essais* après 1588 : refus de laisser la pensée se durcir et se fermer, refus du dogmatisme, désir d'épouser au plus près le mouvement de la vie même" (p. 245-246).

[2] III, 13, E. B. pl. 971-972 ; PUF p. 1068.

mon innocence. Ie me hazarderois à vne telle iustice, qui me reconneut du bien faict, comme du malfaict, ou i'eusse autant à esperer, que à craindre. L'indemnité, n'est pas monnoye suffisante, à vn homme, qui n'est pas seulement exempt de malfaire, mais qui faict mieux que les autres. Nostre iustice ne nous presente que l'vne de ses mains, & encore la gauche: Quiconque il soit, il en sort auecques perte. Nul iuge n'a encore, Dieu mercy, parlé à moy comme iuge, pour quelque cause que ce soit, ou mienne, ou tierce, ou criminelle, ou ciuile : Nulle prison m'a receu, non pas seulement pour m'y promener. L'imagination m'en rend la veue mesme du dehors, desplaisante. Ie suis si affady apres la liberté, que qui me deffenderoit l'accez de quelque coin des Indes, i'en viuroys aucunement plus mal à mon aise. Et tant que ie trouueray terre, ou air ouuert ailleurs, ie ne croupiray en lieu, où il me faille cacher. Mon Dieu, que mal pourroy-ie souffrir la condition, ou ie vois tant de gens, clouez à vn quartier de ce Royaume, priués de l'entrée des villes principalles, & des courts, & de l'vsage des chemins publics, pour auoir querellé nos loix. Si celles que ie sers me menassoient seulement le bout du doigt, ie m'en irois incontinent en trouuer d'autres, ou que ce fut. Toute ma petite prudence en ces guerres ciuiles ou nous sommes, s'employe à ce, qu'elles n'interrompent ma liberté d'aller & venir. Or les loix se maintiennent en credit, non par ce qu'elles sont iustes, mais par ce qu'elles sont loix. C'est le fondement mystique de leur authorité : Elles n'en ont poinct d'autre. Et quiconque obeyt à la loy, par ce qu'elle est iuste, ne luy obeyt pas iustement par ou il doibt. Les nostres françoises prestent aucunement la main, par leur desreiglement & deformité, au desordre & corruption qui se voit en leur dispensation, & execution. Le commandement est si trouble &

majuscules et surcharge ("Ses poursuites [...] : Son aliment [...]"). Mais le mouvement est encore relancé par une remarque subsidiaire, détachée par le même procédé ("Ce que declaroit [...]") et enfin, beaucoup plus énergiquement, par la majuscule de scansion qui transgresse la syntaxe de la phrase pour privilégier les trois derniers participes – ceux qui créent la surprise, en faisant surgir l'image inquiétante d'un dieu qui leurre les hommes : "Ne nous repaissant pas, mais nous amusant & embesongnant". L'ensemble laisse l'impression d'un perpétuel effort de dépassement : les élans du langage miment ceux de l'"esprit genereux".

De tels effets peuvent être réalisés à plus petite échelle, pour souligner des surenchères d'hyperboles, comme dans la caricature des personnages imbus de leurs fonctions (III, 10) :

> I'en vois qui se transforment & se transsubstantient, en autant de nouuelles figures, & de nouueaux estres, qu'ils entreprennent de charges : **Et** qui se prelatent iusques au foye & aux intestins : **Et** entreinent leur office iusques en leur garderobe[1].

Ici encore la scansion par majuscules fait violence à la syntaxe : elle détache une subordonnée relative ("Et qui...") puis, à l'intérieur de celle-ci, un groupe verbal coordonné ("Et entreinent..."). Dans ces conditions, peu importe que la ponctuation correspondante prenne forme de deux-points ou de virgules : l'anomalie est irréductible, et la vigueur de l'expression n'en ressort que mieux. Cet aspect du procédé ne doit pas être sous-estimé (en vertu des clichés habituels sur la négligence ou la désinvolture de l'essayiste). Il permet de dynamiser par remodelages insolites des phrases d'allure tout à fait classique à l'origine, sans en changer un seul mot. Tel est l'effet des retouches que reçoit une énumération des motifs de consentement ou d'aspiration à la mort (I, 14) :

> D'enfiler icy vn grand rolle de ceux de tous sexes & conditions & de toutes sectes ès siecles plus heureux, qui ont ou attendu la mort constamment, ou recherchée volontairement ; **Et** recherchée non seulement pour fuir les maux de cette vie, **M**ais aucuns pour fuir simplement la satiété de viure, **Et** d'autres pour l'esperance d'vne meilleure condition ailleurs, ie n'auroy iamais faict. **Et** en est le nombre si infiny, qu'à la verité i'auroy meilleur marché de mettre en compte ceux qui l'ont crainte[2].

Trois majuscules marquent les surenchères, en réitérant l'élan ascendant ; rien, au contraire, ne souligne la retombée de la phrase, sur la proposition principale à valeur de prétérition. En revanche, après avoir raturé la majuscule imprimée au début de la phrase suivante, Montaigne la rétablit par surcharge, transformant ainsi les deux-points (imprimés après "faict") en point, pour

---

1 III, 10, E. B. pl. 921 ; PUF p. 1011.
2 I, 14, E. B. pl. 37 ; PUF p. 54.

relancer le mouvement en détachant l'hyperbole paradoxale : "Et en est le nombre si infiny...". Tout concourt à accentuer un de ces procédés de *gradatio* dont Ann Moss, hier, nous montrait l'importance, mais en fragmentant ce que la syntaxe, ici très régulière, tendait à unifier au détriment de la vivacité.

Bien que ces procédés inhabituels de segmentation puissent perturber la syntaxe, ils ne désorganisent pas les propos. Montaigne les utilise parfois, au contraire, pour raffermir l'articulation logique. Dans le chapitre *De la cruauté* (II, 11), il avait corroboré sa réprobation personnelle des supplices par un argument adressé spécialement aux chrétiens, comme pour répondre par avance au blâme des censeurs du Saint Office[1]. Deux majuscules surajoutées, et un renforcement de la ponctuation, articulent cet argument en dépit des usages syntaxiques, mais avec une netteté exemplaire :

> Quant à moy, en la iustice mesme tout ce qui est au dela de la mort simple, me semble pure cruauté : **Et** notamment à nous : qui deurions auoir respect d'en enuoyer les ames en bon estat. **C**e qui ne se peut, les ayant agitées & desesperées par tourmens insupportables[2].

Sans être toujours aussi exactement calculée, la scansion des phrases ne saurait être réduite à un tic d'écriture. Des choix évidemment délibérés en témoignent. Pour représenter l'éristique pyrrhonienne, Montaigne jalonne par majuscules trois couples d'hypothétiques formant dilemmes ; en revanche, dans les lignes suivantes, il supprime toutes les majuscules placées par l'imprimeur à l'initiale des expressions citées comme caractéristiques de l'école, car ces dernières marques ont une fonction typographique (équivalant à celle de nos guillemets) et non pas logique :

> **S**'ils vainquent, vostre proposition cloche, si vous, la leur : **S**'ils faillent, ils verifient l'ignorance, si vous faillez, vous la verifiez : **S**'ils preuuent que rien ne se sçache, il va bien, s'ils ne le sçauent pas prouuer, il est bon de mesme. [...] **L**eurs façons de parler sont, **i**e n'establis rien : **i**l n'est non plus ainsi qu'ainsin, ou que ny l'vn ny l'autre : **i**e ne le comprens point : les apparences sont esgales par tout : la loy de parler, & pour & contre, est pareille[3].

De même, dans un passage narratif (I, 5), quelques majuscules emphatiques attribuées par l'imprimeur aux mots "Chevalier" et "Chasteau" sont biffées (sans application, puisqu'elles restent intactes en deux occurrences de ce dernier mot), mais des majuscules de scansion, ajoutées, jalonnent les étapes du récit :

---

1 Ceux-ci, en mars 1581, lui avaient reproché "d'estimer cruauté ce qui est au-delà de la mort simple" (*Journal du voyage en Italie*, éd. F. Garavini, Gallimard, 1983, coll. "Folio", p. 222).

2 II, 11, E. B. pl. 364 ; PUF p. 431.

3 II, 12, E. B. pl. 450 ; PUF p. 504-505 (le passage omis est une addition manuscrite).

> Si est ce que encores en y a il, qui se sont tresbien trouuez de sortir sur la parole de l'assaillant. Tesmoing Henry de Vaux, cheualier Champenois, lequel estant assiegé dans le chasteau de Commercy par les Anglois, & Barthelemy de Bonnes, qui commandoit au siege, ayant par dehors faict sapper la plus part du Chasteau [...] somma ledit Henry de sortir à parlementer pour son profict : Comme il fit luy quatrieme ; & son euidente ruyne luy ayant esté monstrée à l'oeil, il s'en sentit singulierement obligé à l'ennemy : A la discretion duquel, apres qu'il se fut rendu & sa trouppe, le feu estant mis à la mine, [...] le Chasteau fut emporté de fons en comble[1].

On observera en particulier le découpage, par renforcement de la ponctuation et par majuscule initiale, du syntagme "Comme il fit luy quatrieme", ce qui évite au lecteur de le prendre, à contresens, pour un terme de comparaison.

La scansion peut aussi préciser des structures syntaxiques un peu floues. C'est le cas lorsqu'un syntagme se greffe comme par raccroc sur un système complexe ; sur une comparaison détaillée, par exemple :

> Encore s'il aduenoit, comme disent aucuns iardiniers, que les roses & violettes naissent plus odoriferantes pres des aulx & des oignons [...] : Aussi que ces dépraueés natures, humassent tout le venin de mon air & du climat, & m'en rendissent d'autant meilleur & plus pur, par leur voisinage : Que je ne perdisse pas tout[2].

Il est bien nécessaire que la dernière proposition soit isolée pour qu'apparaisse sa fonction, de consécutive raccordée librement à la proposition optative "Encore s'il aduenoit [...]" qui régit la dyade comparative "comme [...] Ainsi [...]". Mais le plus souvent, le procédé est destiné à accentuer la véhémence ou les effets de surprise. Parfois les deux ensemble, avec quelque ironie, comme lorsque Montaigne se récrie devant les rigueurs de la loi de chasteté que les hommes ont imposée aux femmes, tout en les déclarant insatiables :

> Apres auoir creu & presché cela, nous sommes allez leur donner la continence peculierement en partage, Et sur peines dernieres & extremes. Il n'est passion plus pressante, que cette cy, à laquelle nous voulons qu'elles resistent seules : Non simplement, comme à vn vice de sa mesure, Mais comme à l'abomination & execration, Plus qu'a l'irreligion & au parricide, Et nous nous y rendons cependant sans coulpe & reproche[3].

Les décalages entre syntaxe et scansion semblent quelquefois ménagés, sans nécessité logique, pour faire ressortir un trait plus incisif. C'est le cas de la page où Montaigne fait d'abord mine de se défendre assez mollement d'avoir fait un travail de compilateur :

---

1 I, 5, E. B. pl. 18 ; PUF p. 27.

2 III, 9, E. B. pl. 883 ; PUF p. 971-972 (l'éditeur moderne ne place aucun signe de ponctuation après "voisinage", ce qui incite à construire à contresens "d'autant [...] que [...]").

3 III, 5, E. B. pl. 775 ; PUF p. 855.

> Comme quelqu'un pourroit dire de moy, que i'ay seulement faict icy un amas de fleurs estrangeres, n'y aiant fourni du mien, que le filet à les lier. Certes i'ay donné à l'opinion publique, que ces paremens empruntez m'accompaignent. Mais ie n'entens pas qu'ils me couurent, & qu'ils me cachent : C'est le rebours de mon dessein : qui ne veux faire montre que du mien. Et de ce qui est mien par nature : Et si ie m'en fusse creu, à tout hazard, i'eusse parlé tout fin seul[1].

La premiere retouche modifie la syntaxe sans la dérégler : une phrase auparavant équilibrée en protase et apodose antithétiques ("Certes [...], mais [...]") est scindée par ponctuation en deux ensembles autonomes. Mais la seconde détache irrégulièrement une surenchère sur un mot ("mien") en fonction de complément, donc indissociable de la proposition précédente. Le sens n'en est pas modifié, l'articulation logique n'en est pas plus nette ; c'est à peu près comme un coup de poing sur une table. Une semblable anomalie tout arbitraire accuse ailleurs un trait inattendu, et problématique. Il s'agit, au départ, de prétendus phénomènes surnaturels :

> Iusques à cette heure tous ces miracles & euenemens estranges, se cachent deuant moy. Je n'ay veu monstre & miracle au monde, plus expres que moy mesme : On s'appriuoise à toute estrangeté par l'vsage et le temps, Mais plus ie me hante & me connois, plus ma difformité m'estonne. Moins ie m'entens en moy[2].

La dernière proposition est détachée, par point (en surcharge de virgule) et majuscule : c'est elle qui substitue aux considérations presque banales sur l'étrangeté de chaque être, à peine rehaussées ici par l'identité de l'objet étonnant et du sujet étonné, l'affirmation vraiment paradoxale, contraire aux perspectives édifiantes du programme de connaissance de soi – l'idée d'un progrès dans l'incompréhension, et d'un surcroît de perplexité.

Mais les effets d'insistance ainsi obtenus ne sont parfois que l'aspect le plus visible d'un modelage en profondeur. Soit par exemple la formule qui justifie le refus des préceptes :

> Ces exquises subtilitez, ne sont propres qu'au presche : Ce sont discours qui nous veulent enuoyer tous bastez en l'autre monde. La vie est vn mouuement materiel & corporel, Action imparfaicte de sa propre essence, & desreglée : ie m'emploie à la seruir selon elle[3].

Le détachement, contraire à la syntaxe, de l'apposition "Action imparfaicte [...]", combiné avec l'hyperbate "& desreglée", marque les étapes d'une argumentation que le flux continu de la phrase, auparavant, ne laissait pas se dessiner : la vie est un mouvement matériel et corporel, **donc** une action

1 III, 12, E. B. pl. 960 ; PUF p. 1055.
2 III, 11, E. B. pl. 937-938 ; PUF p. 1029.
3 III, 9, E. B. pl. 900 ; PUF p. 988.

imparfaite (à la différence de l'acte pur de l'intellect) et **par conséquent** déréglée... Ailleurs, la scansion permet à la fois de distinguer des degrés d'analyse, de la simple description au dévoilement des intentions, puis à l'énoncé de leur motif, et de simuler une sorte de désinvolture du langage. C'est ainsi que Montaigne expose la gêne qu'il éprouve à prononcer un discours préparé, pour lequel il est tributaire de sa mémoire défaillante :

> Et me suis veu quelque iour en peine, de celer la seruitude en laquelle i'estois entraué. Là ou mon dessein est, de representer en parlant, vne profonde nonchalance, & des mouuemens fortuites & impremeditez, comme naissans des occasions presentes : Aymant aussi cher ne rien dire qui vaille, que de montrer estre venu preparé pour bien dire : Chose messeante, surtout à gens de ma profession[1].

Si précise qu'en soit la composition, le texte est scandé de manière à paraître constitué par ajouts successifs, "comme naissant des occasions présentes".

En quelques passages, peut-être particulièrement retravaillés, presque toutes les possibilités du "langage coupé" actualisées diversement par la scansion sont exploitées simultanément. C'est le cas dans les propos sur la réalité et le rêve, à la fin de l'*Apologie de Raimond Sebond* :

> Ceux qui ont apparié nostre vie à un songe, ont eu de la raison, à l'auanture plus qu'ils ne pensoyent : Quand nous songeons, nostre ame vit, agit, exerce toutes ses facultez, ne plus ne moins que quand elle veille. Mais si plus mollement & obscurement, non de tant certes, que la differance y soit, comme de la nuit à une clarté vifue : Ouy, comme de la nuit à l'ombre : Là elle dort, icy elle sommeille : Plus & moins, Ce sont tousiours tenebres, & tenebres Cymmeriennes[2].

– La fragmentation des dernières lignes en énoncés d'inégale brièveté et de structures binaires légèrement déséquilibrées laisse une impression d'indécision qui suggère bien le trouble du faux-jour, du demi-songe, des vagues lueurs intermittentes dans les ténèbres. Mais plus haut, la ponctuation forte qui détache "Mais si [...]" précise l'agencement : marquant le début d'un ensemble syntaxique cohérent, concession hypothétique suivie d'une proposition qui en restreint la portée, elle interdit de confondre les deux premiers mots en un pléonasme adversatif (glose de P. Villey : "Mais pourtant") qui lierait "plus mollement & obscurement" à la phrase précédente. Enfin, si l'expression "Plus & moins" est nettement détachée par les deux-points en surcharge et les majuscules de scansion, c'est en raison de son importance dans l'argument : elle substitue aux couples antithétiques

---

1 III, 9, E. B. pl. 876 ; PUF p. 963.

2 II, 12, E. B. pl. 534 ; PUF p. 596. Il y avait deux-points après "veille" ; Montaigne surcharge le point inférieur, et capte le point supérieur dans la première boucle du M majuscule qu'il dessine, selon un procédé qu'il emploie très fréquemment.

progressivement récusés une échelle de mesures, corrigeant d'avance la formule poétique, en hyperbole, sur laquelle s'achève la phrase.

Terminons sur une citation assez longue pour illustrer les ressources du système. Ce sera le début du chapitre *Du repentir* :

> Les autres forment l'homme, Je le recite, & en represente vn particulier, bien mal formé, Et lequel si i'auoy à façonner de nouueau, ie ferois, vrayement, bien autre qu'il n'est. Mes-huy c'est fait. Or les traits de ma peinture, ne foruoyent point, quoy qu'ils se changent & diuersifient. Le monde n'est qu'vne branloire perenne. Toutes choses y branlent sans cesse : La terre, les rochers du Caucase, les pyramides d'Ægypte : Et du branle public, & du leur. La constance mesme, n'est autre chose qu'vn branle plus languissant. Ie ne puis asseurer mon obiect. Il va trouble & chancelant, d'vne yuresse naturelle. Ie le prens en ce point, comme il est, en l'instant que ie m'amuse à luy. Ie ne peints pas l'estre. Je peints le passage : Non vn passage d'aage en autre, ou comme dict le peuple, de sept en sept ans : mais de iour en iour, de minute en minute. Il faut accommoder, mon histoire à l'heure : Je pourray tantost changer, non de fortune seulement, mais aussi d'intention : C'est un contrerolle de diuers & muables accidens, & d'imaginations irrésoluës. Et quand il y eschet, contraires : Soit que ie sois autre moymesme : Soit que ie taille les subiects, par autres circonstances, & considerations. Tant y a, que ie me contredits bien à l'aduenture, Mais la verité, comme disoit Demades, ie ne la contredy point. Si mon ame pouuoit prendre pied, ie ne m'essaierois pas, ie me resoudrois : Elle est tousiours en apprentissage, & en espreuue[1].

Sans procéder à une analyse détaillée, qui serait trop longue, il convient d'observer la diversité des effets obtenus :

– Dans les trois lignes de préambule, la scansion accuse d'abord une opposition, puis mime une esquisse de rectification, annulée par la formule définitive, isolée, “Mes-huy c'est fait”.

– Plus loin, le détachement des compléments, déjà en hyperbate, “Et du branle public, & du leur”, privilégie l'instabilité propre à chaque “chose”, après l'évocation de l'instabilité universelle ; ce qui prépare le retour de l'écrivain à “[s]on objet”, l'être singulier dont il enregistre et totalise les divers traits. C'est là un indice d'articulation du discours.

– La fragmentation, ensuite, contribue à suggérer le changement, tout en modifiant l'image : au lieu du mouvement alterné de la “branloire”, une suite irrégulière de mutations, comme au hasard.

– Est détachée, par point fortement marqué et majuscule en surcharge, l'expression qui définit le problème crucial : “Et quand il y eschet, contraires” (quelle sera la vérité compatible avec cette incohérence occasionnelle ?).

1 III, 2, E. B. pl. 728-729 ; PUF p. 804-805. Transformation des deux-points en points, selon le procédé décrit ci-dessus, devant “Mes-huy”, “Toutes choses” et “Il va” ; pour “Je pourray”, la graphie, surchargée, n'est pas nette.

nous surprennent, & vers lesquels les passions nous emportent: Mais ceux qui par longue habitude, sont enracinés en vne volonté forte & vigoureuse, ne sont subiects à cōtradiction. Le repentir n'est qu'vne desditte de nostre volonté, & opposition de nos fantasies, qui nous pourmene à tout sens. Il faict desaduouër à celuy-là, sa vertu passée & sa continence,

Quæ mens est hodie, cur eadem non puero fuit,
Vel cur his animis incolumes non redeunt genæ?

C'est vne vie exquise, celle qui se maintient en ordre iusques en son priué. Chacun peut auoir part au battelage, & representer vn honneste rolle en l'eschaffaut, mais au dedans, & en sa poictrine, ou tout nous est loisible, ou tout est caché, d'y estre reglé, c'est le poinct. Le voisin degré, c'est de l'estre en sa maison, en ses actions ordinaires, & priuées, desquelles nous n'auons à rendre compte à personne: où il n'y a point d'estude, point d'artifice. Et pourtant Bias, ayant à peindre vn excellent estat de famille, de laquelle, dit-il, le maistre soit tel au dedans, par luy-mesme, comme il est au dehors, par la crainte de la loy, & du dire des hommes. Et fut vne digne parole de Iulius Drusus, aux ouuriers qui luy offroient pour trois mille escus mettre sa maison en tel poinct, que ses voisins n'y auroient plus la veuë qu'ils y auoient: Ie vous en dōneray, dit-il, six mille, & faictes que chacun y voye de toutes parts. On remarque auec honneur l'vsage d'Agesilaus, de faire en voyageant son logis dās les Eglises, affin que le peuple, & les dieux mesmes, vissent dans ses actions domestiques & priuées. Tel a esté miraculeux au monde, auquel sa femme & son valet n'ōt rien veu seulement de louable. Peu d'hommes ont esté admirez par leurs domestiques. Le peuple reconuoye celuy-là, d'vn acte public, auec estonnement iusqu'à sa porte: il laisse auec sa robbe ce rolle, il en retombe d'autant plus bas, qu'il s'estoit plus haut monté. Au dedans, chez luy, tout est tumultuaire & vile.

vile. Quand le reglement s'y trouueroit, il faut vn iugement vif & bien trié, pour l'apperceuoir en ces actions basses & priuées. Ioint que l'ordre est vne vertu morne & sombre: gaigner vne bresche, conduire vne ambassade, regir vn peuple, ce sont actions esclatantes: tancer, rire, vendre, payer, aymer, hayr, & conuerser auec les siens, & auec soymesme, doucement & iustement; ne relâcher point, ne se desmentir poinct; c'est chose plus rare, plus difficile, & moins remerquable. Les vies retirées & priuées, soustiennent par là, quoy qu'on die, des deuoirs autant ou plus aspres & tendus, que ne font les autres vies. Nous nous preparons aux occasions eminentes, plus par gloire que par conscience. Et la vertu d'Alexandre me semble representer assez moins de vigueur en son theatre, que ne fait celle de Socrates, en cette exercitation basse & obscure. Ie conçois aisément Socrates, en la place d'Alexandre; Alexandre, au rolle de Socrates, ie ne puis: Qui demandera à celuy-là ce qu'il sçait faire, il respõdra, subiuguer le monde: qui le demandera à cettuy-cy, il dira, qu'il sçait conduire l'humaine vie conformément à sa naturelle condition: science bien plus generale, plus poisante, & plus legitime. Le pris de l'ame ne consiste pas à aller haut, mais ordonnéement. Comme les ames vicieuses, sont incitées souuent à bien faire, par quelque impulsion estrangere, aussi sont les vertueuses à faire mal. Il les faut doncq iuger par leur estat rassis, quand elles sont chez elles, si quelque fois elles y sont: ou aumoins quand elles sont plus voisines du repos, & en leur naifue assiette. Les inclinations naturelles, s'aident & fortifient par institution. Mais elles ne se changent guiere & surmontent. Mille natures, de mõ temps, ont eschappé vers la vertu, ou vers le vice, au trauers d'vne discipline contraire.

Sic vbi desuetæ siluis in carcere clausæ
Mansueuere feræ, & vultus posuere minaces,

– Enfin sont privilégiées par le même procédé (ici moins sensible, parce qu'il n'entraîne pas d'anomalie syntaxique) les deux formules qui anticipent sur la réponse : affirmation de véracité ("Mais la vérité [...]") dans le cadre d'un travail de l'*essai* ("Elle est tousiours [...]") qui exclut, comme factice, toute objectivation définitive.

Ce passage présente un autre aspect intéressant. C'est l'un de ceux où les éditeurs modernes ont partiellement tenu compte des retouches autographes, mais en les triant et en les adaptant à leurs propres normes. P. Villey, dont l'édition fait autorité, ne retient que les majuscules qu'il peut faire précéder d'un point ; et encore, pas toutes : seulement (compte non tenu des points et majuscules de la version imprimée, qu'il reproduit régulièrement) : "Meshuy", "Toutes choses", "Il va", "Je peints", "Je pourray", "C'est un contrerolle". On mesurera la déperdition de sens et de vigueur provoquée par cette timidité – ou, pour mieux dire, par cet arbitraire qui s'autorise de son conformisme.

Et nous voici ramenés au vrai problème : pourquoi, depuis quatre cents ans, détourne-t-on le regard devant les ultimes interventions de Montaigne sur le texte des *Essais* ?

Il paraît nécessaire d'examiner d'abord la fonction et le statut de ces interventions, et des signes qu'elles mettent en œuvre.

Elles remodèlent le texte imprimé, par des signes surajoutés qui en actualisent des structures virtuelles (et non pas seulement latentes, puisque peuvent être ainsi modifiées des configurations que dessinait la ponctuation antérieure). Ce travail, plus discret et parfois aussi efficace qu'une réécriture, dévoile la plasticité du texte – notion déjà inquiétante par elle-même. Mais son statut est difficile à définir. Le texte était déjà écrit, et lisible. Et il le reste, sans presque jamais changer de sens : je n'ai pas encore trouvé de retouches qui opèrent une transformation radicale du signifié, comme celle que subit dès 1588 la fin du chapitre *De la conscience*, par déplacement d'un point[1] ; et, s'il en était, les éditeurs du XXe siècle auraient probablement respecté celles-ci. De plus, l'opération n'affecte pas également la totalité des *Essais* : des chapitres entiers, ou des suites de plusieurs pages à l'intérieur d'un chapitre de grande ampleur (l'*Apologie de Raimond Sebond*, par exemple) ne reçoivent aucune retouche de ce type ; comme si le procédé, bien que systématique là où il est employé, était parfois laissé en suspens, sans que l'on puisse deviner les raisons de ce désistement.

---

1 II, 5, PUF p. 369, et cf. éd. critique A. Armaingaud, t. III, Conard, 1925, p. 82 : 1580, 1582, "il semble [que la conscience...] fortifie l'innocent contre la torture pour dire vray. C'est un moyen plein d'incertitude & de danger" ; – 1588, "[...] fortifie l'innocent contre la torture. Pour dire vray, c'est un moyen plein d'incertitude et de danger".

D'autre part, le découpage de la chaîne verbale, objet de ces interventions de l'écrivain, est lui-même une donnée dont le statut est mal défini. Intervalles, ponctuation, majuscules sont des signes scripturaux, mais non textuels. Ils sont relativement indifférents à la langue : on ponctue à peu près de même des textes français, latins, italiens ou anglais, et même le passage à l'écriture cyrillique, en russe, n'y change rien. Ils ne semblent pas préoccuper outre mesure les rhétoriciens, poéticiens et sémioticiens actuels ; encore moins les historiens de la littérature – et non sans motifs plausibles : sans manuscrits autographes, on ne peut savoir si les signes en question ont été choisis et placés par l'écrivain, le copiste ou l'imprimeur, et lorsqu'il s'agit d'œuvres anciennes, la routine et l'arbitraire de nos contemporains, érudits ou éditeurs, ont force de loi ; c'est tout juste s'il est maintenant permis d'espérer que les arguments incisifs de Jacques Drillon[1] feront obstacle à ce genre d'abus. Mais dans le cas des *Essais*, les données sont irrécusables, puisqu'autographes et confirmées en vue de l'édition ; et l'incertitude théorique ne devrait pas être trop gênante : si l'on ne comprend pas, rien n'empêche de recopier tout bêtement – c'est ainsi que faisaient les scribes médiévaux, et chacun sait que les plus compétents, qui se mêlaient d'amender les textes diffciles, ont commis plus d'erreurs que leurs humbles frères calligraphes asservis aux signes. Or, les grands érudits du début du siècle, les Strowski, Villey et Gébelin qui ont procuré l'admirable Edition Municipale de 1933, connaissaient et respectaient ce genre d'humilité ; ils savaient – la précision de leurs déchiffrements en fait foi – que le moindre indice graphique dans un mot manuscrit, la moindre rature, méritent d'être scrupuleusement reproduits, et que le premier devoir de l'éditeur dit scientifique est de s'astreindre à cette élémentaire fidélité. Leur indifférence à l'égard des retouches de ponctuation et de scansion ne peut pas s'expliquer par l'incompétence ni par la désinvolture. C'est en réalité un refus, un acte de censure sans doute inconsciente, dont la cause doit être cherchée dans les postulats fondamentaux de leur pensée d'universitaires positivistes façonnés par la rhétorique et le rationalisme classiques – comme nous le sommes encore tous.

De fait, la vraie difficulté est d'ordre épistémologique. En privilégiant les débuts d'énoncés, comme nous l'avons constaté, les élans et presque jamais les retombées, en introduisant des mouvements de protase, par relance, là où l'on attendrait des apodoses, la scansion de Montaigne contrarie les tendances et même les principes de la rhétorique et de la dialectique anciennes et

---

1 *Traité de la ponctuation française*, Gallimard, 1991, notamment p. 69 et p. 110 qui dénoncent "la responsabilité écrasante des éditeurs contemporains (XIXe et XXe siècles), et tout particulièrement la "bibliothèque de la Pléiade" (Gallimard) qui nous **interdisent** de lire le texte des pièces anciennes dans leur texte original". J. Drillon cite Montaigne, dès la première page de son avant-propos (p. 9) parmi les écrivains qui "requièrent les imprimeurs de respecter [la pontuation] de leurs manuscrits" ; malheureusement, il n'en fait pas état dans la suite de l'ouvrage. Vraiment, Montaigne n'a pas de chance.

modernes. Théoriciens et praticiens de celles-ci sont d'accord : il s'agit toujours de conduire l'esprit vers la conclusion prévue par l'écrivain-orateur, et attendue par le lecteur-auditeur comme constituant le sens – ce que "veut dire" le discours. L'énergie du "langage coupé" des *Essais*, toute en redémarrages foudroyants, au moment où l'on se croyait arrivé, déconcerte le lecteur docile, et le pousse plus loin, vigoureusement, sur une "route par ailleurs", pour qu'il découvre qu'en cette "chasse de cognoissance" il y a toujours d'autres perspectives possibles, que tout n'est pas dit, que Montaigne traite ses arguments "par quelque lustre inusité" et "ne desseigne jamais de les produire entiers"...

Ces dernières expressions sont tirées du chapitre *De Democritus et Heraclitus*, où Montaigne a défini dès avant 1580, et de la façon la plus nette, ses démarches intellectuelles. En effet, ses interventions sur le découpage des énoncés dans l'Exemplaire de Bordeaux coïncident parfaitement avec les exigences de la philosophie de l'*essai* et avec les modes de sa réalisation textuelle : structures de commentaire qui incorporent au texte les réflexions surajoutées et les remaniements, indices d'inachèvement explicites ou discrets, hyperbates ou autres procédés stylistiques de dépassement de la formule figée, relances de toute espèce... Leur trait commun est d'assurer la prédominance des investigations sur les acquis, de faire prévaloir la zététique, forme active et efficace du pyrrhonisme, contre la dogmatique, la pensée en mouvement contre la lettre morte "jetée en moule". Tout cela se retrouve dans ces retouches soigneusement ignorées. D'abord par les inflexions que donne au texte la scansion surajoutée, en l'animant, comme par marques prosodiques, de manière à rendre perceptibles les opérations de remise en cause et de relance qui lui sont incorporées, et qu'il requiert encore du lecteur décidé à jouer le jeu. Ensuite par la manifestation d'un véritable travail sur la langue, qui superpose des indices structurels (et non pas seulement des signifiants) à ceux que déterminait la norme : traces provocatrices, inadmissibles, de l'invention de ce "nouveau langage" propre à exprimer une pensée "toujours en apprentissage et en épreuve".

Et, pour aggraver le cas, ces deux caractères du langage pyrrhonien donnent paradoxalement au texte un surcroît de vigueur et de véhémence. On aurait accepté sans trop d'émoi, à la place du discours péremptoire des maîtres, un bavardage de mondain – "Il cherchait le bon air"[1] – ou un bredouillement d'écolier distrait – "Il n'a point de principes [...] et il n'a point d'ordre pour faire les déductions de ses principes"[2] – ou, à la rigueur, de paisibles confidences. Mais ce n'est pas le cas. On se trouve en présence d'un monstre philosophique et littéraire : une extrême hardiesse de pensée et d'expression

1 Pascal, cité dans l'appendice II de Villey-Saulnier, PUF, p. 1214.
2 Malebranche, *ibid.*, p. 1217.

qui exhibe les marques de sa propre contingence, une aventure intellectuelle stimulée par le doute initial que perpétuent réexamens et reformulations, un texte qui doit son énergie à l'instabilité de ses structures ! Il y a bien là de quoi s'effaroucher, et dissimuler à tout prix ces retouches scandaleuses, "pour ne faire peur aux enfans"[1].

J'aboutis ainsi à une conclusion différente et complémentaire de celle par laquelle j'achevais naguère un article sur le même sujet, pour le recueil en l'honneur de Floyd Gray[2]. Dans cet article, je présentais la scansion par majuscules comme un procédé supplémentaire inventé par Montaigne pour structurer son texte *a posteriori* – autrement dit, pour maîtriser le flux verbal venu comme spontanément s'inscrire sur la page, et pour faire apparaître ce travail de remodelage des propos et de "règlement" de la pensée. Sans rétracter ces conjectures, je suis enclin maintenant à donner plus d'importance aux anomalies et transgressions provoquées par la scansion, dont l'effet perturbateur est attesté par l'histoire du texte (c'est-à-dire par l'effacement systématique, réitéré sous diverses formes depuis 1595, de cette scansion). Ici même, plusieurs communications – notamment celles de Daniel Ménager, de Richard Regosin et de Neil Kenny – ont montré que Montaigne sait mettre en œuvre les techniques et même les ruses de la rhétorique, mais en les faisant travailler contre les risques de sclérose ou de falsification qu'elles comportent. Dans leur prolongement, et grâce à leurs acquis, il m'est impossible de conclure que cette structuration seconde (d'un livre déjà imprimé, déjà structuré, certainement pas à l'état de flux spontané) compromet la stabilité du texte en même temps qu'elle en accuse les reliefs ; que du même coup ce système de régulation qu'est toute ponctuation (au sens large du terme, incluant l'emploi des majuscules) se problématise, en divergeant délibérément par rapport à la typographie normalisée de la version de 1588, sous-jacente aux ratures et surcharges qui la remodèlent. Au bout du compte se profile cette bizarrerie : un ensemble de structures concurrentes en interférences quasi-aléatoires ; un "règlement" de pensée et d'expression contingent et toujours sujet à révision ; une configuration d'écriture perpétuellement à l'essai.

Ce n'est pas une surprise. Mais il s'ensuit, sans doute, que le refus séculaire de voir et de donner à voir les marques autographes du "langage coupé" et des inflexions qui l'animent est une des manifestations de la peur secrète du vertige, qu'inspire généralement la philosophie de l'*essai*. Quant à celle-ci, l'esquive est toujours possible : il suffit d'interpéter autrement. Contre l'opiniâtreté de traits de plume inscrits noir sur blanc, pas d'autre recours que la censure. Reste à espérer que ces vigilantes précautions se

---

1 *Essais*, II, 12, PUF p. 545.

2 "Un langage coupé...", in éd. R. La Charité, *Writing the Renaissance : Essays on Sixteenth-Century French Literature in Honor of Floyd Gray*, Lexington, 1992, p. 219-231.

relâcheront au cours du cinquième siècle après la mort de Montaigne. A y rêver du moins, sans trop d'illusions.

André TOURNON
Université de Provence

"CHAT EN POCHE" : L'ALLÉGORIE DANS LES *ESSAIS*

Où est passée l'allégorie dans les *Essais* ? Cette allégorie hier encore toute-puissante, à laquelle le prologue entier de *Gargantua* était consacré ? Cette allégorie qui reviendra bientôt comme l'une des grandes figures de l'art et de la poésie baroques ainsi que de l'épopée et de la tragédie classiques ? Mon point de départ est mon étonnement de ne pas *voir* l'allégorie dans les *Essais*. Où est le cadavre ? C'est sur cette disparition que je voudrais enquêter. Mon propos, ironiquement peut-être, a pour objet une absence. Car j'ai peine à croire qu'elle soit absolue, que l'allégorie ne se terre pas dans quelque recoin des *Essais*, comme si, entre Rabelais et Boileau, entre la Pléiade et la Querelle des Anciens et des Modernes, elle n'avait pas pu tout à fait s'effacer. Ou alors, si c'était le cas, si je devais être mené à cette conclusion, celle-ci désignerait de façon nette la singularité de Montaigne dans son siècle. Mais il n'y a pas de crime parfait.

Partons à la chasse à l'allégorie. Le mot "allégorie" figure une seule fois sous la plume de Montaigne :

> Oyez dire metonomie, metaphore, allegorie, et autres tels noms de la grammaire, semble-il qu'on signifie quelque forme de langage rare et pellegrin ? Ce sont titres qui touchent le babil de vostre chambriere (I, 51, 307 B).

Les deux phrases constituent une addition de 1588 au chapitre *De la vanité des paroles*, où Montaigne fait le procès de la rhétorique. Métaphore et métonymie, d'accord, ce sont des tropes, et notre femme de chambre les utilise comme M. Jourdain faisait de la prose. Aucune parole ne saurait s'en passer. Mais allégorie ? Que fait-elle auprès des deux grands tropes ? "Qu'est-ce donc que la vérité ? " devait demander Nietzsche quelques siècles plus tard : "Une armée mobile de métaphores, de métonymies, d'anthropomorphismes [...]"[1]. La question posée par Nietzsche, contrairement à ce qu'indiquait Montaigne en rattachant métaphore, métonymie et allégorie à la grammaire au lieu de la rhétorique, porte non seulement sur la rhétorique mais sur l'ontologie, ainsi que sur leur lien, c'est-à-dire sur l'épistémologie et l'herméneutique. Métaphore et métonymie, disent à la fois Montaigne et Nietzsche pour commencer : bien avant que Roman Jakobson n'y réduise toutes les figures, ce sont les deux tropes par excellence. Tout discours est figuré. Mais allégorie ou

---

1 Cité par Paul de Man, "Anthropomorphism and Trope in the Lyric", *The Rhetoric of Romanticism*, New York, Columbia University Press, 1984, p. 239 ; trad. fr., *Poétique*, 62 (1985), p. 131.

anthropomorphisme ? Pourquoi ces choix, l'un et l'autre déconcertants, dans l'armée des figures et des tropes ? Par une coïncidence qui donne cependant à réfléchir, l'anthropomorphisme, ou la personnification, est une forme de l'allégorie auprès de la métaphore continuée. *Allegoria facit continua metaphora*, écrivait Quintilien : on peut penser que Montaigne connaissait les définitions rhétoriques de l'allégorie chez Cicéron et Quintilien. Mais, l'allégorie est aussi, et peut-être d'abord, pour un homme de sa génération, l'allégorèse, c'est-à-dire la méthode allégorique d'interprétation des textes, souvent confondue avec la typologie biblique. Or, aux deux sens rhétorique et herméneutique de l'allégorie, peut-il y avoir allégorie sans le savoir, comme Montaigne semble le proposer en citant sa femme de chambre ? Cicéron et Quintilien rencontraient tous deux une variante de ce problème : trope en plusieurs mots, l'allégorie est-elle encore un trope ? Fontanier la rangera parmi les figures d'expression ou tropes improprement dits. Non, une femme de chambre ne parle pas par allégories, elle n'allégorise pas, à moins que Montaigne n'entende par là, au sens le plus général, lequel apparaît aussi chez Cicéron et Quintilien (*aliud verbis, aliud sensu*), tout discours qui veut dire autre chose que ce qu'il dit. En tout cas, la présence de l'allégorie auprès de la métaphore et de la métonymie, ainsi que leur rattachement à la grammaire, suggère que dans l'alternative habituelle de l'allégorie rhétorique et de l'allégorie herméneutique, Montaigne situe la notion plutôt du côté de l'expression que de l'interprétation, de la rhétorique que de l'herméneutique, des *verba* que des *res*.

Cette hypothèse, formulée à propos de l'unique occurrence du mot dans les *Essais*, est néanmoins infirmée par l'emploi des divers termes qui appartiennent à la constellation sémantique traditionnelle de l'allégorie : obscurité, énigme, ironie, fable, parabole, apologue, emblème du côté rhétorique ; commentaire, lettre, esprit, interprétation du côté herméneutique. Quel usage en fait Montaigne ? Il recourt peu au registre lexical de l'allégorie rhétorique, et quand quelques-uns de ces termes sont présents, leurs contextes, loin de les ramener à la grammaire, en deçà de la rhétorique, les déportent vers l'herméneutique, au-delà de la rhétorique, et témoignent d'une méfiance constante de l'allégorie herméneutique.

L'allégorie tend vers l'obscurité et l'énigme : Cicéron et Quintilien mettaient en garde contre ce danger. L'obscurité est la bête noire de Montaigne. Or, il en parle parfois d'une manière qui rappelle sa valeur d'indice de l'allégorie : "[B] Ils [ses lecteurs] conclurront la profondeur de mon sens par l'obscurité, laquelle, à parler en bon escient, je hay [C] bien fort, [B] et l'eviterois si je me sçavois eviter" (III, 9, 995). Obscurité et profondeur de sens sont corollaires selon la tradition allégorique, mais pour Montaigne ce n'est qu'un défaut de style ou un effet de séduction. Il s'en prend ainsi au "parler obscur, ambigu et fantastique du jargon prophetique", lequel restera le modèle de la mauvaise allégorie dans les *Essais* (I, 11, 44 C). A propos de l'oracle de Delphes, voyez l'énumération des adverbes : "Ce que declaroit assez Appollo, parlant tousjours [...] doublement, obscurement et obliquement" (III, 13, 1068 B). L'équivocité, l'obscurité et l'obliquité sont les attributs indissociables de l'expression allégorique, de même que, on va le voir, l'ingéniosité et la curiosité du côté de l'interprétation allégorique.

Dans l'*Apologie de Raimond Sebond*, à une page parmi les plus fortes où Montaigne dise son scepticisme quant à la possibilité de la connaissance des choses de la nature par l'homme, il ajoute dans l'exemplaire de Bordeaux, par un contresens dans la lecture de Platon, lequel parlait dans le *Second Alcibiade* de la nature énigmatique de la poésie, une comparaison de la nature avec une poésie énigmatique :

> Ay je pas veu en Platon ce divin mot, que nature n'est rien qu'une poësie œnigmatique ? comme peut estre qui diroit une peinture voilée et tenebreuse, entreluisant d'une infinie varieté de faux jours à exercer nos conjectures. *Latent ista omnia crassis occultata et circumfusa tenebris, ut nulla acies humani ingenii tanta sit, quae penetrare in coelum, terram intrare possit*[1]. Et certes la philosophie n'est qu'une poësie sophistiquée. D'où tirent ces auteurs anciens toutes leurs authoritez, que des poëtes ? Et les premiers furent poëtes eux mesmes et la traicterent en leur art. Platon n'est qu'un poete descousu. Timon l'appelle, par injure, grand forgeur de miracles (II, 12, 536-537 C).

Le vocabulaire du sens caché ou latent, à pénétrer par une interprétation ingénieuse, imprègne tout le passage. La nature est une peinture voilée et ténébreuse, rappelant l'*integumentum* médiéval. La citation de Cicéron précise encore les termes. Montaigne n'est pas responsable du contresens, qui résulte de la traduction ambiguë de Ficin. Reste qu'il ne choisit pas le sens qui rend toute poésie énigmatique ou allégorique mais celui qui fait de la nature elle-même une énigme, par conséquent de toute philosophie de la poésie. Cela nous éloigne de l'allégorie. Pourtant, en dépit du contresens, la prémisse de l'analogie n'est pas en faveur du sens de la poésie : la philosophie est seulement de la poésie, Platon n'est qu'un poète. Tout cela suppose que la poésie soit obscure et que tout savoir qui se fonde sur l'interprétation allégorique soit douteux. On lisait d'ailleurs dans l'édition de 1595, au lieu de la dernière phrase citée : "Toutes les sciences sur-humaines s'accoustrent du style poetique" (537, note 1). La condamnation implicite de l'interprétation allégorique – le style poétique vu comme une énigme – est inséparable de la méfiance pour les sciences occultes : magie, alchimie et divination.

---

1 "Toutes ces choses sont cachées et enveloppées des plus épaisses ténèbres et il n'y a point d'esprit humain assez perçant pour pénétrer dans le ciel ou dans les profondeurs de la terre", Cicéron, *Académiques*, III, xxxix (traduction de P. Villey).

Quant au mot "ironie", comme "allégorie" et "énigme", Montaigne ne l'emploie lui aussi qu'une seule fois, sous la forme de l'adjectif. C'est dans une addition de l'exemplaire de Bordeaux au chapitre *De la phisionomie*, à propos de l'ambiguïté de son attitude : "au Gibelin j'estois Guelphe, au Guelphe Gibelin ; quelqu'un de mes poëtes dict bien cela, mais je ne sçay où c'est" (III, 12, 1044 B). L'exemplaire de Bordeaux propose ce commentaire au lieu du nom du poète inconnu :

> J'ayde ordinairement aux presomptions injurieuses que la Fortune seme contre moy par une façon que j'ay dés tousjours de fuir à me justifier, excuser et interpreter [...] Et comme si chacun voyoit en moy aussi clair que je fay, au lieu de me tirer arriere de l'accusation, je m'y avance et la renchery plustost par une confession ironique et moqueuse ; si je ne m'en tais tout à plat, comme de chose indigne de responce (1044 C).

Quand on se trompe sur son compte, Montaigne, au lieu de redresser l'erreur, se tait ou même abonde dans le sens de son interlocuteur. L'ironie doit s'entendre au sens propre, celui du discours qui dit le contraire de ce qu'on veut faire entendre, tandis que le second sens, celui plus général de dérision ou de sarcasme, est apporté par l'adjectif "moqueuse". "Ironique" est plus précis que la seconde épithète et leur coordination n'est pas tautologique. Montaigne se défend pour ainsi dire par l'antiphrase ; il se présente comme une allégorie personnifiée, une allégorie de l'allégorie. On pense à Socrate et au Silène d'Alcibiade, d'autant plus qu'on est dans le chapitre *De la phisionomie*, dont le titre s'explique par le thème des dernières pages, celui de la laideur de Socrate :

> Socrates, qui a esté un exemplaire parfaict en toutes grandes qualitez, j'ay despit qu'il eust rencontré un corps et un visage si vilain, comme ils disent, et disconvenable à la beauté de son ame (1057 B).

Le corps et l'âme : ce sont deux mots qui appartiennent aussi au champ lexical de l'allégorie[1]. La laideur de Socrate est un paradoxe pour la philosophie de Platon, selon laquelle : "Il n'est rien plus vraysemblable que la conformité et relation du corps à l'esprit". N'est-il pas remarquable que la discussion du paradoxe de l'apparence de Socrate ne rencontre jamais ni le fameux adage d'Érasme, *Sileni Alcibiadis*, ni le prologue de *Gargantua*, qui mettait Érasme à contribution ? Ce n'est pas encore là que serait reléguée l'allégorie dans les *Essais*, Montaigne paraissant avoir résolu la question en l'évacuant pour de bon.

Voilà pour l'allégorie rhétorique, dont on a fait le tour avec trois ou quatre hapax dans les *Essais*. Restons un moment encore avec le Silène d'Alcibiade

---

1 "L'apologue est composé de deux parties, dont on peut appeler l'une le corps, l'autre l'âme. Le corps est la fable ; l'âme, la moralité", écrit encore La Fontaine dans la préface des *Fables*. Voir aussi comment Furetière définit la "devise" : "Dans les devises on appelle corps la figure représentée et on appelle l'âme les paroles qui l'accompagnent".

en passant du côté de l'allégorie herméneutique. Si Montaigne ne fait nulle part référence au prologue de *Gargantua*, la discussion en rappelle pourtant souvent l'enjeu, par exemple – laissant de côté le début du chapitre *De l'experience* – dans l'*Apologie de Raimond Sebond*, à propos de l'anarchie du commentaire : "il n'est aucun sens ny visage, ou droict, ou amer, ou doux, ou courbe, que l'esprit humain ne trouve aux escrits humains qu'il entreprend de fouiller" (II, 12, 585A). Notons l'équivalence de "sens" et "visage". L'allégorie comme interprétation semble visée par cette déclaration désabusée, car, pour l'illustrer, Montaigne cite l'exemple d'un ecclésiastique qui voulait lui prouver l'existence de la pierre philosophale en alléguant "cinq ou six passages de la Bible". Toute allégation n'est pas allégorique mais la référence à l'alchimie suggère qu'une lecture ésotérique ou mystique de la Bible peut être en cause, et toute la page qui suit, laquelle prolonge la discussion de la pluralité du sens, confirme cette hypothèse. Le passage est l'un des plus topiques des *Essais* pour la question de l'allégorie, pour son procès :

> Par cette voye [l'allégation de la Bible] se gaigne le credit des fables <divinatrices, d'autant que nous proposant par finesse, un stile ambigu et difficile, il n'est> [*1580, 1588*] divinatrices. Il [*1595*] n'est prognostiqueur, s'il a cette authorité qu'on le daigne feuilleter, et rechercher curieusement tous les plis et lustres de ses paroles, à qui on ne face dire tout ce qu'on voudra, comme aux Sybilles ; car il y a tant de moyens d'interpretation qu'il est malaisé que, de biais ou de droit fil, un esprit ingenieux ne rencontre en tout sujet quelque air qui luy serve à son poinct (586 A).

Beaucoup de mots importants sont là. Plis et lustres du côté du texte, curiosité et ingéniosité du côté de l'interprète. Un "esprit ingénieux" ou *ingeniosus*, c'est-à-dire inventif (voyez *ingenii* dans la phrase des *Académiques* de Cicéron citée il y a un moment), peut faire dire au texte ce qu'il veut, d'autant plus que le texte est "ambigu et difficile", comme Montaigne l'avait d'abord écrit. Il y suffit de la "cure" ou du soin. Ces termes sont souvent accouplés : "ingenieusement et curieusement" (I, 31, 211 C) ; "curieuse et ingenieuse recherche" (II, 12, 449 C) ; "ingenieuse et subtile" (III, 12, 1059 C). Montaigne les prend alors en mauvaise part : "Il disent assez veritablement et utilement, s'ils disent ingenieusement" (III, 6, 899 B), juge-t-il des auteurs qui n'hésitent pas à préférer la vraisemblance à la vérité.

La critique de l'allégorèse s'est placée encore une fois sur le terrain de la divination : j'y reviendrai. Pour le moment, signalons que cette mise en garde appelle une critique en bonne et due forme de l'allégorie homérique, le modèle de l'allégorie herméneutique :

> Homere est aussi grand qu'on voudra, mais il n'est pas possible, qu'il ait pensé à representer tant de formes, qu'on luy donne (586, note 15).

Montaigne, dans cette variante de 1580, convoque le lieu commun de l'intention allégorique d'Homère. La proposition a été corrigée dans l'exemplaire de Bordeaux, où la rencontre avec Rabelais est rendue plus frappante par la similitude des tours syntaxiques :

> Est-il possible qu'Homere aye voulu dire tout ce qu'on luy faict dire ; et qu'il se soit presté à tant et si diverses figures que les theologiens, legislateurs, capitaines, philosophes, toute sorte de gens qui traittent sciences, pour differemment et contrairement qu'ils les traittent, s'appuyent de luy, s'en rapportent à luy (586 C).

La question rhétorique posée à propos d'Homère – une sorte d'argument ironique ou "entreptique", destiné à faire honte – rappelle la forme même du prologue de *Gargantua* :

> Croiez vous en vostre foy qu'oncques Homere, escrivent l'*Iliade* et *Odyssée*, pensast es allegories lesquelles de luy ont calfreté Plutarche, Heraclides Ponticq, Eustatie, Phornute, et ce que d'iceulx Politian a desrobé ?

Montaigne s'en prend à un de ses amis qui déchiffre chez Homère des coïncidences avec la doctrine chrétienne et qui les impute au "dessein d'Homere". Deux autres additions importantes de l'exemplaire de Bordeaux critiquent le "stile nubileux et doubteux" qui favorise les interprétations (586 C), ainsi que la lecture contemporaine de Platon : "Chacun, s'honorant de l'appliquer à soi, le couche du costé qu'il le veut" (587 C), comme de lui faire condamner la pédérastie. Rien cependant sur la Bible. A travers ces différents exemples, Montaigne trouve encore son argument essentiel contre l'interprétation allégorique dans la divination, qui semble donner à ses yeux la preuve irréfutable de la vanité de l'allégorèse : "Quiconque a eu besoin d'oracles et de predictions, en y a trouvé pour son faict" (586 A). L'affaire paraît réglée, le doute sur l'intention d'Homère ayant servi en somme de flèche du Parthe : faute d'intentionnalité avérée, point d'allégorie légitime.

Cette conclusion est pourtant prématurée. Dans *Des livres*, Montaigne, qui semble s'en prendre seulement à lui-même s'il ne sait pas pénétrer le sens profond d'un livre, postule de ce fait que le livre peut avoir un sens profond. "Il [mon jugement] s'en prend à soy, et se condamne, ou de s'arrester à l'escorce, ne pouvant penetrer jusques au fons, ou de regarder la chose par quelque faux lustre" (II, 10, 410 A). Le lustre, comme dans le passage de l'*Apologie* précédemment cité, c'est un éclat, un reflet du texte ; il suppose un certain point de vue, celui d'un interprète. Mais l'opposition de l'écorce et du fond place en revanche le sens dans le texte. Voilà deux termes aussi inséparables de la problématique de l'allégorie que ceux de l'os et de la moelle : "tantost il luy en donnera la moelle et la substance toute maschée", écrivait Montaigne du gouverneur et de son élève (I, 26, 160 A), tandis que, dans *Des livres* même, il revient sur "ce qu'il y a de vif et de mouelle" qui est étouffé par les longueurs chez Cicéron (II, 10, 413 A). Mais n'y a-t-il pas là, dans cette mise en cause de soi-même, quelque ironie puisque Montaigne vient de donner comme exemple de son impuissance à aller au fond des textes et à leur trouver un sens profond, son peu de goût pour un dialogue, l'*Axioche*, dont l'attribution à Platon est contestée. "Il [mon jugement] pense donner juste interpretation aux apparences que sa conception luy presente ; mais elles sont imbecilles et imparfaictes" (410 A). Faut-il aller au-delà de l'apparence ? Montaigne semble réfuter tous les indices de l'allégorie. Il répond cependant à cette question par le passage le plus précis sur l'allégorie de tous les *Essais* :

> La plus part des fables d'Esope ont plusieurs sens et intelligences. Ceux qui les mythologisent, en choisissent quelque visage qui quadre bien à la fable ; mais pour la pluspart, ce n'est que le premier visage et superficiel ; il y en a d'autres plus vifs, plus essentiels et internes, ausquels ils n'ont sçeu penetrer : voylà comme j'en fay (410 A).

Le raisonnement est troublant car il commence par une assertion forte : certains textes ont plusieurs sens. Les "mythologiser", c'est les allégoriser ou interpréter allégoriquement l'un de leur "visages". Voilà le plus disposé que Montaigne semble jamais être à reconnaître la présence d'allégories dans un texte. Il paraît accepter la légitimité de l'interprétation allégorique des fables d'Ésope. La plupart des lecteurs, dont lui-même, s'arrêtent au "premier" sens, au sens "superficiel", c'est-à-dire à la lettre ou à l'histoire. Mais Montaigne, à cette surface (l'écorce, le voile ou le corps), oppose un sens ou des sens plus "vifs" (comme la moelle), plus "internes" (comme le fond), plus "essentiels" (comme la substance). Le dénouement tient un peu de la pirouette ou de la fin de non-recevoir : "voylà comme j'en fay". Montaigne coupe court à cette digression aventureuse ("Mais, pour suyvre ma route"), et retourne à la confession de ses poètes préférés, un sujet plus facile.

C'est le seul endroit où Montaigne soit amené à défendre l'allégorie traditionnelle : on a vu avec quelles précaution et ambivalence. Il ne revient nulle part ailleurs sur l'interprétation des fables, pas plus qu'il ne laisse jamais soupçonner qu'il connaisse la longue tradition de l'Ovide moralisé lorsqu'il loue les *Métamorphoses*. Mais cette unique allusion à la légitimité qu'il y aurait pour certains lecteurs à "mythologiser" certains textes, sans faire mention de leur intentionnalité, témoigne à elle seule du lien qu'il y a entre l'allégorie et l'hypothèse du "suffisant lecteur". Au chapitre *Divers evenemens de mesme conseil*, Montaigne signale le rôle de la "fortune" dans les arts : médecine, poésie, peinture. L'artiste ou l'artisan s'étonne parfois lui-même de son œuvre, de ce qu'elle est devenue malgré lui. Montaigne poursuit :

> Mais la fortune montre bien encores plus evidemment la part qu'elle a en tous ces ouvrages, par les graces et beautez qui s'y treuvent, non seulement sans l'intention, mais sans la cognoissance mesme de

> l'ouvrier. Un suffisant lecteur descouvre souvant és escrits d'autruy des perfections autres que celles que l'autheur y a mises et apperceües, et y preste des sens et des visages plus riches (I, 24, 127 A).

Les mots "sens et visages" sont une fois de plus appariés. L'idée sera reprise dans l'exemplaire de Bordeaux, en marge du chapitre *De l'institution des enfans* :

> J'ay leu en Tite-Live cent choses que tel n'y a pas leu. Plutarque en y a leu cent, outre ce que j'y ay sceu lire, et, à l'adventure, outre ce que l'autheur y avoit mis (I, 26, 156 C).

Mais si la fortune (est-ce d'ailleurs le hasard ou la Providence, l'absence de toute intention ou la présence d'une intention supérieure ?) joue un rôle dans l'art et si elle est responsable de la pluralité du sens des textes, peut-on encore parler d'allégorie, sinon au sens le plus général et vague du "parler autrement" que désignait l'étymologie grecque ? L'allégorie s'évanouit, se dissout dans une polysémie généralisée. Là où on pensait la trouver, elle fuit en s'étendant par contagion à toute la littérature.

Parvenus en ce point d'un parcours sinueux à la chasse à l'allégorie dans les *Essais*, nous reviendrions bredouilles si nous devions en rester là. L'allégorie est prise en tenaille par Montaigne : d'une part elle est réduite à la divination, à l'occultisme ou à l'ésotérisme ; d'autre part elle est étirée jusqu'à comprendre tous les textes dans une polysémie générale livrée au "suffisant lecteur". Entre les deux, il n'en reste apparemment rien de propre. Mais comment pourrait-on perdre tout à fait la trace dans les *Essais* de l'immense tradition de l'allégorie à peine interrompue ? Je la poursuivrai cependant jusque dans deux repaires où il me semble qu'elle se terre : la prédilection de Montaigne pour le couple ouvert/couvert et sa réhabilitation tardive du voile et de la rhétorique. Un troisième retranchement de l'allégorie, probablement le plus important, dépend de l'ébauche de la gradation pascalienne qui apparaît en divers lieux des *Essais* : j'en parlerai ailleurs[1]. Puisque l'allégorie n'est pas nommée, il s'agit toujours de traquer les résurgences de son lexique.

On connaît l'immense domaine du couple lexical ouvert/couvert chez Montaigne. Or, cette paire est la forme sous laquelle se présente l'allégorie médiévale, par exemple dans le *Roman de la Rose*, quand le terme même n'apparaît pas. Le couple overt/covert, relatif au texte, y est redoublé par une autre paire équivalente du côté de l'auteur ou de l'interprète : repondre/espondre, c'est-à-dire cacher/expliquer[2]. Dans les *Essais*, l'opposition de l'ouvert et du couvert, ou de la voie ouverte et de la voie couverte, est celle sur

---

1 Voir "Les allégories de l'histoire", *Montaigne et le Nouveau Monde*, Actes du Colloque de Paris (1992), Paris, Champion, 1992.

2 Voir Renate Blumenfeld-Kosinski, "'Overt' and 'Covert' : Amorous and Interpretive Strategies in the *Roman de la Rose*", à paraître dans *Romania*, 1992.

laquelle le chapitre *De l'utile et de l'honneste* se fonde en entier : "Les gens du mestier se tiennent les plus couverts. [...] J'ay une façon ouverte" (III, 1, 791-792 B). Et ainsi de suite jusqu'à cette belle addition de l'exemplaire de Bordeaux qui résume fortement le sens du chapitre : "Un parler ouvert ouvre un autre parler et le tire hors, comme faict le vin et l'amour" (794 C). Je ne prétendrai pas que le couple ouvert/couvert désigne ici directement l'allégorie. Il est infléchi du côté de la sincérité et de l'hypocrisie, de la franchise et de la feintise ; il sert en particulier à la critique du machiavélisme. Mais la problématique de l'interprétation allégorique n'est pas éliminée pour autant : toute parole est présentée comme un texte – "Je parle au papier comme je parle au premier que je rencontre" (790 B), écrit Montaigne en tête du chapitre – et il s'agit bientôt de savoir comment distinguer la véritable voie ouverte de la voie apparemment ouverte mais qui est en vérité un masque, car "la confession de la vertu ne porte pas moins en la bouche de celuy qui la hayt" (790 B). Le couple ouvert/couvert n'est pas dissociable d'une herméneutique capable d'interpréter l'énonciation au-delà de l'énoncé, et de séparer l'ouverture par couverture de l'ouverture par ouverture, la couverture par ouverture de la couverture par couverture. Le même paradoxe apparaît dans *De l'art de conferer* : "Autant peut faire le sot celuy qui dict vray, que celuy qui dict faux" (III, 8, 928 B), et sa résolution suppose une herméneutique des niveaux d'intention qui pointe déjà vers la gradation. Au demeurant, et pour compliquer encore le problème, l'ouvert est en même temps valorisé sous l'espèce de la franchise vis-à-vis du mensonge, et dévalorisé sous l'espèce du bavardage vis-à-vis de la discrétion. Les termes se renversent l'un dans l'autre et pour saisir leur valeur, il faut pénétrer la profondeur des discours et des actes. "Ma liberté, dit Montaigne, m'a aussi aiséement deschargé du soubçon de faintise par sa vigueur [...] et qu'elle a une montre apparente de simplesse et de nonchalance" (792 B). Montaigne est très vite mené à une psychologie intersubjective complexe, dépendant encore de la question, peut-être de l'aporie, de l'intentionnalité. Mais le souci de l'intention n'est pas encore l'allégorie, même si les deux notions sont souvent liées par la tradition.

L'allégorie a-t-elle trouvé refuge dans ce chapitre du livre III où de nombreux critiques récents ont vu une réhabilitation de la rhétorique, longtemps discréditée dans les *Essais ?* On connaît le revirement ou la palinodie à laquelle le chapitre *Sur des vers de Virgile* donne lieu, car la voie couverte, après avoir été initialement dénoncée comme une hypocrisie : "Qu'a faict l'action genitale aux hommes [...] pour n'en oser parler sans vergnongne et pour l'exclurre des propos serieux et reglez ? " (III, 5, 847 B), est pour finir louée comme un art de l'ellipse chez les plus grands poètes, dans les vers de Virgile et de Lucrèce : "Elles [les paroles] signifient plus qu'elles ne disent" (873 C). Plus, c'est-à-dire ni autre chose ni le contraire : ne prétendons pas là non plus qu'il soit directement question de l'allégorie ni de l'ironie.

> Les vers de ces deux poëtes, traitant ainsi reservéement et discrettement de la lascivité comme ils font, me semblent la descouvrir et esclairer de plus pres. [...] il y a certaines choses qu'on cache pour les montrer. Oyez cettuy-là plus ouvert, *Et nudam pressi corpus adúsque meum* : il me semble qu'il me chapone. [...] Celuy qui dict tout, il nous saoule et nous desgouste ; celuy qui craint à s'exprimer nous achemine à en penser plus qu'il n'en y a (880 B).

La litote, ou la *significatio* évoquée par d'autres critiques, n'est pas réductible à l'allégorie, mais si nombreux sont ici les termes qui appartiennent à son système plutôt qu'à celui de l'ellipse, que la problématique de l'*integumentum*, le voile à la fois opaque et transparent de l'allégorie, s'impose. Le couple ouvert/couvert est de retour, mais cette fois le terme ouvert est déprécié et le terme couvert apprécié, selon toute une série d'images du voile (sur le sein des femmes et les objets sacrés), de l'ombre qui donne du "lustre" aux tableaux – rappelez-vous le rapport du lustre et du pli du texte –, enfin du reflet qui renforce l'effet du soleil et du vent[1]. "L'amour des Espagnols et des Italiens, plus respectueuse et craintifve, plus mineuse et couverte, me plaist" (880 B). Le plaisir – un plaisir de l'allégorie – se tient du côté du couvert, la supercherie du côté de l'ouvert.

Or, cette réflexion sur la supériorité de la voie couverte sur la voie ouverte aboutit à l'image des degrés ou de la gradation, vantant la chasse contre la prise :

> Qui n'a jouyssance qu'en la jouyssance, qui ne gaigne que du haut poinct, qui n'aime la chasse qu'en la prinse, il ne luy appartient pas de se mesler à nostre escole. Plus il y a de marches et degrez, plus il y a de hauteur et d'honneur au dernier siege. Nous nous devrions plaire d'y estre conduicts, comme il se faict aux palais magnifiques, par divers portiques et passages, longues et plaisantes galleries, et plusieurs destours (881 B).

Jean Starobinski, à propos de ce passage, parle, fort à propos il me semble, d'"itinéraire allégorique", de "labyrinthe" et de "palais métaphorique"[2]. Terence Cave, sans mentionner ce passage mais dans un esprit très voisin, évoque, à la suite de Carlo Ginzburg, l'analogie de la chasse et d'une rhétorique différente, d'une rhétorique revalorisée, procédant selon ce qu'il appelle un "modèle cynégétique" séquentiel au lieu du modèle vertical traditionnel[3]. Avec la chasse ou le désir, nous mettrions en jeu une autre sorte d'allégorie (si le

---

1 "Allegories ought to be disguis'd, but not obscure'd : An Allegory should be like a Veil over a beautiful Face, so fine and transparent, as to shew the very Charms it covers" (Pope, *Iliad*, XXI, 1. 556 (vol. 8, p. 445)). Pope commente ainsi les combats des Dieux chez Homère, à l'origine même de l'allégorie herméneutique.

2 Jean Starobinski, *Montaigne en mouvement*, Gallimard, 1982, p. 232.

3 Terence Cave, *Recognitions : A Study in Poetics*, Oxford University Press, 1988, p. 250-255.

terme est encore pertinent), syntagmatique et non paradigmatique, linéaire et non typologique, s'étendant en surface au lieu de s'étager en profondeur, une allégorie perçue non pas en termes de niveaux de sens mais de parcours de sens, inductive et non déductive. Le terme de "gradation" ne serait peut-être pas alors le meilleur et Montaigne le corrige en effet plus bas – c'est sa seule occurrence dans les *Essais* – en lui adjoignant celui de "longueur", pour désigner l'exaltation du plaisir par la suspension, c'est-à-dire une sorte de parcours horizontal et sans fin du désir : "Je louë la gradation et la longueur en la dispensation de leurs faveurs" (884 B). Or l'allégorie, sous sa forme rhétorique de métaphore continuée, n'a-t-elle pas toujours inclu cette dimension ? Cicéron et Quintilien, cherchant à la classer, se heurtaient déjà à son ambivalence.

Dans cet art de la longueur nouvellement promu par Montaigne, à la fois elliptique et allégorique, l'ingéniosité elle-même, le plus souvent prise en mauvaise part, comme la "cure" ou la curiosité, se trouve même elle aussi parfois rachetée :

> Pour en ranger davantage, je n'en entasse que les testes. Que j'y attache leur suitte, je multiplieray plusieurs fois ce volume. Et combien y ay-je espandu d'histoires qui ne disent mot, lesquelles qui voudra esplucher un peu ingenieusement, en produira infinis Essais (I, 40, 251 C).

Il revient au "suffisant lecteur" d'interpréter, d'"éplucher ingénieusement" le livre de Montaigne, de prolonger ses "semences" comme il les appelle quelques lignes plus bas. Ce n'est pas tout à fait le modèle cynégétique proposé par Cave mais nous n'en sommes pas loin. L'ingéniosité est réhabilitée comme une forme de la *mêtis* grecque, ce savoir pratique et profane incarné dans les ruses d'Ulysse.

Une limitation subsiste cependant : Cave, après Ginzburg, souligne que le modèle cynégétique a "une contrepartie surnaturelle ou religieuse dans la pratique de la divination, dans la lecture prophétique des signes [...] ; la lecture cynégétique reconstruit une séquence passée tandis que la lecture prophétique construit une séquence future"[1]. Si Montaigne promeut un modèle cynégétique ou érotique de l'allégorie, en revanche sa contrepartie divinatoire reste proscrite, comme l'établit cette addition de l'exemplaire de Bordeaux au chapitre *Des prognostications* :

> c'est un amusement d'esperits aiguz et oisifs, [et] ceux qui sont duicts à ceste subtilité, de les replier et desnouer, seroyent en tous escrits capables de trouver tout ce qu'ils y demandent. Mais sur tout leur preste beau jeu le parler obscur, ambigu et fantastique du jargon prophetique, auquel leurs autheurs ne donnent aucun sens clair, afin que la posterité y en puisse appliquer de tel qu'il luy plaira (I, 11, 44 C).

1 *Ibid.*, p. 251.

Le modèle érotique ou cynégétique de l'allégorie ne sert nulle part à racheter les faux prophètes.

Peut-on préciser encore les contours de l'allégorie sauvée dans *Sur des vers de Virgile* ? Au début du chapitre, une addition postérieure à 1588 prépare le dénouement palinodique, en dénonçant notre hypocrisie à propos de l'"action genitale" : "Ny n'osons la fouëtter qu'en periphrase et peinture" (848 C). La périphrase – si Montaigne emploie bien le terme au sens rhétorique de l'expression indirecte ou de la circonlocution, et non pas simplement au sens dérivé de l'euphémisme – semble désigner la mauvaise voie couverte ou la dissimulation. Mais la "peinture de la poesie" (849 B) est louée dès la page suivante dans les vers de Virgile : "Elle represente je ne sçay quel air plus amoureux que l'amour mesme. Venus n'est pas si belle toute nue, et vive, et haletante, comme elle est icy chez Virgile" (849 B). Ce qui avait commencé comme un paradoxe – la peinture est à la fois mauvaise, comme périphrase, et bonne, comme poésie – se résoudra dans une volte-face revalorisant l'*integumentum*. Or Vénus, autour de laquelle toute la démonstration se fonde à travers le commentaire des vers de Virgile puis de Lucrèce, au lieu d'une périphrase sournoise, qu'est-elle sinon la personnification même de la beauté ou l'amour, un anthropomorphisme ou une allégorie, le détour heureux opposé à la duplicité de la périphrase ? C'est avec Vénus, en Vénus, que l'allégorie est sauvée, et Montaigne n'évite plus d'y recourir. Vénus, au long de ce chapitre, c'est le nom d'autre chose. Après l'excursus comparant la vigueur des vers antiques et l'impuissance de la langue contemporaine, Montaigne revient ainsi à son thème :

> [B] Or donc, laissant les livres à part, parlant plus materiellement et simplement, je trouve apres tout que l'amour n'est autre chose que la soif de cette jouyssance [C] en un subject désiré, ny Venus autre chose que le plaisir à descharger ses vases (877).

Voilà bien un parler droit, où l'allégorie a remplacé la périphrase[1].

Un dernier point : Vénus, allégorie de l'amour et rédemption de l'allégorie (c'est le type même de l'interprétation psychologique ou physiologique des dieux, comme dans les débuts de l'allégorie grecque), est une femme. L'allégorie est une femme ; c'est comme une femme qu'elle est rédimée. Cela nous rappelle tout un fil du texte opposant le désir masculin et le désir féminin, le corps masculin et le corps féminin, le vêtement masculin et le vêtement féminin. Dans la réhabilitation de l'allégorie, l'homme est toujours

---

1 André Tournon remarque que les vers de Virgile et de Lucrèce cités par Montaigne sont en fait précis et très crus ; il pense que Montaigne les juge quand même voilés et bienséants parce qu'ils situent leur objet dans le monde mythique des dieux et des déesses, non pas dans le vécu mais dans la fable ("Les jeux de l'«honnesteté»", *RHR*, 1985, p. 268-269). C'est une autre façon de reconnaître que l'allégorie plutôt que l'ellipse est en question dans *Sur des vers de Virgile*.

du côté de la mauvaise couverture, de la périphrase, de la dissimulation, de l'emphase, tandis que la femme a naturellement sa place du côté de l'*integumentum*. Telle est la critique des grandes braguettes concluant l'énumération des cultes ithyphalliques :

> Que vouloit dire cette ridicule piece de la chaussure de nos peres, qui se voit encore en nos Souysses ? A quoy faire la montre que nous faisons à cette heure de nos pieces en forme, soubs nos gregues et souvent, qui pis est, outre leur grandeur naturelle, par fauceté et imposture ? (859 B)

La braguette (on songe à celle de *Gargantua* mais aussi à celle de Panurge)[1] est le paradigme de la couverture trompeuse. "L'habit ne fait point le moine", selon le proverbe cité par Érasme dans "Les Silènes d'Alcibiade" et repris dans le prologue de Gargantua. La braguette, c'est "chat en poche", selon une autre expression citée dans *Sur des vers de Virgile*, pour excuser l'inconstance des femmes :

> Elles peuvent alleguer comme nous l'inclination, qui nous est commune, à la varieté et à la nouvelleté, et alleguer secondement sans nous, qu'elles achetent chat en poche (885 B).

C'est-à-dire qu'elles n'ont vu que l'apparence, ou la braguette. "Vous n'achetez pas un chat en poche", écrivait déjà Montaigne dans *De l'inequalité qui est entre nous*, pour regretter qu'on s'attache trop au paraître :

> Pourquoy, estimant un homme, l'estimez vous tout enveloppé et empacqueté ? Il ne nous faict montre que des parties qui ne sont aucunement siennes, et nous cache celles par lesquelles seules on peut vrayement juger de son estimation. C'est le pris de l'espée que vous cherchez, non de la guaine (I, 42, 259 A).

Le contexte n'est pas ouvertement sexuel mais trop de termes seront repris avec un sens génital dans *Sur des vers de Virgile*, lorsque Montaigne s'y plaint de la "lesion enormissime" que la nature lui a causée ("Chacune de mes pieces me faict esgalement moy que toute autre. Et nulle autre ne me faict plus proprement homme que cette cy" (887 C)), pour que l'"empaquetage" et les "parties" n'aient pas aussi une valeur physique. L'analogie de la gaine et de l'épée vient d'ailleurs renforcer ce sens-là de l'inégalité entre les hommes[2]. L'homme est vite dénudé mais le désir féminin, tel que Montaigne le perçoit (on pourrait bien sûr le taxer de misogynie), connaît, lui, tant de degrés qu'il ne livre jamais son sens. Les femmes qui n'ont pas vu leurs maris tout nus

---

1 Voir Terence Cave, *The Cornucopian Text : Problems of Writing in the French Renaissance*, Oxford University Press, 1979, p. 291.

2 Huguet, dans son *Dictionnaire de la langue française du XVIe siècle*, cite l'expression "Ne point acheter chat en sac" dans les *Commentaires* de Monluc. Le sens libre est probable, "chat" désignant le sexe de la femme auprès de "chatte". Ernest Feydeau intitulera une comédie *Chat en poche*... Je ne développerai pas cette suggestion.

avant le mariage ont une excuse pour leur inconstance, mais si les hommes voyaient leurs fiancées dévêtues, ils n'en sauraient pas plus : "Et où elle [nature] a voulu que nos appetis eussent montre et declaration prominante, ell'a faict que les leurs fussent occultes et intestins" (884 B). Là où la braguette de l'homme est une allégorie de rien, le sexe de la femme, le désir féminin est la véritable allégorie impénétrable, le labyrinthe même, pour Montaigne comme pour Panurge dans le *Tiers Livre*.

Puis-je alors revenir à la "chambriere" du chapitre *De la vanité des paroles*, dont le "babil" contient "metonomie, metaphore, allegorie", et demander : pourquoi était-ce une "chambriere" ? N'est-ce pas le babil féminin qui justifie, avec la poésie de Virgile et de Lucrèce, la réhabilitation des "figures" – ce mot revient à chaque page du chapitre – dans *Sur des vers de Virgile* ? "Apprenons aux dames à se faire valoir, à s'estimer, à nous amuser et à nous piper" (880 B). Voilà un "éloge du maquillage" déconcertant chez Montaigne. L'allégorie est rachetée comme badinage féminin, comme érotique de la langue, gradation sans fin, chasse sans prise. Ce devait être une "chambriere" parce que c'est comme femme que l'allégorie est sauvée par Montaigne. "Apprenons aux dames" à parler par "metonomie, metaphore, allegorie". Nouveau et dernier cas de gradation, car les dames doivent retrouver ce que les "chambrieres", elles, n'ont jamais oublié : que l'allégorie est une femme.

Antoine COMPAGNON
Columbia University, New York

MONTAIGNE ET L'ART DU "DISTINGO"

Voici quatre ans, à l'ouverture d'un colloque tenu à Cambridge, Madame Odette de Mourgues nous parlait, d'une façon très personnelle, de l'"intelligence" de Montaigne[1]. Intelligence : un mot bien vague d'habitude, auquel elle avait su donner un sens très riche en traitant des *Essais*. Depuis ce moment-là, je me demande souvent ce qui constitue l'"intelligence" de Montaigne dans sa manière d'écrire. Si bien qu'au moment de proposer un sujet aux organisateurs de ce colloque, je me suis dit que le *distingo* était peut-être l'un des moyens de cette écriture si constamment intelligente. Les réflexions qui vont suivre ont donc pour point de départ cette phrase de II, 1 : "Je n'ay rien à dire de moy, entierement, simplement, et solidement, sans confusion et sans meslange, ny en un mot. DISTINGO est le plus universel membre de ma Logique" (335 B). Phrase bien connue des montaignistes, récemment commentée par Ian Maclean[2] et Georges Hoffmann[3], et qui fait surgir un tourbillon d'idées. Ce que l'auteur veut dire est apparemment simple : l'observation de son moi lui a révélé que les sentiments, les passions, les états de conscience se succèdent très rapidement en lui. Impossible de les fixer, impossible de se qualifier durablement : toutes les "contrarietez" se trouvent en lui. Voilà pourquoi il lui faut encore et toujours distinguer et se garder comme de la peste de toute généralisation. Etrange logique cependant que celle-ci puisqu'elle ne comporte qu'une seule opération, devenue de ce fait universelle. Et surprenant tour de passe-passe qui exclut l'universel de l'objet considéré tout en le récupérant du côté des opérations de l'esprit. En même temps, Montaigne détourne de son sens un des termes classiques de la *disputatio* médiévale. Le *distingo* scolastique n'a rien à voir avec celui de Montaigne, puisque, comme le résume également Furetière, c'était "un terme d'école dont on se servait pour se défaire d'un argument". Il précédait en général un *concedo* (j'accorde ceci) et un *nego* (je le nie). Egratigné par Erasme dans un passage de l'*Eloge de la Folie*[4], il connaît un discrédit certain à l'époque de Montaigne, et Molière plus tard lui portera le coup de grâce lorsqu'il le placera dans la bouche de Thomas Diafoirus. L'idée

---

1 Cette partie de son intervention ne se trouve pas dans le texte imprimé de sa communication : "Passé, présent, futur dans les *Essais*", *Montaigne in Cambridge*, Cambridge, 1989, p. 1-6.

2 "Le païs au delà : Montaigne and philosophical speculation", in *Montaigne*, éd. I. D. McFarlane et I. Maclean, Oxford, Clarendon Press, 1982.

3 "Fonder une méthode à la Renaissance", *BSAM*, juillet-décembre 1990 et juillet-décembre 1991 ; voir en particulier le deuxième de ces articles.

4 *ASD*, IV, 3, p. 146, l. 392-393. Les *distinctiones* permettent aux scolastiques d'échapper à toutes les objections.

négative que Montaigne se faisait de la scolastique médiévale ne pouvait que nuire à un terme indigne de l'honneur du grand "art de conférer", indigne en général des opérations de la pensée telles que les imagine l'auteur des *Essais*.

Car si le terme *distingo* ne se trouve qu'une fois dans son livre, l'opération qu'il désigne s'y rencontre fréquemment. Ce que je voudrais donc étudier, ce sont les pratiques de la distinction et de la division, inséparables pour Montaigne des activités de l'esprit. On verra qu'elles s'inscrivent dans une double tradition, rhétorique et philosophique, et que Montaigne transforme les moyens de dire et de penser que lui offrent ces traditions, inventant du même coup une façon nouvelle de philosopher.

Derrière le *distingo* montaigniste se trouve d'abord une figure de rhétorique : la *distinctio* de Quintilien[1], la *paradiastole* d'Aristote et des rhéteurs grecs. Celui-ci nous explique (*Rhétorique*, 1367 ab) que, dans le blâme, il faut faire d'un "homme prudent un peureux, et de celui qui a du cœur un homme agressif". A l'inverse, dans l'éloge, il faut faire "d'une âme simple un honnête homme et d'un apathique un homme facile à vivre". La règle, assez peu morale, est donc de "toujours prendre dans chaque caractère le trait qui l'accompagne", interprété dans un sens favorable ou défavorable. Quintilien reprend cette réflexion et donne des conseils analogues : cette figure pourra transformer la "sagesse" d'un homme politique en "savoir inepte", la "modération" en "lâcheté" (*Institution oratoire*, IX, III, 65). Par ailleurs il rapproche la *distinctio* de la *contentio* (antithèse), et de la *definitio*. L'orateur, jouant sur des notions voisines, est amené à les redéfinir. Ce procédé, assez douteux du point de vue éthique, devient fort intéressant si l'on remarque qu'il désigne en fait un travail sur la langue et sur les paronymes. L'orateur se veut précis, rigoureux, même si ce n'est pas pour une bonne cause.

Montaigne n'avait pas besoin d'être orateur pour deviner tout le parti qu'il pouvait tirer de la *distinctio* classique. C'est le besoin de précision et de lucidité qui explique son recours fréquent à cette figure. D'où ce genre d'énoncés fréquent dans les *Essais* : "Il ne faut pas appeller devoir (comme nous faisons tous les jours) une aigreur et aspreté intestine qui naist de l'intérest et passion privée" (III, I, 793 B) ; "appellons encore nature l'usage et condition de chacun de nous" (III, 10, 1009 B). Volonté de rigueur qui lui permet de protester contre la confusion des esprits : "nos gens appellent jugement, langage" (III, 5, 873 B). Ce qui ne veut pas dire que les distinctions proposées par les autres sont considérées comme nulles et non avenues. On le voit bien dans cette phrase de III, 1 qui concerne le portrait de Montaigne par lui-même : "Ceux qui disent communément contre ma profession que ce que

1 *Institution oratoire*, IX, III, 65. Voir aussi Cicéron, *De Inventione*, II, 165.

j'appelle franchise, simplesse et nayfveté en mes mœurs, c'est art et finesse, et plustost prudence que bonté, industrie que nature, bon sens que bon heur, me font plus d'honneur qu'ils ne m'en ostent" (795 B). Le portrait moral s'enrichit grâce à cette hésitation des mots et à ce sens très vif de leurs différences.

La *distinctio* peut permettre à l'écrivain de prendre la pose de l'homme franc, de celui qui ne se paie pas de mots. Il arrive à Montaigne d'exhiber ce goût du "parler vrai". Il est pourtant, d'une façon peut-être plus intéressante, un partisan résolu de l'atténuation et de l'euphémisme. J'en donnerai deux exemples. Le premier est emprunté au chapitre *De la vanité* et à son tableau des guerres civiles. Dans un pays ravagé par la guerre et la mauvaise foi, dans un corps politique profondément malade, "le membre moins malade s'appelle sain". A tort ? Non, à bon droit, répond Montaigne, "d'autant que nos qualitez n'ont tiltre qu'en la comparaison" (993 B). Montaigne légitime cette manière de dire prudente et sage car elle évite la tentation du désespoir. Le second exemple vient du chapitre III, 12, et de l'attitude adoptée par les paysans devant le malheur : "Les noms mesme de quoy ils appellent les maladies en adoucissent et amollissent l'aspreté : la phtisie c'est la tous pour eux ; la dysenterie, devoyement d'estomac ; un pleuresis, c'est un morfondement ; et selon qu'ils les nomment doucement, ils les supportent aussi" (1041 B). Les paysans en question n'ont pas, en fait, le choix des mots. Mais leur exemple intéresse un auteur qui, bien sûr, le possède et qui s'interroge sur les vertus pragmatiques du langage. L'expérience des humbles renforce sans doute Montaigne dans son hostilité à la médecine, coupable, entre autres choses, d'effrayer le malade avec des mots épouvantables. Si Montaigne aime le parler-vrai, il aime aussi le parler-doux, annonçant d'un côté comme de l'autre certaines réflexions du Grand Siècle.

Une simple figure de rhétorique nous a déjà entraînés vers la philosophie. Rien d'étonnant à cela puisque le *distingo* lui-même trouve une partie de sa signification dans la tradition de la *diairesis* (division) platonicienne. Même s'il ne cite pas les passages majeurs de Platon sur la science de la division, qui permet de donner une figure intelligible à la multiplicité du sensible, ceux du *Phèdre* par exemple[1], Montaigne connaît leur importance, peut-être même depuis l'enseignement de Grouchy au collège de Guyenne[2]. Montaigne n'est pas ramusien, comme l'a bien montré G. Hoffmann, mais il ne peut ignorer le

1 265 e-266 a ; voir aussi le *Philèbe*, 165 c ; le *Sophiste*, 253 cd ; et le *Politique*, 285 ab, 287 c.

2 Voir R. Trinquet, *La Jeunesse de Montaigne*, Paris, Nizet, 1972, p. 450 et suiv., et G. Hoffmann, article cité. L'hypothèse de ce critique est que Montaigne avait appris la *diairesis* (son *distingo*) dans les cours donnés à Paris par le médecin Jacques Dubois, dit Sylvius, disciple de Galien qui exposait cette méthode dans son *Ars Parva* : "Dans la traduction latine et dans les nombreux commentaires qui l'accompagnaient, on trouve souvent le verbe *distinguere* (*diastello*) employé dans ce sens" (*BSAM*, n° 25-26, p. 54).

recours presque systématique de Ramus à la pratique de la dichotomie. Les traces de cette méthode de la division, plus ou moins systématique, sont nombreuses dans les *Essais*.

Montaigne cite ainsi dans le chapitre II, 2 (*De l'yvrongnerie*) l'opinion de Socrate pour qui "le principal office de la sagesse estoit distinguer les biens et les maux" (340 C). C'est un souvenir du *Charmide*, 174 bc, qui ne donne pas encore une idée bien précise de la méthode, puisque cette division-là revient au discernement. Plus proche de la méthode platonicienne est l'allusion de III, 10, à la distinction qui doit être faite entre les besoins qui viennent de la nature et ceux que nous dicte l'opinion. Le plus important reste la mise en pratique de la méthode. Montaigne est conscient de sa difficulté : tout le monde n'est pas Socrate, et Ménon en a fait l'amère expérience lorsque, voulant définir la vertu, il se retrouva avec autant d'espèces de celle-ci qu'il y a d'états : "vertu d'homme et de femme, de magistrat et d'homme privé, d'enfant et de vieillart" (III, 13, 1070 B). La division platonicienne combine toujours une démarche ascendante et une démarche descendante (*Phèdre*, 265 de), seule manière de structurer le réel en fonction des idées[1].

Les chapitres consacrés à la gloire et à la présomption fournissent une bonne illustration de la méthode de division. Montaigne divise donc la notion de gloire en deux espèces : il y a celle qui vient des hommes, la gloire au sens ordinaire du mot. C'est le sujet de II, 16. Et "il y a une autre sorte de gloire, qui est une trop bonne opinion que nous concevons de nostre valeur" : c'est le sujet de II, 17, qui commence par la phrase que je viens de citer. Ce n'est pas tout : la présomption elle-même se divise en deux "parties" : "sçavoir est, de s'estimer trop, et n'estimer pas assez autruy" (633 A). Et Montaigne qui gambade un peu moins dans ce chapitre que dans d'autres, traite successivement, et bien sûr par rapport à lui, les deux aspects de la question, prenant bien soin que nous le suivions grâce à une transition très marquée : "Voylà donq jusques où je me sens coulpable de cette premiere partie, que je disois estre au vice de la presomption. Pour la seconde, qui consiste à n'estimer poinct assez autruy [...]" (658 A). Pour un peu, on serait tenté de représenter par un graphique ramusien cette série de dichotomies. La méthode est d'autant plus remarquable qu'elle prend place dans un diptyque qui commence par une profession de foi nominaliste : "Il y a le nom et la chose". Il me semble que Montaigne n'a pas abandonné tout espoir de voir clair dans les concepts ou les notions, sinon on comprendrait mal le soin qu'il prend de distinguer les diverses acceptions d'un mot. Le passage même d'un nom à un autre, du nom de gloire à celui de présomption pourrait montrer qu'il faut changer de nom quand on change d'objet. Les distinctions mises en œuvre dans

1 Voir R. Blanché, *La Logique et son histoire d'Aristote à Russell*, Paris, A. Colin, 1970, p. 22.

ces deux chapitres relèvent d'un travail précis sur les noms et les choses, travail indispensable à l'entreprise du moraliste.

Si Montaigne éprouve un plaisir certain à jouer de la distinction, il faut bien comprendre qu'il ne se sent tenu par aucune division préétablie. C'est ce que montre d'abord le chapitre *De l'amitié* (I, 28), qui mentionne en commençant les "quatre especes anciennes" de celle-ci : "naturelle, sociale, hospitaliere, venerienne" (184) – ce qui ne se trouve pas au reste dans l'*Ethique à Nicomaque* souvent donnée comme source[1]. Aussitôt, pourtant, il dénie à chacune de ces espèces le nom d'amitié, ce qui passe par un changement de vocabulaire : "des enfans aux peres, c'est plutost respect". La liste est donc évoquée mais aussi contestée, et par ailleurs Montaigne, qui nous épargne l'examen de ces quatre "especes", ajoute à celles-ci, sans la nommer, la "licence Grecque [...] justement abhorrée par nos meurs" (187). Le tout pour affirmer que son expérience singulière de l'amitié ne trouve place dans aucune catégorie constituée. La distinction philosophique recourt alors à la *distinctio* rhétorique : "ce que nous appellons ordinairement amis et amitiez, ce ne sont qu'accoinctances et familiaritez" (188). L'expérience singulière, associée à celle de l'indicible, a besoin de mots nouveaux. Pourquoi alors commencer par une taxinomie inadaptée ? Pour mieux faire sentir, en creux, ce que n'est pas l'amitié. Linguistique négative, en quelque sorte, comme il y a une théologie négative.

Un traitement plus ironique est réservé à l'une des plus fameuses divisions platoniciennes : celle des quatre fureurs. Montaigne se réfère au *Phèdre* dans une phrase bien connue du chapitre *Sur des vers de Virgile* : "Noz maistres ont tort dequoy, cherchant les causes des eslancements extraordinaires de nostre esprit, outre ce qu'ils en attribuent à un ravissement divin, à l'amour, à l'aspreté guerriere, à la poësie, au vin, ils n'en ont donné sa part à la santé" (844 C). Nous avions depuis Platon quatre fureurs : en voici cinq. Grâce à un "noz maistres", aussi désinvolte que pratique, une intruse s'est glissée dans la liste : l'"aspreté guerriere", qui vient peut-être du *Problème XXX* d'Aristote. Non content de créer ainsi un monstre philosophique, Montaigne dénomme d'une manière bien peu ficienne l'une de celles-ci : la fureur dionysiaque devient le "vin", ce qui ne serait pas pour déplaire à Rabelais et à Ronsard. Cette lecture "matérialiste" d'un thème métaphysique se confirme enfin par l'apparition d'une sixième fureur, tout à fait inédite : la santé. On croit rêver ! Non seulement parce que la santé n'a rien de cette vacance de l'âme propre aux fureurs, mais parce que, traditionnellement, comme le rappelle Jean Starobinski, "la santé se définit par la balance exacte des fonctions et des

---

1 Livres VIII et IX. Dans un développement qui manque de netteté, Aristote semble distinguer l'amitié où l'on recherche l'utilité ; celle où l'on vise le plaisir ; et enfin celle qui est fondée sur la vertu.

éléments internes"[1], par un équilibre, une symétrie. La voici pourtant introduite dans cette liste d'états extrêmes. Conscient que ce coup de force a besoin d'un coup de pouce linguistique, Montaigne la présente comme "bouillante, vigoureuse, pleine". Nouvelle définition, en somme, renforcée par les images du "feu de gayeté" et des "eloises". Cette phrase nous montre donc les libertés prises par Montaigne avec les divisions traditionnelles. Il les récrit, mais il en a quand même besoin. La division possède le grand avantage de stimuler l'esprit. Loin de refléter le réel tel qu'il est, elle permet sa mise en forme.

Cela montre déjà que la division n'aura pas tellement pour rôle de multiplier le réel, ce qui est finalement sa fonction dans les écrits pyrrhoniens. L'*Apologie de Raimond Sebond* fait apparaître, à côté des doxographies qui divisent à l'infini, un type de pensée beaucoup plus neuf qui repose sur un *distingo* d'un nouveau genre. La pensée de Platon, par exemple, n'est pas divisée selon les contenus qu'elle possède, mais selon les intentions du philosophe : il y a ce qu'il a écrit "à certes", et ce qu'il a écrit "par jeu"[2] – celui-ci pouvant être, à la Renaissance, tout à fait sérieux. Fécond *distingo* car il permet de renouveler la connaissance d'autres philosophes, notamment les dogmatiques, qui "en cette obscurité et ignorance du monde" se sont efforcés de promener leur âme "à des inventions qui eussent au moins une plaisante et subtile apparence" (511 A). La philosophie ramenée à son pouvoir d'hypothèse, voilà sans doute l'une des idées les plus fortes des *Essais*. Elle a été rendue possible par un changement de point de vue qui passe de la considération des idées à celle de la fonction des discours philosophiques. Vigoureusement, Montaigne les ramène à deux : on écrit parce que l'on sait, ou pour explorer. A quoi bon dès lors s'engluer dans le résumé des 88 sectes recensées par Varron ? Il me semble bien que Montaigne est quelque peu ironique lorsqu'il confie à Juste Lipse le soin de "ramasser en un registre, selon leurs divisions et leurs classes, sincerement et curieusement, [...] les opinions de l'ancienne philosophie sur le subject de nostre estre et de noz meurs" (578 B). Quel "bel ouvrage" ce serait là, ajoute-t-il ! Si c'est le cas, pourquoi ne l'écrit-il pas lui-même ?

S'il ne le fait pas, c'est qu'il a trouvé mieux, beaucoup mieux : la réflexion subtile, celle du *distingo*. Mais la subtilité, telle qu'il la pratique, met en œuvre à la fois la division et la relation. Si la division aboutit à ce que les lointains cousins des dichotomies successives ne se reconnaissent pas un air de parenté, elle est vaine, et même dangereuse, car elle isole les uns des autres les aspects du réel et les objets de la pensée. Le chapitre *Des vaines subtilitez* (I, 54) nous éclaire tout à fait sur ce point. Il ne s'agit plus ici de

---

1 *Montaigne en mouvement*, Paris, Gallimard, 1982, p. 181.

2 *Essais*, II, 12, 508.

couper le même en deux parties. Il s'agit de rapprocher des réalités apparemment très distantes les unes des autres. Dans le langage de la logique aristotélicienne, le froid et la chaleur sont des opposés[1], de même que le savoir et l'ignorance. Montaigne les rapproche par un "biais" : "L'extreme froideur et l'extreme chaleur cuisent et rotissent [...]. La bestise et la sagesse se rencontrent en mesme point de sentiment et de resolution à la souffrance des accidens humains" (312 A). Le travail de rapprochement aboutit dans certains cas à un travail sur le vocabulaire, par exemple celui de l'ignorance. Parce que, dans un premier temps, il a rapproché l'ignorant et le vrai savant, Montaigne, dans un deuxième temps, invente un au-delà de la science, qui sera la fameuse "ignorance doctorale". L'ignorance est devenue double : elle est "abécédaire" et doctorale, ce qui ne signifie pas l'identité des deux espèces. On a parfois invoqué, à propos de ce passage et de quelques autres, l'influence de Nicolas de Cuse et de la théorie de la coïncidence des contraires[2]. Je ne crois pas qu'elle donne la clé de ce texte. Les deux ignorances restent distinctes en nature (et c'est bien pour les distinguer que Montaigne les désigne par deux adjectifs différents), elles se ressemblent seulement dans leurs effets, comme le montre bien la disposition de certains chiasmes : "les paisans simples sont *honnestes gens*, et *honnestes gens* les philosophes" (313 C). La relation s'établit grâce à l'idée d'honnêteté, et seulement par elle. La distinction est maintenue car elle est un rempart indispensable contre le confusionnisme intellectuel.

Les subtilités de Montaigne mettent par ailleurs en évidence un goût raffiné pour les extrêmes. Revenons, si vous le voulez bien, à l'une des phrases qui préparent le *distingo*, celle où Montaigne se présente comme "[B] honteux, insolent ; [C] chaste, luxurieux ; [B] bavard, taciturne ; laborieux, delicat ; ingenieux, hebeté ; chagrin, debonnaire ; menteur, veritable ; [C] sçavant, ignorant, et liberal, et avare, et prodigue" (335). Autant de "contrarietez", autant de schémas binaires reunissant des couples d'opposés. Un seul schéma ternaire : "liberal, avare, prodigue", inspiré peut-être par un souvenir de l'*Ethique à Nicomaque*, où l'avarice et la prodigalité apparaissent

---

1 Voir Aristote, *Catégories*, I, 10 ; et Ramus, *Dialectique*, éd. M. Dassonville, Droz, 1964, p. 76.

2 Voir H. Friedrich, *Montaigne*, Gallimard, 1968, p. 327 ; et plus récemment, bien qu'avec des nuances, R. Esclapez, "Montaigne et Nicolas de Cuse. Le thème de la "docte ignorance" dans les *Essais*", *Littératures*, n° 18, 1988. La comparaison est discutable parce que Montaigne, à la différence de Nicolas de Cuse, n'accorde aucun intérêt aux mathématiques. Or c'est la méthode mathématique qui peut donner une idée de la resolution des contraires ; à condition toutefois que la géométrie, qui elle aussi est soumise au principe de contradiction, puisse s'en libérer. Nicolas de Cuse essaie donc de bâtir une autre géométrie, où la figure "portée jusqu'à sa limite maximale et devenue infinie [...] coïncide [...] avec son contraire" (F. Bertin, in : *Nicolas de Cuse, Trois Traités sur la docte ignorance et la coïncidence des opposés*, éditions du Cerf, 1991, p. 19). Ainsi par exemple "le cercle infini coïncidera avec la droite infinie : car plus le diamètre de ce cercle augmentera, moins sa circonférence sera courbe et elle finira par devenir rectiligne" (*ibid.*, p. 19).

comme des vices, et la libéralité comme la vertu située au milieu[1]. Pourtant la construction de la phrase ne met pas en valeur cette vertu médiane et l'on voit bien que la volonté de Montaigne est de montrer comment il passe d'un extrême à l'autre. Mouvement que l'on retrouve dans bien des pages de son livre ; en III, 5, par exemple : "De l'excez de la gayeté, je suis tombé en celuy de la severité" (841 B) ; ou encore en II, 12, où Montaigne fait intervenir la théorie des humeurs : "Ou l'humeur melancholique me tient, ou la cholerique ; et de son authorité privée, à cet'heure le chagrin predomine en moy, à cet'heure l'alegresse" (566 A). Il n'est pas sûr que ce soit la fidélité au moi tel qu'il est qui explique ce discours. La preuve en est qu'on retrouve ce genre de schéma dans le chapitre 1 du livre II, où un passage concerne la difficulté rencontrée par le biographe quand il tente de comprendre, par exemple, la diversité (au sens le plus fort) des actions de Néron. Le *distingo* dont se sert Montaigne n'est pas seulement une manière de décrire la variété. Il est une mise en valeur de la conduite humaine, sollicitée par les extrêmes plus que par le milieu.

Défi pour l'analyse en quête d'unité, échec patent de la "forme du total"[2], les extrêmes dangereux en morale, possèdent une vertu stimulante pour l'intelligence. Ils évitent à l'auteur des *Essais* l'enlisement passif dans l'écriture du "contrerolle" et du "registre" ; ils le protègent contre ce qu'un historien de la philosophie appelait récemment la "différence indifférente"[3]. Ici encore, l'*Apologie de Raimond Sebond* réserve quelques surprises. Dans ce haut lieu de la liste, dans ce panorama des coutumes, des idées, des opinions, la ressemblance n'a pas perdu ses droits ; c'est elle qui rapproche les réalités les plus extrêmes : les coutumes religieuses des peuples du Nouveau Monde et les rites du christianisme le plus occidental : "on y trouve des nations, n'ayans, que nous sachons, ouy nouvelles de nous, où la circoncision estoit en credit [...] ; où nos jeusnes et nostre caresme estoit representé" (573 B). Ce passage, emprunté comme les autres exemples, à l'*Histoire générale des Indes* de Gomara, montre bien que la ressemblance peut inquiéter autant que la différence. Puisqu'il existe des pyrrhonismes trop tranquilles, Montaigne fait naître la surprise. Il distingue et puis rapproche, quitte à distinguer de nouveau, comme dans cette page où il compare la manière dont, ici et là-bas, les peuples rendent honneur aux rois : pour entrer au palais, nous mettons nos plus beaux habits, les Indiens choisissent les plus vils[4].

---

1 *Ethique à Nicomaque*, IV, 3.

2 II, 1, 337.

3 Pierre Magnard, in : *Charles de Bovelles, L'art des opposés*, Paris, Vrin, 1984 ; introduction, p. 8.

4 II, 12, 575.

La rhétorique prête main forte à ce constant travail de séparation et de rapprochement. Je pense à la métaphore, telle du moins qu'on l'envisage depuis les travaux de Paul Ricœur repris par Marie-Luce Launay[1] ; la métaphore qui procède en même temps d'une "activité classificatoire et déclassificatoire" puisque la différence est irréductible. Dans la même perspective, il faudrait faire une place à la paronomase qui travaille de son côté à tendre la signification[2]. Les *Essais*, sans doute, ne sont pas des effets : il ne faut pas que la ressemblance des sons nous trompe ; mais les *Essais* sont aussi, d'une certaine manière, des effets : c'est Montaigne lui-même qui nous le dit quand il affirme que son livre a exercé une action sur lui[3]. La paronomase ne serait que du clinquant si elle ne travaillait pas, à sa manière, le sens des mots. On pourrait même aller jusqu'à dire que la poétique de la rime (qui bien sûr, n'est pas toute la poésie) possède ce pouvoir de distinguer et de rapprocher. Elle contribue, sans doute, à expliquer la prédilection de Montaigne pour cette forme d'expression.

L'art de penser ne peut donc se passer du *distingo*. Et la raison en est bien simple : distinguer, c'est définir, et Montaigne a besoin de définitions. Voilà qui heurte en apparence l'idée que l'on se fait parfois de la philosophie de Montaigne, tellement sensible à l'ondoyant, au change, au divers ; un Montaigne héraclitéen qui préfèrerait le fleuve du devenir aux cristaux de la définition. Comment pourrait-on oublier cette condamnation apparemment sans appel de la définition qu'on trouve dans le dernier chapitre ? "On eschange un mot pour un autre mot, et souvent plus incogneu. Je sçay mieux que c'est qu'homme que je ne sçay que c'est animal, ou mortel, ou raisonnable" (1069 B). Rappelons quand même qu'il y a définition et définition ; que le recours au genre prochain et à la différence spécifique n'est pas une obligation ; et que les ramistes distinguaient la définition parfaite, arme du logicien, de la définition imparfaite, qui s'apparente à la description[4]. Quand Montaigne dit de la santé qu'elle est "un feu de gayeté", il est bien loin de la logique, et pleinement dans la poésie.

Vouloir faire l'économie de la définition, inséparable du *distingo*, c'est une utopie. La pensée la réclame parce qu'elle a besoin de stimulants. Montaigne se souvenait peut-être que l'*Eloge de la Folie* devait une partie de sa force à la célèbre division du chapitre 38, où nous lisons ceci : "Socrate enseigne dans le *Banquet* de Platon (180 d) l'art de la dichotomie, et comment on peut trouver deux Venus en une seule et faire deux Cupidons avec un seul [...].

---

1 "Question doubteuse : le langage, I", *BSAM*, n° 15-16, juillet-décembre 1983, p. 17.

2 Voir Quintilien, IX, III, 66.

3 II, 18, 665.

4 Voir Ramus, *Dialectique*, édition citée, p. 94 ; et M. Huchon, "Définition et interprétation dans le *Gargantua*", *Cahiers Textuels*, 34-44, 1989, n° 4-5, p. 22.

Il existe bien deux espèces de démence". Erasme garde donc bien la notion de Folie, quitte à la diviser. Du même coup, bien que séparées, les deux espèces de Folie entrent en dialogue. Rien ne permet de dire absolument que l'une est bonne ou l'autre mauvaise, et ce qui est vrai d'Erasme l'est aussi de Montaigne[1]. Il faut donc garder le concept pour faire fructifier les différences. Voilà la bonne division. Quant à la mauvaise, c'est celle qui, à l'inverse, émiette le sens en autant de morceaux qu'il y a d'atomes chez Epicure (III, 13).

La vie des mots et des notions est d'autant plus importante que nous n'avons pas accès à l'être. Ce point est trop bien établi pour qu'il soit nécessaire d'y revenir. Mais si l'ontologie est morte, le langage peut rester bien vivant, et il ne vit que de différences et de distinctions[2]. Montaigne le pense à sa manière, bien avant le structuralisme. D'où l'attention qu'il porte à la précision des mots et des idées. Ajoutons, d'une manière plus générale, qu'il y a chez lui une sainte horreur du vague et de l'informe. Montaigne est l'homme de la "sesie" rapide, nécessaire à qui veut éviter l'"escoulement" des choses. Rien de rigide ici, rien non plus de formel. Les *Essais* nous proposent plutôt de tremblantes identités, inventées par l'esprit de finesse et son alliée : la poésie, bien plus que la raison déductive.

Comment ne pas penser, dans ces conditions, à l'avenir classique du *distingo* ? Antoine Compagnon remarquait déjà il y a quelque temps l'abondance des phrases lapidaires et des formules sententieuses dans les *Essais*. "Le paradoxe, précisait-il, est que les sentences, pointes et saillies sont des affirmations ou des assertions, alors que Montaigne dit ne se méfier de rien comme de cela"[3]. La sentence équilibrée par l'anecdote, l'universel corrigé par le particulier : tel serait l'un des rythmes des *Essais*. Ajoutons que la sentence elle-même, quand elle est définition, ne s'inscrit pas toujours dans l'universel. Œuvre d'un instant, elle aime le précaire, chez La Rochefoucauld comme chez Montaigne. Ennemis l'un et l'autre du dogmatisme, ils cherchent autant qu'ils affirment. D'où le goût qu'ils ont, l'un et l'autre, pour les "identités déceptives" (la formule est de Roland Barthes)[4]. Celle-ci par exemple : "Nous appellons sagesse la difficulté de nos humeurs" (III, 2, 817). Ce qu'est la véritable sagesse, qui existe sans doute, Montaigne ne le dit pas forcément. A nous de le chercher, alertés par ces *distingo*, stimulés par ces distinctions,

---

1 Pour un point de vue assez différent, voir M. Screech, *Montaigne and Melancholy*, Duckworth, 1982, ch. IV, 2.

2 Tout comme la pensée elle-même : "La pensée exige une division interne — et que le même puisse s'opposer au même [...]. Il faut trouver en soi celui qui ne sait pas et celui qui sait" (Valéry, *Cahiers*, éd. "La Pléiade", t. I, p. 1029).

3 "La brièveté de Montaigne", in : *Les Formes brèves de la prose*, Vrin, 1984, p. 22.

4 *Nouveaux essais critiques*, Paris, Seuil, 1972, p. 76 ; cité par Pierre Lerat, "Le *Distinguo* dans les *Maximes* de La Rochefoucauld", in : *Les Formes brèves de la prose*, *op. cit.*, p. 93. P. Lerat remarque que la formulation de certaines maximes retrouve et transforme le *distingo* scolastique car elle suppose une concession suivie d'une négation.

œuvre d'une intelligence toujours en éveil et qui “furette” pour nous le “magasin des mots” avec une allégresse sans égale.

Daniel MÉNAGER
Université de Paris-X, Nanterre

V

RHETORIQUE ET SOCIETE

MONTAIGNE ET LE DROIT CIVIL ROMAIN

C'est une entreprise téméraire, voire défendue par Montaigne lui-même, que de comparer ses *Essais* au droit civil romain : Montaigne n'a-t-il pas déclaré qu'il se communique à nous par son "estre universel, comme Michel de Montaigne, non comme grammairien ou poëte ou jurisconsulte" (III, 2, 805 C) ? Ne nous aura-t-il pas confessé savoir qu'il y a "une Medecine, une Jurisprudence, quatre parties en la Mathematique, et grossierement ce à quoy elles visent", mais "[s']estre rongé les ongles, à l'estude d'Aristote [...] ou opiniatré apres quelque science, [il] ne l'[a] jamais faict ; ny n'est art dequoy [il sceut] peindre seulement les premiers lineamens" (I, 26, 146 C) ? Si, en plus, se réjouissant à la pensée que c'était un gentilhomme gascon, et de son pays, qui le premier "s'opposa à Charlemaigne, [...] voulant donner [aux Français] les loix Latines et Imperiales" (I, 23, 117 A), il s'érige ainsi en champion du bon vieux droit coutumier en France, il me faudra accepter, semble-t-il, que ce projet de comparaison est futile et voué à l'échec. N'oublions pas non plus ce que Roger Trinquet a appelé "le mythe des études toulousaines"[1], cette conjecture sur le séjour à Toulouse d'un Montaigne étudiant en droit de 1548 à 1555, conjecture aujourd'hui rejetée par la plus saine partie des Montaignistes.

Pourquoi donc m'obstiner ? Après tout, en matière de biographie hypothétique, comme nous l'a dit André Tournon dans son livre magistral sur la glose et l'essai, "le plus sûr est de s'en abstenir"[2] ; le plus sûr, c'est de chercher des bases plus solides, c'est-à-dire d'interroger les pratiques de la chambre des Enquêtes où Montaigne a exercé ses fonctions de magistrat entre 1557 et 1572 : à partir de ces pratiques, comme nous le savons, de belles hypothèses sur la méthode et la structure des *Essais* se sont laissées élaborer. Pourtant, en dépit de ces sages conseils et de cette prudence historique exemplaire, je me hasarderai à avancer quelques remarques sur Montaigne et le droit civil romain, et cela pour plusieurs raisons. D'abord, il m'a toujours semblé que, chez Montaigne, l'humaniste et le pyrrhonien conspirent à effacer le grammairien et le jurisconsulte, tout comme celui qui se vantait d'être né d'une "race fameuse en preud'homie" (II, 11, 427 A) voulait cacher à ses lecteurs ses ancêtres œnologues ; ensuite, la formation juridique contemporaine à Montaigne partage avec l'auteur des *Essais* une attitude énergique et concrète envers les mots et les choses ; enfin, parce que je viens

---

1 R. Trinquet, *La Jeunesse de Montaigne*, Paris, Nizet, 1972, p. 513-20.

2 A. Tournon, *Montaigne : la glose et l'essai*, Lyon, Presses Universitaires, 1983, p. 186.

de finir une étude sur l'interprétation du droit romain en Europe à la Renaissance, et qu'au cours de mes recherches je n'ai cessé de capter des échos – tantôt lointains, tantôt très proches – des *Essais*. Je commencerai donc par vous faire entendre quelques-uns de ces échos, pour démontrer leur caractère ; je parlerai ensuite de la jurisprudence au XVIe siècle, telle que Montaigne aurait pu la vivre ; j'examinerai enfin de plus près quelques éléments commentés dans les *Essais* mêmes : la définition ; la division ; trois lieux de la topique.

Voici, donc, quelques-uns de ces échos qui m'ont amené à penser que le lexique de Montaigne n'est pas si humaniste qu'on le croit. Celui qui déclare qu'à tout argument politique ou moral "il s'y trouveroit tousjours [...] dequoy y fournir responses, dupliques, repliques, tripliques, quadrupliques" (II, 17, 655 A) sait tout aussi bien que son contemporain le juriste Nicolaus Vigelius, qu'"in causis forensibus disputandis excipi, replicari, duplicari, triplicari, interdum etiam quadruplicari sole[t]"[1] ; et il glisse des termes et des lieux communs à l'art juridique un peu partout dans ses *Essais*, par exemple le terme "ratiocination" pour désigner l'argument tiré de l'analogie[2], le terme "conjecture" pour désigner cette preuve artificielle "qui s'insinue dans l'esprit des hommes et indique ingénieusement ce qui a été fait, et ce qui ne l'a pas été"[3] ; ou le lieu commun tiré de l'*Ethique à Nicomaque* d'Aristote cité dans presque tous les manuels de droit, qui reconnaît qu'"il y a peu de relation de nos actions qui sont en perpetuelle mutation avec les loix fixes et immobiles" (III, 13, 1066 B)[4]. On pourrait multiplier de tels exemples ; mais non sans remarquer qu'en général Montaigne préfère citer ses textes humanistes que de voir son texte déparé par les traces de sa vie professionnelle. Ainsi, lorsqu'il parle de l'équité, il passe à côté des textes bien connus du *Digeste* de Justinien, et cite Sénèque (sans le nommer) lorsque celui-ci affirme que "l'équalité est la première pièce de l'équité"[5]. Il évoque l'interdiction d'interpréter faite par

1 N. Vigelius, *Examen iurisconsultorum [...]*, Venise, 1593, p. 9.

2 Cicéron, *De inventione*, II, 49, 148 ; *Essais*, II, 12, 460 A, 465 A, 510 C.

3 "[...] que se quasi insinuat in animos hominum et solerter indagat quid factum sit, quid non sit" : Joachim Hopper, *Tractatus de iuris arte*, in *Tractatus universi iuris*, Venise, 1584, I, 93 ; *Essais*, III, 2, 808 B. Voir I. Maclean, *Interpretation and Meaning in the Renaissance : The Case of Law*, Cambridge U. P., 1992, p. 101-2.

4 *Ethique à Nicomaque*, V, 14, 1137 b 11-33, surtout 27-33 ; "A chose indéterminée il faut aussi une règle indéterminée, comme la règle de plomb utilisée dans la construction à Lesbos : la règle, bien loin de demeurer rigide, épouse les formes de la pierre ; de même le décret s'adapte-t-il aux faits" (traduction de René-Antoine Gaulthier et Jean-Yves Jolif). Voir aussi *Politique*, II, 5, 13, 1269 a 15 : "en outre il est préférable de ne pas conserver immuables non plus les lois écrites[...] les règles écrites sont forcément générales, les actions, elles, portent sur des cas particuliers" (traduction de Jean Aubonnet).

5 I, 20, 94 C ; Sénèque, *Epistulae morales*, XXX, 11. On trouuve cette affirmation aussi en droit canonique ; voir Huguccio, D 50c25 ad v. *maioribus malis* : "ius est equitas, scilicet iustitia unicuique ius suum tribuens, scilicet bonis premia, malis supplicia, unde merito dicitur equitas quod est equalitas" (ms Paris BN Lat 15396 fol 54 verso, cité par E. C. Coppens, *Quia de nemine est desperandum*, Nijmegen, Gerard Noodt Institut, 1991, p. 14).

Justinien qu'on trouve dans les pièces liminaires du *Digeste* sans révéler ses sources[1] ; il évite de mentionner la célèbre règle “quod principi placuit, legis habet vigorem” (D. 1. 4. 1), fort contestée en France au XVIe siècle, et préfère citer Protagoras et Ariston sur le même sujet[2]. Peut-on déceler ici une volonté de passer sous silence ses connaissances en matière de science légale ? S'il s'agit en fait d'une dissimulation voulue de la part de Montaigne, on sera tenté d'établir un lien entre cette cachotterie et son espiègle habitude d'invoquer pour ses dires une autorité qui n'est pas la bonne : par exemple lorsqu'il nous dit que “nul a esté prophete non seulement en sa maison, mais en son païs”, il attribue cette maxime non pas à l'évangile selon saint Matthieu, comme il conviendrait, mais à “l'experience des histoires” (III, 2, 808 C). Mais on va m'objecter que je pousse trop loin mes conjectures, et que je prends des vessies pour des lanternes : cherchons plutôt du côté de la science légale des échos plus sonores et plus convaincants.

Le droit, comme la Médecine et la Théologie, est une discipline supérieure ; la grammaire et la logique sont sa propédeutique. Les textes pédagogiques du droit présupposent donc une formation philosophique, bien que certains (ceux de Pierre Rebuffi de Toulouse publiés en 1557, ou d'Aurelius David Savius, publiés à Lyon en 1546) contiennent un petit abrégé du trivium[3]. Au moyen âge, l'introduction aux études juridiques s'effectuait par le titre du *Digeste De diversis regulis juris antiqui* (D 50. 17) ; mais Lorenzo Valla d'abord, et plus tard Andrea Alciato ont recommandé l'étude du titre précédent, *De verborum et rerum significatione* (D 50. 16) ; les juristes humanisants les ont suivis, et entre autres, Pierre Rebuffi de Toulouse, qui a commencé – à titre extraordinaire, il faut l'admettre – à faire des cours là-dessus en 1534[4]. Mais l'influence humaniste va bien plus loin : à la suite de la découverte à Lodi et à St Gall dans les premières années du quinzième siècle des *Institutions* de Quintilien et des textes de Cicéron qui traitent de l'invention, de la topique et de la pratique du barreau, Rudolphe Agricola a su allier la rhétorique et la topique à l'enseignement de la logique : en même temps que lui, certains juristes, qui depuis l'école de Bologne au XIIe siècle prônaient l'étude de la dialectique, se sont saisis de ces textes, et surtout de la

---

1 Voir III, 13, 1065 B, et I. Maclean, “The place of interpretation : Montaigne and humanist jurist on words, intention and meaning, ” in *Neo-Latin and the Vernacular in Renaissance France*, éd. G. Castor et T. Cave, Oxford, Clarendon Press, 1984, p. 252-72 (surtout 255-56).

2 II, 12, 580 A : “Protagoras et Ariston ne donnoyent autre essence à la justice des loix que l'authorité et opinion du législateur. ”

3 Pierre Rebuffi, *In titulum Digestorum de verborum et rerum significatione commentaria*, 2e éd., Lyon, 1586 ; Aurelius David Savius, *In Pandectarum titulum de verborum et rerum significatione tractatus isagogicus*, Lyon, 1546.

4 Rebuffi, *De verborum significatione*, p. 3 ; voir aussi Maclean, *Interpretation and Meaning*, p. 31-4, 83-5.

topique, pour en faire la clef de voûte de la science légale de leur époque[1]. Je me permettrai de m'étendre un peu ici sur la topique, car je reparlerai plus tard de sa présence dans les *Essais*.

La topique, on le sait, est placée entre la dialectique et la rhétorique : c'est le domaine des prémisses dites probables, c'est-à-dire "approuvées par tous les hommes, ou par presque tous, ou par ceux qui représentent l'opinion éclairée, et parmi ces derniers par tous, ou par presque tous, ou par les plus connus"[2]. Ces prémisses ne sont pas probablement vraies, mais véritablement approuvées ; on les trouve en dialectique, où elles servent d'éléments du syllogisme. Mais la topique ne procède pas par cette méthode éristique ; elle constitue plutôt un réservoir (ou une gamme, ou un arsénal) de "loci" ou de "sedes argumentorum" – c'est-à-dire de stratégies employées pour soutenir une conclusion déjà établie ou acceptée. De là l'heureuse application de la topique au droit : non seulement on peut en tant qu'avocat puiser dans ses ressources pour accuser ou défendre, mais on peut également le faire encore à partir de prémisses qui ne sont que plausibles ou généralement approuvées, autrement dit à partir de l'*opinio communis doctorum*. Qui plus est, la topique vient à l'appui du droit en ce que cette discipline se veut une science pratique et décisive. En droit, il faut un moyen péremptoire, voire brutal, pour défini tout objet et pour le ranger sous des termes admis dans le discours juridique : il n'y a pas de place pour les objets ambigus. Les juristes décrètent par exemple qu'il n'existe pas d'hermaphrodites : tout le monde est soit mâle soit femelle : si un être de sexe ambigu se présente, la loi le traduit en mâle ou en femelle selon ses traits sexuels dominants ; il en va de même pour les êtres difformes (l'homme à deux têtes est ou monstre ou homme : c'est le juriste qui doit décider)[3]. C'est là l'application, si on veut, de la loi du tiers exclu, mais sans sa nécessité logique (car la distinction entre mâle et femelle, entre homme et monstre n'est pas logique mais stipulée). Ainsi, grâce à la topique, les juristes peuvent associer la vérité au fait : "res judicata pro veritate accipitur" (D. 1. 5. 25 : la chose jugée a le statut d'une vérité), ce à quoi Montaigne fait allusion lorsqu'en parlant d'une condamnation injuste, il nous dit que "d'un costé estoit la raison de la cause, de l'autre costé la raison des formes judiciaires" (III, 13, 1071 C). Rien de moins pur, mais rien de plus efficace, donc, que ces arguments topiques, qui, grâce à leur nature contradictoire et ployable, permettent au juriste de faire feu de tout bois : dans plusieurs titres du *Digeste* (notamment D 1. 3, D 50. 16, D 50. 17) il peut, selon les besoins de la cause, puiser des principes contraires : la règle qui prône la signification

---

1 *Ibid.* Sur l'usage de la logique et de la dialectique par les glossateurs du moyen âge, voir l'excellent ouvrage de G. Otte, *Dialektik et Jurisprudenz : Untersuchungen zur Methode der Glossatoren*, Frankfurt am Main, Klostermann, 1971.

2 Aristote, *Topiques*, I, 1, 100 b 21-5.

3 Voir *Digeste* (D) 1. 5. 10 ; gl. ad D 1. 5. 14.

littérale et restreinte des lois côtoie celle qui en recommande exclusivement l'esprit ; la règle qui exige que les faits prédominent marche de pair avec celle qui donne la priorité au procès verbal ; la défense de toute extension d'une loi aux cas similaires contredit la règle qui l'autorise[1]. Ces lieux d'argumentation sont tout aussi ployables que la règle de plomb que les architectes de l'île de Lesbos utilisaient autrefois selon Aristote pour mesurer les surfaces courbes : cet "instrument de plomb et de cire, alongeable, ployable et accomodable à tous biais et à toutes mesures" (II, 12, 565 A) qu'est l'équité selon Aristote, c'est la raison humaine selon Montaigne, raison fortement imprégnée de la leçon de la topique[2].

Dès le XVe siècle mourant, bien avant la publication de l'*inventio dialectica* d'Agricola, on voit paraître les *topicae* ou *dialecticae legales* : celles du XVIe siècle naissant – de Claude Chansonnette (écrite avant 1525) et de Christoph Hegendorf (parue en 1536) – montrent la dissémination du nouveau style d'enseignement, et la facilité avec laquelle il s'adapte aux besoins du droit. Mais ce n'est pas là l'unique initiative d'Agricola à influer sur le domaine de l'enseignement juridique. La rhétorique même entre en jeu : non seulement sous forme de manuel (la *Rhetorica legalis* de Christoph Hegendorf de 1540), mais aussi dans le célèbre commentaire sur le *De verborum significatione* d'Alciat, paru pour le première fois en 1530, qui consacre un livre entier aux tropes et aux figures tirées du neuvième livre de Quintilien. Il y a en plus une prolifération de manuels dans le style érasmien : *ars legalis, via ac ratio legalis, enchiridion, methodus*, tous titres arborant des termes à la mode, mais derrière lesquels se cache le vieil enseignement médiéval : "revestu d'une autre robbe pour l'usage de l'eschole"[3]. Un manuel souvent cité, qui réunit humanisme discret et formation logique et professionnelle, c'est celui de Jean de Coras, professeur de droit à Toulouse juste avant le séjour mythique de Montaigne, et auteur d'un arrêt célèbre sur le procès de Martin Guerre auquel Montaigne prétend avoir assisté[4]. La topique n'y figure pas, mais il y a des chapitres sur la définition, la division, et le langage du droit. Je ne prétends pas démontrer que Montaigne ait lu ce livre, ni qu'il ait suivi des cours à la Coras : mais la formation professionnelle que propose Coras me

---

1 Voir Maclean, *Interpretation and Meaning*, p. 6, 75-83.

2 Voir Aristote, *Ethique à Nicomaque*, V, 14, 1137 b 27-33, cité ci-dessus, note 6 ; *Essais*, II, 12, 565 A.

3 *Essais*, III, 5, 874 B ; voir aussi H. E. Troje, "Die Literatur des gemeinen Rechts unter dem Einfluss des Humanismus", in H. Coing, *Handbuch der Quellen und Literatur der neueren europäischen Privatrechtsgeschichte*, Munich, Beck, 1977, p. 718-30. Voir aussi Maclean, *Interpretation and Meaning*, p. 78-9, sur l'importance des textes de Boèce sur la topique, souvent réédités au XVIe siècle.

4 *Essais*, III, 11, 1030 B. Sur Coras, voir N. Z. Davis, *The Return of Martin Guerre*, Harmondsworth, Penguin, 1983, p. 93-103.

semble assez typique de celle de son temps, et j'y ferai allusion quand j'aborderai la définition et la division.

Ce que Montaigne dit de la définition est bien connu. Chez Cicéron, il la trouve ennuyeuse : "ses prefaces, definitions, partitions, etymologies, consument la plus part de son ouvrage ; ce qu'il y a de vif et de mouelle, est estouffé par ses longueries d'apprets [...] ces ordonnances logiciennes et Aristoteliques ne sont pas à propos : je veux qu'on commence par le dernier point ; j'entens assez que c'est que mort et volupté : qu'on ne s'amuse pas à les anatomizer" (II, 10, 413-414 A). Sa façon de définir les choses, c'est l'intuition liée à la réticence et à l'approximation ; il nous déclare qu'il "ayme ces mots, qui amollissent et moderent la temerité de nos propositions : *A l'avanture*, *Aucunement*, *Quelque*, *On dict*, *Je pense*, et semblables" (III, 11, 1030 B). Lorsqu'il nous parle de la loi au début du chapitre *De l'experience*, il s'étend plus longuement sur la définition et ses faiblesses :

> Notre contestation est verbale. Je demande que c'est que nature, volupté, cercle, et substitution. La question est de parolles, et se paye de mesmes. Une pierre c'est un corps. Mais qui presseroit : Et corps qu'est-ce ? – Substance, – Et substance quoy ? ainsi de suitte, acculeroit en fin le respondant au bout de son calepin. On eschange un mot pour un autre mot, et souvent plus incogneu. Je sçay mieux que c'est qu'homme que je ne sçay que c'est animal, ou mortel, ou raisonnable (III, 13, 1069 B).

Tout cela paraît clair : il s'attaque en termes exprès à la définition lexicale prônée par Boèce, qui dans son commentaire sur la topique de Cicéron déclare que "nomen exponitur per aliud nomen notius" ; et on n'a pas besoin d'être juriste pour dénoncer la définition ainsi[1]. Mais ce qui est frappant, c'est justement que les juristes font de même. Dans le *Digeste* de Justinien (D 50. 17. 202) on trouve la règle suivante : "Omnis definitio in iure civili periculosa est : rarum est enim ut non subverti posset" (toute définition en droit civil est hasardeuse : car rarement on en trouve une qui ne se laisserait subvertir). Cette règle aurait pu être une citation des *Topiques* d'Aristote, auteur souvent accusé à tort par Montaigne d'abstraction et de sciencificité. Le philosophe grec s'étend longuement, il est vrai, sur la définition analytique et réaliste dans ses *Seconds analytiques*, mais il la distingue dans les *Topiques* d'un autre genre, synthétique et nominaliste, qui au lieu de confirmer l'essence d'une chose par le moyen des prédicables – genre, espèce, différence, propre – détermine le sens qu'il faut donner à un terme de la façon la plus brève possible[2]. Il faut admettre qu'à la suite Cicéron compliquera la distinction du

---

1 Boèce, *In topica Ciceronis*, III.

2 Voir *Topiques*, VII, 5, 155 a 19 ; *Seconds analytiques*, II, 7-10.

Stagirite, et que Boèce ira plus loin encore dans ce sens[1] : mais chez les juristes du moyen âge et de la Renaissance, on retrouve la définition plus simple de la topique, qu'on établit *brevissime* à partir des seuls prédicables genre et différence. Certains juristes du XVIe siècle vont plus loin encore : Girolamo Cagnoli de Padoue s'oppose à cette *opinio communis doctorum* et attribue le terme description à la définition inexacte et pragmatique que requiert le droit : tout comme les glossateurs du moyen âge, il souligne l'importance d'une prise directe sur les choses et de l'instrumentalité des mots ; et tout comme Montaigne, il accepte dans les descriptions juridiques des mots et des formules vagues, tels "si", "nisi", "aut", "praeter" : à cette liste le juriste allemand Ulrich Hunnius va ajouter "praesertim", "etiam", et "maxime"[2]. Ce procédé mène au résultat paradoxal que la description nominaliste et restreinte est plus apte à désigner la nature des choses que la définition scientifique, réaliste et analytique. Ce paradoxe n'est pas étranger au texte des *Essais*, comme on le sait : "je sçay mieux que c'est homme que je ne sçay que c'est animal, ou mortel, ou raisonnable". Ce qui est encore plus frappant, c'est que Montaigne a recours ici à l'exemple commun d'une définition, dont se sert déjà Priscien, exemple qui est repris par Agricola, et utilisé par presque tous les pédagogues du droit de notre époque : "homo est animal rationale ac mortale"[3]. Dans son chapitre sur la définition des choses et des mots, par exemple, Coras souligne l'importance de la brièveté en matière de définition et démontre que les seuls genre et différence, *animal rationale*, sont amplement suffisants à toutes fins juridiques[4]. Ce que déclare Montaigne à propos de la définition est donc compatible avec les dires des juristes de son siècle ; et l'exemple même qu'il choisit laisse deviner sa familiarité avec leurs écrits.

Il n'empêche qu'ailleurs Montaigne s'en prend férocement à l'usage linguistique des juristes de son temps, par le biais de la division ou distinction : il dénonce cette partie de la logique formelle étroitement liée à la définition dans les termes suivants :

> Pourquoy est-ce que nostre langage commun, si aisé à tout autre usage, devient obscur et non intelligible en contrat et testament, et que celuy qui s'exprime si clairement, quoy qu'il die et escrive, ne trouve en cela aucune maniere de se declarer qui ne tombe en doubte et contradiction ? Si ce n'est que les princes de cet art, s'appliquans d'une peculiere attention à trier des mots solemnes et former des clauses artistes, ont

---

1 Cicéron, *Topica*, V 26-VIII, 37 ; *De inventione*, I, 13, 17 ; II, 17, 52-6 ; III, 51, 154-6 ; Boèce, *In topica Ciceronis* ; *De topicis differentis*.

2 Cagnoli, in *Commentarii de regulis juris*, Lyon, 1593, p. 773-84 ; U. H. Hunnius, *De authoritate*, Marburg, 1630, p. 306.

3 Priscien, *Institutiones grammaticae*, XVII, 44 ; Constantinus Rogerius, *Singularis tractatus de iuris interpretatione*, in *Tractatus iuris universi*, I, 387 verso ; Agricola, *De inventione dialectica*, I, 5.

4 *De iure civili in artem redigendo*, in *Tractatus iuris universi*, I, 61 verso.

> tant poisé chaque sillabe, espluché si primement chaque espece de cousture, que les voilà enfrasquez et embrouillez en l'infinité des figures et si menuës partitions, qu'elles ne peuvent plus tomber soubs aucun reiglement et prescription ny aucune certaine intelligence [...] en subdivisant ces subtilitz, on apprend aux hommes d'accroistre les doubtes ; on nous met en trein d'estendre et diversifier les difficultez, on les alonge, on les disperse (III, 13, 1066-7 B).

Il semble que dans ce passage Montaigne contredise ses collègues en droit, tel le glossateur Placentinus qui déclare que "quanto magis res omnis distinguitur, tanto melius aperitur" (plus une chose est soumise à la distinction, plus elle devient manifeste)[1]. Mais même en ceci il y a des juristes humanisants qui se rallient à Montaigne ; c'est le cas de Joannes Oldendorp, qui dans son *Isagoge* de 1539, admet que "je me suis souvent étonné, (et en ceci il va y en avoir beaucoup qui ne sont pas de mon avis, je le vois), du fait que la discipline du droit semble si obscure en comparaison avec les autres arts, que beaucoup [d'étudiants] hésitent sur le seuil et parfois abandonnent leurs études sous le coup d'un certain désespoir"[2].

Mais il faut admettre qu'en général les juristes ne dénoncent pas l'usage de la division avec la même fureur que Montaigne, qui s'attaque aux "subtilitez", "aux menues distinctions" et "menues partitions" souvent dans les *Essais.* Etant donné sa répulsion pour ce procédé logique, il faut sans doute soupçonner l'ironie dans le passage suivant :

> [B] Si je parle diversement de moy, c'est que je me regarde diversement. Toutes les contrarietez s'y trouvent selon quelque tour et en quelque façon. Honteux, insolent ; [C] chaste, luxurieux ; [B] bavard, taciturne ; laborieux, delicat ; ingenieux, hebeté ; chagrin, debonaire ; menteur, veritable ; [C] sçavant, ignorant, et liberal, et avare, et prodigue, [B] tout cela, je le vois en moy aucunement, selon que je me vire ; et quiconque s'estudie bien attentifvement trouve en soy, voire et en son jugement mesme, cette volubilité et discordance. Je n'ay rien à dire de moy, entierement, simplement, ne solidement, sans confusion et sans meslange, ny en un mot. DISTINGO est le plus universel membre de ma Logique (II, 1, 335).

Pourquoi ce "distingo", qui semble le ramener dans le camp des juristes ? Doit-on soupçonner ici que Montaigne évoque la figure *paradiastole* ou *distinctio*, qui ne surgit qu'une seule fois au cours de ces phrases dans l'opposition libéral/prodigue ? Cette figure de rhétorique, comme nous l'ont

---

1 Voir Otte, *Dialektik und Jurisprudenz*, p. 95 ; Maclean, *Interpretation and Meaning*, p. 113.

2 "Saepe ego miratus sum, et video passim multos mecum ambigere, quam ob rem iuris disciplina prae caeteris artibus tam videatur obscura, ut plerique a limine statim teneantur, et nonnumquam desperatione quadam ab hoc studio discedant" (*Iuris naturalis gentium et civilis isagoge*, Anvers, 1539, p. 1).

démontré Quentin Skinner et Daniel Ménager[1], joue un rôle important ailleurs dans les *Essais* et dans le discours politique et moral à la fin de la Renaissance, et consiste en la substitution d'un terme de désapprobation pour un terme approbateur, ou vice versa : obstination pour constance, témérité pour courage, prodigalité pour libéralité. Mais Montaigne nous dit que "distingo" c'est un membre de sa *logique*, tout comme la division ou diairèse platonique l'est du trivium et des manuels de droit. La division ou distinction est si importante à la science légale que tous les manuels y font allusion : le chapitre que lui consacre Coras suit celui qui traite de la définition. Coras simplifie le schéma hérité de Boèce, et ne distingue qu'entre division (de genre en espèces), partition (d'un tout en ses parties) et énumération (des qualités et accidents d'une chose). Il nous affirme que la science légale dépend en grande mesure de cette opération conceptuelle qualifiée par Platon de "divine", parce qu'elle est selon lui au commencement de la philosophie et à l'origine de toute connaissance, et permet à l'homme de passer du genre le plus général à l'espèce la plus spéciale[2]. Même si la division juridique répugne à Montaigne, lui aussi attache la plus grande importance à l'acte de "faire différence", car ce registre des "essais de [s]a vie" illustre à la fois la diversité subjective, tributaire de l'appréhension de la différence, et la diversité objective, qui sert à nous faire voir la relativité culturelle. La diairèse philosophique peut prétendre à une taxinomie scientifique dont Montaigne nie le bien-fondé ; mais la distinction des juristes est un procédé heuristique ayant pour base non des axiomes mais des prémisses "probables" ; même si Montaigne en dénonce les excès langagiers, il doit accepter l'efficacité d'un procédé qui donne accès au monde réel sans pour autant prétendre le classifier scientifiquement. C'est le juge qui détermine si un homme à deux têtes est monstre ou homme : et la question tranchée, "res iudicata pro veritate accipitur". Encore une fois, Montaigne semble s'accorder avec ses collègues juristes, ou plutôt, il les rejoint par quelque coin.

Ce "quelque coin" rappelle un autre passage célèbre de ces pages du dernier chapitre des *Essais* qui traitent de la loi, et nous mène à l'argument ou *locus a simili* :

> [B] Comme nul evenement et nulle forme ressemble entierement à une autre, aussi ne differe nulle de l'autre entierement. [C] Ingenieux meslange de nature. Si nos faces n'estoient semblables, on ne sçauroit discerner l'homme de la beste ; si elles n'estoient dissemblables, on ne sçauroit discerner l'homme de l'homme. [C] Toutes choses se tiennent

---

1 Voir l'article de Daniel Ménager dans ce recueil, et Quentin Skinner, "Thomas Hobbes : Rhetoric and the Construction of Morality", *Proceedings of the British Academy*, LXXVI (1991), p. 1-61.

2 Voir Boèce, *De divisione* ; Platon, *Phèdre*, 266 B et *Sophiste*, 218 sqq. ; Coras, *De iure civili in artem redigendo*, in *Tractatus iuris universi*, I, 61-2.

> par quelque similitude, tout exemple cloche, et la relation qui se tire de l'experience est tousjours defaillante et imparfaicte ; on joinct toutesfois les comparaisons par quelque coin. Ainsi servent les loix, et s'assortissent ainsin à chacun de nos affaires, par quelque interpretation destournée, contrainte et biaise (III, 13, 1070).

On sait que ce que Montaigne ajoute à ce texte après 1588 est puisé presque mot pour mot dans la *Cité de Dieu* de Saint Augustin : mais il aurait pu tout aussi bien citer à cet égard les juristes de son époque qui font souvent usage du *locus a simili*, lequel permet d'établir (ou plutôt de supposer) l'identité de deux choses ayant beaucoup de points communs, mais aussi des différences. C'est le lieu qui autorise l'extension d'une loi aux cas similaires (D 1. 3. 12) et fournit la définition juridique de l'équité ("aequitas desiderat paribus in causis paria iura" : l'équité veut l'application des mêmes lois dans des cas similaires)[1]. Pour accomplir cette extension et cette équité, il faut aller au-delà du texte de la loi, autrement dit, il faut interpréter : par exemple, la locution au masculin "si quis" est censée comprendre dans la plupart des cas "si qua". Or, on connaît bien la critique acerbe de la glose chez Montaigne, et sa hargne pour l'interprétation que fait proliférer le *locus a simili*. Mais en ce qui concerne le lieu lui-même, ce que Montaigne dit est en parfait accord avec l'opinion des juristes de son temps. Même au moyen âge, les pédagogues du droit tels Albericus de Rosate (auteur du premier lexique des termes de droit) et le canoniste célèbre Panormitatus reconnaissent que la similitude, c'est l'argument le plus faible de tous, et qu'une similitude ne peut être proposée sans qu'elle n'incarne une plus grande dissimilitude[2]. Et Alessandro Turamini, contemporain de Montaigne, va plus loin encore : "similia", nous dit-il, "dissimilibus inesse possunt"[3]. Pourtant sans le *locus a simili*, qui est la règle de plomb des juristes, le droit ne peut fonctionner, et c'est ce que dit explicitement Boèce, que citent à cet égard presque tous les juristes : "nec tamen concedendum est quod inter se differat specie homo ab homine"[4]. Ce qu'accepte aussi Montaigne : la topique ne peut mener qu'à "quelque interpretation destournée, contrainte et biaise", mais il ne semble pas y avoir d'autre solution pratique : car c'est grâce à leur imperfection même que les procédés juridiques ont prise sur la vie réelle.

Le deuxième lieu que j'évoquerai – le *locus a circumstantiis* – est bien connu sous la forme des questions mnémoniques de Boèce : "quis ? quid ? ubi ? quando ? quomodo ? quibus adminiculis ? ". On le trouve aussi dans le

---

1 Voir Maclean, *Interpretation and Meaning*, p. 175-77.

2 "Nunquam esset dare similitudinem quin maior esset dissimilitudo" : cité par Piero Andrea Gammaro, *De extensionibus*, in *Tractatus iuris universi*, XVIII, 253.

3 *Omnes iuris interpretationes habitae, dum in humanis agebat, in titulos Digestorum de legibus, de legatis de acquirenda possessione, et de iure fisci*, Venise, 1606, p. 155.

4 Boèce, *In Isagogen Porphyrii*, cité par Otte, *Dialektik und Jurisprudenz*, p. 24.

Digeste (D 24. 25 ; aussi D 48. 19. 16. 1), et dans les commentaires des glossateurs[1]. Bien que ce lieu ressemble aux *praedicamenta* de la logique[2], il ne s'agit pas chez les juristes d'une démonstration abstraite et scientifique, mais plutôt d'un moyen de souligner la contingence et l'historicité des faits et dits humains, et d'élaborer un discours pratique et positif. C'est pourquoi Claude Chansonnette qualifie une circonstance d'"accidens in concreto"[3]. En plus, c'est un lieu qui constitue une puissante affirmation de la réalité, semblable à celle qu'on trouve dans les écrits humanistes de cette époque : affirmation propre au droit, car selon le *Digeste* "il faut prêter plus d'attention aux choses qu'aux mots" ; et Justinien lui-même nous déclare dans son code que les lois sont imposées sur les choses, non pas sur les mots[4]. Tout cela doit plaire aussi à Montaigne qui fait allusion à cet aspect du droit[5], et qui en tant que lecteur avide des livres d'histoire et de philosophie morale exècre toute "science verbale et vaine", toute "altercation verbale et scolastique", toute "contestation verbale"[6]. Même s'il lui arrive de reconnaître que d'un certain point de vue le moi humain, n'étant que vent, partage avec les mots leur insubstantialité[7], il n'en reste pas moins vrai qu'il est tout aussi hostile à la *verbositas* que ses confrères juristes et que tout comme eux il veut ancrer ses dires dans le *hic et nunc* de son expérience.

Si Montaigne semble accepter les lieux *a circumstantiis* et *a simili*, il n'en va pas de même pour le *locus a causa*, qu'il attaque en termes exprès :

> [B] Je vois ordinairement que les hommes, aux faicts qu'on leur propose, s'amusent plus volontiers à en cercher la raison qu'à en cercher la verité : ils laissent là les choses, et s'amusent à traiter les causes. [C] Plaisans causeurs. La cognoissance des causes appartient seulement à celuy qui a la conduite des choses, non à nous qui n'en avons que la souffrance, et qui en avons l'usage parfaictement plein, selon nostre nature, sans en penetrer l'origine et l'essence. Ny le vin n'en est plus plaisant à celuy qui en sçait les facultez premieres. Au contraire : et le corps et l'ame interrompent et alterent le droit qu'ils ont de l'usage du monde, y meslant l'opinion de science (III, 11, 1026).

Notons d'abord que Montaigne vise ici les quatre causes (matérielle, formelle, efficiente, finale) de la science aristotélicienne, et la célèbre assertion

---

1 Boèce, *De differentiis topicis*, I, 4 ; voir aussi Quintilien, *Institutio oratoria*, V, X, 104, et Maclean, *Interpretation and Meaning*, p. 81-2.

2 Aristote, *Catégories*, IV, 1 b 25-30.

3 C. Chansonnette, *Topica legalis*, Basle, 1545, p. 159.

4 D 23. 3. 41. 1 : "res magis quam verba intuenda sunt" ; C 6. 43. 2 (Justinien) : "nos enim non verbis sed ipsis rebus imponimus".

5 Voir II, 1, 334 A, et III, 13, 1069 B.

6 Voir I, 56, 312 C ; III, 11, 1031 B ; III, 13, 1069 B.

7 Voir I. Maclean, "Le païs au delà : Montaigne and Philosophical Speculation" in *Montaigne*, éd. I. D. McFarlane et I. Maclean, Oxford, Clarendon Press, 1982, p. 114-15

"scire est rem per causas cognoscere"[1]. Il faut admettre que l'analyse étiologique du droit est un procédé cher aux glossateurs ; mais les juristes font appel aussi à un schéma simplifié, où ne figurent que la *causa impulsiva* (le mal criminel, social, ou civil donnant lieu à la promulgation d'une loi) et la *causa finalis* (le remède que doit apporter cette loi)[2]. Or, celui qui invoque ces deux causes n'est pas forcément "un plaisant causeur", car il se sert d'une science utile : Montaigne lui-même y a recours tout au long de son chapitre *De la coutume, et de ne changer aisément une loi receue* (I, 23). Et tout comme le juriste, Montaigne y puise un argument qui fera respecter le statu quo ; car remédier aux maux qui peuvent infirmer l'ordre du monde incarne une attitude conservatrice. Enfin, cette étiologie parcimonieuse peut même se passer de la *causa impulsiva* ; Montaigne ne saurait qu'approuver le *Digeste* qui interdit toute inquisition téméraire et présomptueuse de la *ratio legis* au nom de l'ordre établi : "il n'est pas possible de rendre raison de tout ce qui a été promulgué par nos aieux", affirme Julianus dans le *De Legibus* ; et Nératius ajoute qu'il ne faut pas enquêter sur l'origine des lois, de peur que bien des certitudes ne soient subverties et ébranlées[3]. Simple coïncidence d'opinions ? Ou trace d'un Montaigne lecteur sinon du droit civil romain, du moins de quelques textes juridiques de son temps ?

Examinons enfin la relation entre la topique et le pyrrhonisme. La philosophie pyrrhonienne telle que Montaigne l'a décrite n'est pas seulement une doctrine épistémologique destructrice qui prône la suspension de tout jugement par la démonstration de l'incertitude du savoir. Sous la forme de l'hypotypose chère à Sextus Empiricus, c'est aussi le refus de la loi de la non-contradiction qui régit toute logique, et l'abandon d'un concept rigoureux de vérité, qui maintenant peut embrasser deux contraires : comme Montaigne nous le dit lui-même, "tant y a que je me contredits bien à l'aventure, mais la verité [...] je ne la contredy point" (III, 2, 805 B). Mais comme j'ai essayé de le démontrer ailleurs, le lexique de Montaigne existe en parasite de la logique aristotélicienne qu'il semble ici renier[4] : notre auteur semble bien connaître les procédés de l'opposition de termes, de la définition et de la division, tout en se déclarant ennemi de cette sorte de savoir. S'il se sert de la raison, c'est pour humilier ceux qui se vantent de leur raison, et surtout ceux qui croient à la solidité de leurs principes ou axiomes[5]. Dans la hiérarchie des sciences en

---

1 Voir Aristote, *Physique*, I, 1, 184 a 10-14 ; II, 3, 1946 b 15-195 a 2 ; *Métaphysique*, II, 1, 5 (993 b 20) ; Maclean, *Interpretation and Meaning*, p. 72.

2 *Ibid.*, p. 124-25.

3 *Ibid.*, p. 142-58 (sur la *ratio legis*) : D 1. 3. 20 (Julianus) : "non omnium quae a maioribus constitua sunt, ratio reddi potest" ; D 1. 3. 21 (Neratius) "Et ideo rationes eorum quae constituuntur inquiri non oportet ; alioquin multa ex his quae certa sunt subvertuntur. "

4 Voir Maclean, "Le païs au delà", p. 107-8.

5 *Essais*, II, 12, 540-1 A ; II, 12, 561 A : "si le fondement [= les causes premières et les principes] faut [à l'homme], son discours est par terre. "

vigueur à son époque, hiérarchie que Montaigne semble adopter, c'est la géométrie qui est placée au plus haut degré de certitude (II, 12, 571 A), là où règnent "des demonstrations inevitables", qui, selon Montaigne "subvertiss[ent] la verité de l'experience" : or, la jurisprudence ne prétend qu'au troisème degré de certitude (après la philosophie naturelle)[1]. C'est le degré recommandé par Théophraste, en termes fort approbateurs, repris par Montaigne lui-même :

> Theophrastus disoit que l'humaine cognoissance, acheminée par les sens, pouvoit juger des causes des choses jusques à certaine mesure [...]. C'est une opinion moyenne et douce, que nostre suffisance nous peut conduire jusques à la cognoissance d'aucunes choses, et qu'elle a certaines mesures de puissance, outre lesquelles c'est temerité de l'employer. Cette opinion est plausible et introduicte par gens de composition (II, 12, 560 A).

Cela pourrait également être une description de la jurisprudence, cet art qui est, comme tous les arts, "la science finie des infinis"[2]. Bien qu'elle fonctionne grâce à l'opinion commune si décriée par l'auteur des *Essais*, qu'elle procède par la voie fautive de l'interprétation, et qu'elle se serve de la division et de la définition, il n'en reste pas moins vrai que la topique juridique n'a rien de scientifique ni d'apodictique, qu'elle incarne l'imperfection et l'incertitude sans pour autant être réduite à la suspension de tout jugement, et qu'elle s'accorde parfaitement avec le conformisme légal, politique, social, religieux des *Essais*. C'est là la leçon des chapitres *De la coutume et de ne changer aisément une loy receue*, *De l'utile et de l'honneste*, et *De la praesumption*, où Montaigne affirme "[qu']il n'est aucun si mauvais train, pourveu qu'il aye de l'aage et de la constance, qui ne vaille mieux que le changement et le remuement"[3]. Chez Montaigne donc, reconnaissance des apories de la logique, de la définition, de la division, de la similitude, de l'opinion commune, mais aussi conservatisme profond nourri à la fois par le pyrrhonisme et (oserais-je l'affirmer ?) par le droit. Montaigne est donc à la fois ennemi et défenseur de l'opinion, dénonciateur et disciple de la philosophie propédeutique de la science légale, esprit libre et censeur de cette science dont il incarne pourtant quelques-unes des valeurs et méthodes.

Ce ne sont ici que quelques remarques accidentelles griffonnées en marge d'un livre sur l'interprétation du droit à l'époque de la Renaissance. Je dois me demander maintenant si je n'ai pas lu de trop près les *Essais* : ne suis-je pas

---

1 Voir Maclean, *Interpretation and Meaning*, p. 108 ; Gammaro, *De extensionibus*, in *Tractatus iuris universi*, XVIII, 248 verso.

2 C'est la formule de Porphyre ("de infinitis finita scientia") souvent citée par les glossateurs : voir gl. ad D 1. 1. 1.

3 II, 17, 655 A. Voir aussi Aristote, *Politique*, II, 5, 13, 1269 a 15 et Turamini, *De legibus*, p. 118.

peut-être tombé dans le piège de celui qui, ayant entendu "dire metonomie, metaphore, allegorie, et autres tels noms de la grammaire", n'hésite pas à reconnaître un "langage rare et pellegrin", alors qu'il n'écoute que "le babil de [sa] chambriere" (I, 51, 307 B) ? Vu les déclarations explicites de Montaigne sur le droit, Villey n'a pas tort lorsqu'il nous dit que "la jurisprudence, avec laquelle il a eu plus à faire qu'avec toute autre [science], ne lui inspire que des sarcasmes"[1] ; et Montaigne lui-même, qui se plaît à dire qu'il n'a "dressé commerce avec aucun livre solide" (I, 26, 146 C), n'a-t-il pas pu formuler sa critique acerbe du droit, n'ayant pour guide que ses lumières naturelles ? Ai-je eu tort de vouloir révéler l'étudiant du droit crotté et enfumé qui se cache sous la robe courte de l'humaniste aristocratique ? Si je crois que l'hypothèse d'un Montaigne formé par le droit doit être du moins entendue, c'est que j'ai appris à estimer le discours ployable, décisif et efficace sans être dogmatique, utile, conscient de la faiblesse des hommes et de leur raison, incarnant un art de la vie qui, tout en reconnaissant l'infinie diversité des actes et des acteurs humains, réussit à les contrôler. Discours imprégné d'une certaine logique, certes, riche en définitions et divisions ; mais peut-être assez "moyen et doux" aussi pour plaire à celui dont la philosophie était "[B] tout en action, en usage naturel [C] et present" (III, 5, 842).

Ian MACLEAN
The Queen's College, Oxford

---

1 P. Villey, *Les sources et l'évolution des essais de Montaigne*, Paris, Hachette, 1933, I, p. 291.

LA RHÉTORIQUE COMPTABLE DES *ESSAIS*

La rhétorique peut être définie comme l'art de la persuasion. Convaincre les autres d'une idée ou d'un point de vue fut de tout temps une nécessité politique, économique et sociale. L'histoire de l'humanité témoigne des divers moyens à la disposition de l'homme pour faire accepter ses idées. De la démocratie au fascisme le problème reste en fait le même : il s'agit toujours d'entraîner les autres à penser comme soi. La finalité est essentiellement identique, même si les méthodes changent. Sur ce point la Renaissance se pose les mêmes questions que l'Antiquité : elle adopte la même méthode rigoureuse de persuasion et accepte les règles strictes de la rhétorique sans vraiment s'interroger sur leur cohérence historique. Transposer les techniques rhétoriques d'une époque à l'autre n'est pourtant pas évident. Chaque époque se doit en effet de développer un paradigme de communication adapté à une conjoncture sociétale ponctuelle. Les modèles anciens sont vite obsolètes si on ne les adapte pas aux exigences du moment : voilà de façon schématique ce que découvre Montaigne au fur et à mesure de ses rencontres littéraires avec les Anciens. C'est en fait tout le problème de l'usage de la rhétorique classique à l'époque de Rabelais et de Montaigne qui est ici posé.

En tant que partie des cinq *studia humanitatis*, l'*ars rhetorica* occupe une place fondamentale dans le mouvement humaniste, mais cette place repose presque exclusivement sur la tradition plutôt qu'elle ne répond à une nécessité pratique. Si Aristote, Cicéron et Quintilien servent de modèles à plusieurs générations d'étudiants, il semble bien que le temps des idoles soit révolu à l'époque où Montaigne rédige ses *Essais*. Devenu un exercice mental sans grande application concrète, la rhétorique a fini par se scléroser. Tous les intellectuels de la fin de la Renaissance passèrent par cette formation rhétorique lourde et astreignante, mais dans beaucoup de cas ce fut afin de mieux la rejeter. L'exemple de Montaigne est assez typique de cette expérience traumatisante. On se reportera au chapitre *De la vanité des paroles* pour se rendre compte à quel point Montaigne accable ce "mestier" qui consiste à "faire de grands souliers à un petit pied" (I, 51, 305 A).

Ce n'est pourtant pas la finalité de la rhétorique (art de persuader) qui est en cause à la Renaissance mais plutôt l'éloquence. L'*ars rhetorica* est en effet fondée sur la présentation logique d'un argument probable par le moyen du style. On reproche à la rhétorique de s'être égarée de son but original ; ce qui compte désormais, c'est plus la présentation que le contenu de tout argument. A la Renaissance, l'éloquence devient la pierre angulaire de la rhétorique jusqu'au point où elle finit par se confondre avec la rhétorique elle-même.

C'est principalement cette confusion qui dérange l'auteur des *Essais* et provoque chez lui les réactions que l'on connaît.

Il faut à ce point établir une distinction entre persuasion et éloquence. Chez Montaigne l'art de la persuasion n'est pas une mauvaise chose en soi, puisqu'elle peut trouver des applications quotidiennes dans plusieurs domaines. Montaigne ne s'érige jamais contre le fait qu'il faille persuader ses semblables d'un argument. Comme le remarquait d'ailleurs Claude Blum dans sa conclusion au Colloque de Paris sur la "Rhétorique de Montaigne" (1984), plutôt que d'attaquer ouvertement la rhétorique, Montaigne choisit plutôt de s'en prendre à "l'éloquence [qui] fait injure aux choses"[1]. Quand Montaigne lâche ses foudres contre la rhétorique, il s'attaque en fait aux rhéteurs, ces Janotus de Bragmardo tirés d'un roman de Rabelais, qui font profession d'une "science de gueule" où tout est effet et où le contenu est en train de disparaître sous le couvert d'une éloquence superficielle. Pour être bref, nous pourrions dire que l'éloquence a irrémédiablement perverti la finalité que s'était fixée la rhétorique classique.

L'auteur des *Essais* constate qu'à son époque les mots sont trop souvent coupés des choses qu'ils sont censés représenter. De concert avec Socrate et Platon, Montaigne définit la rhétorique comme un "art de tromper et de flatter" (I, 51, 305 C) et met dans le même panier les "farceurs et maistres de Rhetorique" (II, 37, 761 C). Perte de temps que de forger des phrases bien ronflantes, Montaigne se veut représentatif d'une parole plus directe fondée sur l'expérience. Comme nous le savons, l'éloquence n'est jamais une préoccupation majeure chez l'auteur des *Essais* : il favorise au contraire un style fait tout de pointes et se complaît dans une écriture qu'il voudrait être "imprémeditée" et fortuite. Montaigne ressent en effet la nécessité de rendre compte de façon naturelle et immédiate de ses interactions avec le monde.

Parce que sa conception de la communication prend en compte l'autre, Montaigne s'efforce de trouver une forme appropriée à la mise sur le papier de ses échanges avec le reste du monde. Il ne trouve rien dans la rhétorique classique qui lui permette de répondre à ce besoin de laisser une trace de ses commerces avec les hommes, les livres et les femmes. Il semble au contraire favoriser un modèle de type échangiste très proche de celui adopté par les marchands de l'époque dans leurs livres de comptes[2]. Selon un tel modèle comptable de communication, l'auteur doit sans cesse ajuster son propre discours à la réaction de son interlocuteur. Aucune valeur n'est définie au préalable, c'est précisément l'échange qui décide de la valeur des interactions

1 Claude Blum, "Conclusions", in éd. F. Lestringant, *Rhétorique de Montaigne*, Paris, Champion, 1985, p. 203-207.

2 Voir notre article, " 'Pour clorre nostre conte" : la comptabilité de Montaigne'", *Littérature*, n° 82 (1991), p. 28-42.

verbales et littéraires. L'échange acquiert ainsi une temporalité nouvelle qui est celle du moment présent.

Nous aimerions avancer ici que l'écriture qui résulte d'une interaction avec autrui répond à un modèle comptable, c'est-à-dire pragmatique et ouvert. Confronté au problème d'organisation de son texte, Montaigne ne trouve rien dans la rhétorique qui lui permette de satisfaire le besoin qu'il a de relater le moment même de l'échange. Il n'a que faire d'une éloquence surfaite qui ne pourrait que dénaturer l'instant présent où intervient l'interaction entre le moi et l'autre. L'éloquence vient toujours après coup, ce n'est pas un mode naturel de la pensée. La rhétorique classique n'avait de plus offert aucun lieu pour l'échange spontané et fortuit. Les *Essais* tentent d'occuper cet espace commercial où chacun peut marchander avec tout autre (Plutarque avec un paysan gascon, Aristote avec un Cannibale).

Montaigne conçoit très tôt un espace qui lui permet de mettre en contact différents individus, différentes pensées. C'est d'ailleurs un vieux projet qui lui avait été suggéré par son père :

> [A] Feu mon pere, homme, pour n'estre aydé que de l'experience et du naturel, d'un jugement bien net, m'a dict autrefois qu'il avoit desiré mettre en train qu'il y eust és villes certain lieu designé, auquel ceux qui auroient besoin de quelque chose, se peussent rendre et faire *enregistrer* leur affaire à un officier estably pour cet effect, comme : [C] Je cherche à vendre des perles, je cherche des perles à vendre (I, 35, 223).

Montaigne constate qu'un tel lieu offrirait “non legiere commodité au commerce publique” (I, 35, 223 A). Certes, ce lieu existe à la Renaissance, c'est la foire ou le marché. Mais le commerce dont nous parle Montaigne débouche sur un échange un peu particulier : c'est celui auquel il s'applique dans son livre. Les *Essais* sont bien cet espace où se rendent les Anciens comme les contemporains de Montaigne afin d'entrer en communication. Le dessein de Montaigne est bien d'enregistrer à son tour ses propres affaires et expériences aux côtés de celles des autres – ou plutôt ses expériences comme le résultat d'interactions et de commerces avec d'autres. Il faut ici prendre le verbe “enregistrer” dans l'acception qu'il possède à cette époque, c'est-à-dire principalement comme l'écriture sur un livre de raison ou un livre de comptes.

Montaigne se complaît à mettre des individus et des pensées en présence. Il réunit les Anciens, ses voisins paysans et les cannibales ensemble dans un même chapitre. Son rôle, comme l'avait rêvé son père, est bel et bien celui d'un entremetteur. L'auteur des *Essais* favorise les échanges et s'applique à reproduire la trace comptable de ses interactions. La comptabilité à laquelle il se livre est une opération qui vise à juger de la mise et des dépenses, à comparer les diverses positions, à les peser et à les enregistrer ensuite sur le papier. Son registre représente l'espace où s'écrivent des opérations marchandes et échangistes entre les hommes ; il s'efforce de donner au lecteur un bilan de ces négoces. Rien n'est pourtant définitif et les inventaires successifs fournis par l'auteur sont toujours provisoires. Montaigne conserve en effet une certaine souplesse dans cet art d'enregistrer ses commerces : les rencontres qu'il favorise restent dépendantes de la fortune de ses lectures et de ses expériences. Tout comme le commerçant sur le marché, Montaigne ne sait jamais à l'avance à qui il va avoir affaire, il doit sans cesse s'adapter au marché de ses rencontres. En ce sens l'ordre de Montaigne, comme l'ordre du marchand, n'est pas systématique ; il n'est pas non plus prémédité, c'est un ordre fortuit qui se crée lui-même en fonction des échanges effectués.

L'ordre représente le souci majeur des théoriciens comptables de la Renaissance. Déjà Cotrugli, dans le chapitre XII de son *Traicté de la marchandise, et du parfaict marchand* intitulé "De l'ordre de tenir les escritures en fait de Marchandise", déclare que non seulement le marchand "ne doit seulement escrire avec desterité, mais encor' dresser par bon ordre ses escritures"[1]. Dans la préface au lecteur de son *Instruction et maniere de tenir livre de compte par parties doubles*, Pierre de Savonne explique également que son traité s'adresse à ceux qui "désirent de voir leurs affaires bien ordonnées"[2]. Tenir les livres et écritures, comme l'on dit alors, fait appel à une méthode de l'exposition qui va à l'encontre de la rhétorique telle qu'elle se pratique à la Renaissance. Le souci n'est plus celui de l'éloquence mais bien de la représentation juste et ordonnée – même sous forme des plus grossières – d'interactions quotidiennes. De même, la question de l'ordre est à notre avis essentielle chez Montaigne, malgré le fait que le lecteur a souvent l'impression d'un désordre total où l'auteur se serait égaré dans les digressions les plus extraordinaires. Ce sentiment d'éparpillement des idées dans les *Essais* s'explique par une logique différente de l'organisation du texte, une logique que nous qualifierons de comptable.

Nulle possibilité de fonctionner à partir d'un système rhétorique préétabli, la comptabilité des *Essais* offre précisément la trace d'opérations aussi diverses que contradictoires. Ce qui crée un lien et un dénominateur entre elles, c'est la nécessité de l'échange et l'obligation de partager pour un instant un lieu commun où s'opèrent les interactions commerciales. Les bigarrures et aléas d'une vie se prêtent mal à la rigueur rhétorique. Montaigne s'efforce alors de trouver un système qui lui permettra de rendre compte de la diversité des échanges quotidiens – et cela d'une façon ouverte, puisque, comme nous le savons, le moi ne peut jamais être figé en un discours normatif mais a toujours besoin d'être réévalué d'après de nouveaux échanges avec des autres.

---

1 Benedetto Cotrugli, *Traicté de la marchandise, et du parfaict marchand*, traduit de l'italien par Jean Boyron, Lyon, François Didier, 1582, p. 70 recto-verso.

2 Pierre de Savonne, *Instruction et maniere de tenir livre de compte par parties doubles*, Anvers, Plantin, 1567, A3.

Certes, laisser la trace écrite d'une vie n'est pas une préoccupation nouvelle à l'époque où écrit Montaigne. Les journaux visent par exemple à donner une image de l'homme dans le quotidien ; ils ont pour principe une organisation linéaire, au jour le jour, avec pour modèle la chronique du Moyen Age. Mais à la Renaissance le journal est aussi un cahier sur lequel le marchand entre ses recettes et ses dépenses par rapport à un seul individu où à un seul lieu (foire ou marché). Le journal sert dans ce cas de memorandum pour le marchand. Pourtant, le problème du journal est qu'il n'englobe pas l'ensemble des interactions mais répond à une sélection préétablie. En deux mots, nous pourrions dire qu'il laisse délibérément certains échanges en dehors de l'écriture et n'offre une trace comptable que de façon sélective. Comme nous allons le voir, Montaigne hésitera quelque temps à adopter le journal pour rendre compte de ses échanges ; il se tourne cependant vers un autre support qui fut également choisi par le père de Montaigne, à savoir le livre de raison.

N'oublions pas qu'à la Renaissance le livre de comptes est synonyme de livre de raison. Ainsi, les deux termes s'emploient le plus souvent de façon synonymique. Le plus ancien livre de comptes italien s'intitule par exemple *Libro delle ragioni* (1211). De même, dans la préface de son *Instruction et maniere de tenir livre de compte par parties doubles* (1567), Pierre de Savonne propose une analogie entre livre de comptes et livre de raison : "tu ne laisseras d'y treuver tout ce qui est necessaire pour bien dresser escritures et livres de raison"[1]. Du livre de raison au livre de compte il n'y a qu'un pas à une époque où l'homme devient le produit de son travail. Quand son activité commerciale et marchande détermine son existence, il éprouve alors le besoin d'enregistrer ses expériences sur une base quotidienne. Ainsi, le livre de comptes, comme le livre de raison, est souvent l'unique trace écrite d'une vie : "apres ton deces tes enfans et heritiers seront grandement soulagés de trouvez tes livres ainsi bien ordonnés, pour les monstrer à tes debiteurs et crediteurs"[2] déclare par exemple Pierre de Savonne.

La raison s'oppose à la confusion : c'est l'acception du mot "raison" que nous donne Montaigne à plusieurs reprises. Ainsi, selon la même logique, un livre de raison est avant tout un livre ordonné qui suit une méthode rigoureuse d'exposition. Dans son *Arithmétique abregée* (1588), Martin Fustel déclare notamment qu'il a définitivement banni la confusion afin de "faire place au livre de Raison"[3]. A la Renaissance la confusion vient du fait que le marchand enregistre ses comptes sur plusieurs cahiers. De même, par analogie, la critique d'Aristote par Montaigne porte précisément sur la confusion engendrée

---

1 *Ibid.*, p. 6.
2 *Ibid.*
3 Martin Fustel, *L'Arithmetique abregée, conjointe a l'unité des nombres : en laquelle sont esclaircies, & briefvement confirmées les questions & demandes plus utiles, tant sur le fait des changes, que reduction des Monnoyes, Poids, & Mesures. Avec une briefve instruction pour secrettement escrire & tenir livres de raisons*, Paris, Marc Orry, 1588, f. O i verso.

par la gangue rhétorique : "Je ne recognois pas chez Aristote la plus part de mes mouvemens ordinaires : on les a couverts et revestus d'une autre robbe pour l'usage de l'eschole" (III, 5, 874 B). Ce reproche envers Aristote tient également au fait que le philosophe grec semble diffus dans l'organisation de sa pensée, semant dans divers traités ses idées qui ne sont jamais compréhensibles à la lecture d'un seul de ses ouvrages[1]. Montaigne préfère la centralisation comptable et regroupe toutes ses notes de lectures au sein d'un seul livre qui suffira désormais à rendre compte de toutes les activités humaines. En ce sens, on pourrait avancer que l'apparition de l'individualisme bourgeois s'affirme dans la réorganisation comptable et littéraire qui prend place au XVIe siècle. Le marchand conçoit l'idée d'un "grand livre" ou d'un registre sur lequel il devient possible de reporter toutes ses opérations commerciales, sans exception. De la même façon, Montaigne centralise dans un seul ouvrage l'ensemble de ses expériences avec les autres.

Là où Cotrugli conseillait par exemple de tenir trois livres, "le Cayer, le Journal, et le Memorial"[2], Louis Mayerne, dans son *Traicté des negoces et traffiques* (1599), propose de regrouper le cahier (carnet) et le mémorial sur un même "papier journal" : "[que] chacun tienne un simple papier Journal, pour soustenement et preuve de toutes autres escritures et comptes"[3]. Mais il s'empresse d'ajouter que "lesdittes parties fussent extraictes, et rapportées dudict Journal au grand livre"[4]. C'est en effet dans la concentration textuelle d'expériences commerciales diverses que réside la grande révolution comptable de la Renaissance. Si les papiers journaux sont des notes relatives aux ventes et aux achats (une sorte d'aide-mémoire), il est néanmoins recommandé de regrouper ces "papiers journaux" dans un "grand livre". Nous retrouvons ce conseil chez Fustel : "en premier lieu, nous aurons un papier journal, dans lequel nous escrirons toutes les parties, pour puis apres les transcrire nettement sur le *grand livre*, auquel (comme au journal) nous ferons autant de separations qu'il y aura d'articles és sommes differemment erigez"[5].

Le vocable "papier journal" est également un terme employé par Montaigne pour désigner une forme courte qui n'est pourtant plus nécessaire grâce au progrès comptable de l'essai. Montaigne nous raconte comment son père tenait un livre de raison en y recopiant des papiers journaux :

> [C] En la police œconomique mon pere avoit cet ordre, que je sçay loüer, mais nullement ensuivre. C'est qu'outre le *registre des negoces* du

1 Voir Philippe Desan, " 'Ce tintamarre de tant de cervelles philosophiques' : Montaigne et Aristote", in Kyriaki Christodoulou, éd., *Montaigne et la Grèce*, Paris, Aux Amateurs de Livres, 1990, p. 64-74.

2 Benedetto Cotrugli, *op. cit.*, p. 71.

3 Louis Mayerne, *Traicté des negoces et traffiques*, Paris, Jacques Chover, 1599, p. 68.

4 *Ibid.*, p. 69.

5 Martin Fustel, *op. cit.*, f. O i verso.

> mesnage où se logent les *menus comptes*, payements, marchés, qui ne requierent la main du notaire, lequel registre un receveur a en charge, il ordonnoit à celuy de ses gens qui lui servoit à escrire, un *papier journal* à inserer toutes les souvenances de quelque remarque, et *jour par jour* les memoires de l'histoire de sa maison, tres-plaisante à veoir quand le temps commence à en effacer la souvenance. (I, 35, 223-224)

La nécessité d'un ordre pour enregistrer les négoces et "l'histoire de sa maison" est reconnue par Montaigne qui abandonnera néanmoins cette pratique journalière du papier-journal au profit du registre bien particulier que sont les *Essais*.

S'il existe bien une période des "papier journaux" dans la pensée de Montaigne, nous en avons pourtant perdu toute trace. Nous ne possédons en effet malheureusement plus les Journaliers et Memorials de la famille de Montaigne. Ils ont disparu. Nous savons néanmoins que le grand-père de Montaigne, Grimon Eyquem, tenait un Journalier qui contenait plus de "vingt articles raisonnés des rentes deues aud. seigneur dans les parroisses de Merignac, Blanquefort et ailleurs"[1]. Il ne reste aujourd'hui que la couverture de ce livre de raison qui regroupait à la fois des comptes et des notes familiales. Cette pratique fut continuée par le père de Montaigne, comme en témoigne l'auteur des *Essais*. Sur ce même sujet des journaliers, la bibliothèque de la ville de Bordeaux possède le feuillet d'une ancienne couverture sur lequel on peut lire : "1568. Mémorial des affaires de feu messire Michel de Montaigne, après le décès de Monsieur son père"[2]. Encore une fois, le contenu de ce mémorial manque aujourd'hui. Notons à ce sujet que le fameux Beuther de Montaigne nous paraît être une fausse piste car il offre un mauvais exemple de cette pratique comptable de la famille Eyquem. En effet, comme nous le savons, presque tous les enregistrements dans le Beuther furent effectués *a posteriori*.

Montaigne nous paraît avoir suivi le courant comptable de son époque, courant qui tendait à se débarrasser des "papiers journaux" afin de réunir ces entrées au sein d'un seul grand livre où registre. La logique est encore une fois celle du livre de raison. Mais ne nous y trompons pas : le livre de raison de Montaigne est principalement un livre *des* raisons. Celles-ci sont aussi diverses que les échanges qui les ont produites : "J'appelle tousjours raison cette apparence de discours que chacun forge en soy : cette raison, de la condition de laquelle il y en peut avoir cent contraires autour d'un mesme subject, c'est un instrument de plomb et de cire, alongeable, ployable et accommodable à tous biais et à toutes mesures" (II, 12, 565 B). La raison

1 Voir à ce sujet la lettre de Jules Delpit au Dr Payen, Bordeaux, 11 mai 1855 (Bibl. Nat. Rés. Z. Payen 641, f. 133 verso).

2 MS. 738, III, f. 107. Voir Jean Marchand, *Le livre de raison de Montaigne sur l'Ephemeris historica de Beuther*, Paris, Compagnie française des arts graphiques, 1948, p. 40.

n'est d'ailleurs jamais un absolu chez Montaigne, c'est au contraire le résultat d'un échange avec une autre raison : "aucune raison ne s'establira sans une autre raison" (II, 12, 601 A), déclare l'auteur des *Essais* à ce sujet. La raison elle-même, ou plutôt le registre des raisons, peut servir de base au commerce, car la raison représente un des grands trafics de la Renaissance. Ainsi, comme nous le dit Montaigne, il est possible "[C] de mettre en trafique la [A] raison mesme" (I, 23, 117).

Si le mot "raison" sous-entend "contrerolle", il possède aussi l'acception de "calcul" dans les *Essais*. Ainsi, Montaigne utilise à plusieurs reprises "compte" et "raison" de façon synonymique : "Quand je considere mes affaires de loing et en gros, je trouve, soit pour n'en avoir la memoire guere exacte, qu'ils sont allez jusques à cette heure en prosperant outre mes contes et mes raisons" (III, 9, 951 B). Le livre des raisons de Montaigne est aussi la trace comptable d'une vie.

Pour que cette vie faite d'échanges et de commerces avec les hommes soit à jour, il faut que le livre reste ouvert. C'est peut-être parce que l'échange fait partie intégrante de toute activité humaine et commerciale que Pierre de Savonne recommande de garder le livre de comptes *ouvert*. C'est là un pas important vers ce que nous appelons aujourd'hui le compte courant. Avant l'apparition de cette technique, un espace était calculé pour "clorre" ou "souder" l'écriture d'une opération marchande. La tenue des livres à partie double et l'apparition du *compte courant* ne rendent plus nécessaire cette façon d'anticiper un espace pour la continuation d'un compte. Les nombreux carnets sont bientôt remplacés par un seul grand livre sur lequel il suffit de reporter crédits et débits. Si l'idée de *dispositio* occupe une place prépondérante dans la tenue du registre d'une vie, l'*elocutio* disparaît quant à elle presque complètement. Très souvent c'est un style télégraphique qui permet de rendre compte des activités commerciales d'un individu. L'écriture se veut brève, pointue et directe, tout comme l'usage assez répandu de l'"Item" dans les livres de compte de l'époque. La *dispositio* joue donc un rôle essentiel dans tout relevé de comptes. Cet ordre comptable ne doit pourtant pas être confondu avec une organisation selon les règles de la rhétorique : il répond uniquement aux règles de l'expérience. L'ordre créé dans un livre de raison est un ordre qui s'organise autour du sujet.

Au lieu de reporter les transactions sur des carnets différents, les théoriciens comptables recommandent au contraire de centraliser les entrées sur un seul grand livre qui restera ouvert. Le livre de compte symbolise désormais toute la matière du marchand de la Renaissance ; ses activités quotidiennes s'y lisent au grand jour. La fameuse consubstantialité entre le livre et l'auteur débouche inévitablement sur une rhétorique comptable de l'existence. L'avantage du livre de raison et du livre de comptes est qu'ils rapportent l'homme dans son entier, sans établir une division arbitraire entre le public et le privé. Les deux se rejoignent dans un même document.

La rhétorique comptable des *Essais* a bien pour but de diriger la pensée selon une logique quantitative. Parce que les commerces de Montaigne ne sont pas limités à un seul échange mais reflètent une succession d'opérations, chaque lecture des Anciens entraîne une situation active ou passive qu'il faut ensuite comptabiliser. De plus, contrairement à la tendance qui faisait jadis accepter ou rejeter en bloc l'autorité d'un texte, et grâce à la pesée[1], Montaigne est désormais capable d'évaluer les différentes entrées qu'il a devant les yeux.

Comme on le voit, l'écriture du moi pose un problème de taille que la rhétorique classique ne pouvait résoudre. En effet, si l'on accepte la définition du moi que nous offre Montaigne, à savoir un échange perpétuel sans cesse redéfini en fonction d'interactions avec d'autres, il faut alors développer un système flexible qui permettra de rendre compte des changements quotidiens, eux-mêmes le résultat d'interactions nouvelles avec les hommes ou les livres. La complexité et la quantité toujours accrue de ces interactions font que l'auteur doit se plier à une méthode d'écriture journalière qui supprimera les incertitudes de la mémoire. C'est toutefois de la mémoire du moi dont il s'agit et non pas de la mémoire des autres. Expliquons-nous : la rhétorique est devenue un exercice mental qui consiste à faire réciter par cœur des arguments avancés par d'autres, car la mémoire mise en avant par la rhétorique est bien celle des autres. Montaigne ambitionne un livre différent qui réunira dans un seul ouvrage la mémoire de ses propres commerces avec le reste du monde. Les *Essais* fonctionnent pour cette raison comme un grand livre, un registre sur lequel on entre de façon systématique toutes les interactions, positives ou négatives.

Nous avons montré ailleurs comment Montaigne divise ses interactions en recettes et mises ; il développe une rhétorique comptable qui lui est propre et qui prend en considération à la fois l'actif et le passif : tel un expert comptable, il rêve de "tenir conte de la recepte et mise du monde" (II, 12, 450 A). Il est pourtant toujours conscient que sa vie seule entraîne les débits et crédits dont il se sent obligé de rendre compte : "Je ne fay nulle recepte des biens que je n'ay peu employer à l'usage de ma vie" (II, 37, 784 A). Dans cette déclaration clé, Montaigne laisse entendre qu'il ne tiendra compte que des expériences se rapportant à lui-même. Cet effet de centralisation comptable s'appuie sur le sujet dont l'écriture des expériences serviront de livre de raison aux générations suivantes. La subjectivité implicite dans cette écriture est en fait essentielle à l'écriture comptable du moi.

---

1 Voir Floyd Gray, *La Balance de Montaigne : Exagium/essai*, Paris, A. -G. Nizet, 1982.

Dans le chapitre *De la conscience*, Montaigne rapporte une anecdote qui pourrait servir de métaphore au projet des *Essais*. Résumons cette histoire : alors qu'il était accusé devant le peuple romain pour avoir détourné des fonds de la province d'Antioche, Scipion, "estant venu au Senat pour cet effect, produisit le livre des raisons qu'il avoit dessoubs sa robbe, et dit que ce livre en contenoit au vray la recepte et la mise ; mais, comme on le luy demanda pour le mettre au greffe, il le refusa, disant ne se vouloir pas faire cette honte à soy mesme ; et, de ses mains, en la presence du senat, le deschira et mit en pieces" (II, 5, 368 A). Cet acte dramatique dénote un décalage entre le livre de raison et l'homme lui-même. Le scandale pour Scipion – et peut-être pour Montaigne – vient du fait que l'on ose douter de la consubstantialité entre l'homme et le livre. Seul le livre de comptes peut donner une image fidèle de Scipion. Afin de vérifier l'honnêteté de Scipion, le peuple ne trouve d'autre moyen que de vouloir consulter son livre de comptes. L'un est le miroir de l'autre, où, comme le dira Montaigne, qui touche à l'un touche à l'autre :

> [C] Je n'ay pas plus faict mon livre que mon livre m'a faict, livre consubstantiel à son autheur, d'une occupation propre, membre de ma vie ; non d'une occupation et fin tierce et estrangere comme tous autres livres. Ay-je perdu mon temps de m'estre *rendu compte de moy* si continuellement, si curieusement ? Car ceux qui se repassent par fantasie seulement et par langue quelque heure, ne s'examinent pas si primement, ny ne se penetrent, comme celuy qui en faict son estude, son ouvrage et son mestier, qui s'engage à un *registre de durée*, de toute sa foy, de toute sa force. (II, 18, 665)

Scipion n'est cependant pas prêt à accepter l'épreuve de la vérification, il refuse d'être jugé par la tenue de son registre et ne peut accepter l'idée que l'on lise sa vie dans un livre ouvert. Montaigne s'interroge sur les conséquences d'un tel acte : "Je ne croy pas qu'une ame cauterizée sçeut contrefaire une telle asseurance. [C] Il avoit le cœur trop gros de nature et accoustumé à trop haute fortune, dict Tite Live, pour qu'il sceut estre criminel et se desmettre à la bassesse de deffendre son innocence" (II, 5, 368). L'ouverture du livre de comptes nous permettrait pourtant de déterminer la culpabilité ou l'innocence de l'homme.

Le livre de comptes, tout comme l'essai, se veut sincère. L'essayiste, comme le marchand, s'y montre nu et fonde la base d'un discours nouveau à la fois naïf et simple qui permet la transparence. Les *Essais*, comme tout livre de raison, possèdent une règle fondamentale : on ne peut aisément les falsifier (se livrer à des ratures est même un acte criminel dans le cas des livres de comptes à la Renaissance) et il doivent refléter la sincérité du moment présent. Tout doit y faire l'objet d'une entrée, aussi bien les déboursements que les recettes. Laisser de côté un seul échange fausserait tout le livre. Ainsi, l'image que nous présente le livre de raison n'est jamais d'une cohérence universelle mais bien d'une cohérence particulière qui répond à des expériences journalières. De même que la vie du marchand *est* son livre de compte, les *Essais sont* Montaigne. Le marchand et l'essayiste écrivent par nécessité, tous deux prennent des notes pour leur usage personnel et afin de "soulager [leur] mémoire labile", comme le notait Pierre de l'Estoile dans son *Journal*[1].

Le texte des *Essais*, comme l'avoue Montaigne lui-même, est un "registre de durée" (II, 18, 665 C), car c'est bien la durée qui intéresse l'essayiste. La trace du moment présent et l'enregistrement de commerces fortuits renvoient à une écriture comptable du moi. Dans *Du démentir* (II, 18), Montaigne s'interroge sur la finalité de sa démarche comptable et ironise sur l'usage pratique de ses *Essais* :

> [B] Si toutes-fois ma posterité est d'autre appetit, j'auray bien dequoy me revencher : car ils ne sçauroient faire moins de conte de moy que j'en feray d'eux en ce temps là. Tout le commerce que j'ay en cecy avec le publiq, c'est que j'emprunte les utils de son escripture, plus soudaine et plus aisée. En recompense, [C] j'empescheray peut-estre que quelque coin de beurre ne se fonde au marché (II, 18, 664).

De papier journal, les *Essais* deviendront peut-être papier d'emballage ! Dans tous les cas, c'est le problème de l'utilité de ce genre d'écriture qui est ici posé. Le grand livre procure un intérêt différent qui pourrait certes échapper à ceux qui auront ce document entre les mains. C'est là un risque qu'il faut courir. Montaigne n'abandonne pas pour autant sa tâche comptable, il continue à "enroller" et "contreroller" ses expériences dans son grand livre : "Aux fins de renger ma fantasie à resver mesme par quelque ordre et projet, et la garder de se perdre et extravaguer au vent, il n'est que de donner corps et mettre *en registre* tant de menues pensées qui se presentent à elle. J'escoute à mes resveries par ce que j'ay à les enroller" (II, 18, 665 C).

Le profit que retire Montaigne de son livre est un profit immédiat et présent, jamais un investissement pour l'avenir. Il est donc essentiel de redéfinir la temporalité des *Essais*. Leur but est de servir le moment présent et de rendre compte de l'instant de l'échange. La pratique du commerce avec les autres ne saurait répondre à une théorie particulière de la communication. Les *Essais* rabâchent la même leçon : le sujet doit savoir s'adapter en fonction de ce qui se présente à lui. C'est pour cette raison que la pratique précède toujours la théorie. Comme on le comprend alors, la rhétorique n'a pas grand-chose à offrir à l'expérience : elle arrive toujours après coup. Montaigne évacue la rhétorique en l'opposant précisément à un type d'action humaine : "Demandez à un Spartiate s'il aime mieux estre bon rhetoricien que bon soldat" (II, 37, 784 C). La réponse va de soi.

Philippe DESAN
University of Chicago

---

1 Pierre de l'Estoile, *Journal*, édition Brunet, 1875, t. VIII, p. 225.

"TENDRE NEGOTIATEUR" : LA RHÉTORIQUE DIPLOMATIQUE DANS LES *ESSAIS*

Pour comprendre les bases de la rhétorique des *Essais* il faut partir du fait que la rhétorique, dès ses origines classiques, est liée à la constitution de l'espace public et à la définition de la *polis*. Pour les Anciens, aussi bien que pour les Renaissants qui suivent leurs traces, la rhétorique est conçue surtout comme une pratique publique, comme un art politique. Ainsi est-il, par exemple, dans les premières pages du *De Oratore* de Cicéron, où la rhétorique est définie par son rapport au monde public. Ce qui distingue la rhétorique des autres arts, nous dit Crassus chez Cicéron, c'est sa publicité. Alors que les autres arts puisent dans les sources cachées ("reconditis atque abditis fontibus"), l'art de la rhétorique se base sur "la pratique commune et la coutume du parler humain" ("in hominum more et sermone")[1]. Le plus grand péché de l'orateur, c'est d'abandonner le langage commun, employé par la communauté ("consuetudine communis sensus"), à la recherche de l'obscur. La matière de la rhétorique, donc, c'est le langage de la république même.

Le rapport entre cette dimension publique de la rhétorique et l'écriture des *Essais* est mis en lumière par Montaigne au début du premier chapitre du livre trois, *De l'utile et de l'honneste*. Montaigne nous y offre deux images du discours parlé. "Personne n'est exempte de dire des fadaises", commence-t-il. "Le malheur est de les dire curieusement [...]. Les miennes m'eschappent aussi nonchallamment qu'elles le valent [...]. Je parle au papier comme je parle au premier que je rencontre" (790 B). Pour Montaigne l'écriture est un dire, un discours au papier qui imite une conversation. Mais si l'on cherche un exemple de la conversation qui motive cette métaphore, le seul modèle que Montaigne nous en offre dans l'essai est surprenant. Une page après la description de son écriture il évoque une deuxième image du discours parlé. Il rappelle la conversation la plus politique et "rhétorique" qui soit, à savoir la négociation diplomatique, "ce peu que j'ay eu à negotier entre nos Princes, en ces divisions et subdivisions qui nous deschirent aujourd'huy" (791 B). Le troisième livre des *Essais* commence donc par une juxtaposition de la rhétorique "privée" de l'écriture avec celle de la négociation diplomatique. Cette juxtaposition n'est pas sans importance. Au seuil d'un livre où il sera question de maintes méditations sur les troubles politiques de la France et de surprenantes réflexions sur le statut du langage même des *Essais*, l'image de

---

1 Cicéron, *De Oratore*, I. iii. 12. Je cite l'édition d'E. W. Sutton et H. Rackham, Cambridge, Massachusetts, Loeb Classics, 1959. Pour une belle analyse du rapport entre le consensus politique et la pratique rhétorique à la Renaissance, voir le livre de Victoria Kahn, *Rhetoric, Prudence and Skepticism in the Renaissance*, Ithaca, 1985.

Montaigne diplomate – d'un acteur politique qui vit de son langage – offre un nœud d'intérêt pour explorer le rapport entre la rhétorique publique évoquée par Cicéron et l'écriture des *Essais*.

Dans les pages suivantes je voudrais suggérer que le personnage du rhéteur/diplomate est important pour une compréhension du rapport entre public et privé chez Montaigne. Montaigne considère les conditions et les enjeux de la diplomatie à plusieurs reprises dans les *Essais*. Et sa représentation de la diplomatie va bien au delà des problèmes de la stratégie politique pour toucher aux questions du rapport entre le sujet, le langage et le pouvoir. A travers la façon dont il représente le diplomate, Montaigne nous offre une image de lui-même qui fait le pont entre le monde public de l'action politique et le monde privé de l'écriture, entre parler aux adversaires et parler à son papier.

La diplomatie est un art dont les institutions et les stratégies développent avec rapidité dans la première Renaissance. Elle joue un rôle important dans l'humanisme, comme l'une des carrières visées par l'éducation humaniste. Montaigne reconnaît l'importance de cet art comme une forme de service public qui remplace, dans la nouvelle formation de l'état national, l'art traditionnel de la noblesse – à savoir les armes. Dans *De l'institution des enfans* il glisse d'une valorisation traditionaliste des armes à une reconnaissance de la nouvelle importance de la diplomatie lorsqu'il propose qu'on doit élever la jeunesse “à conduire une guerre, à commander un peuple, *à practiquer l'amitié d'un prince ou d'une nation estrangiere*” (149 A ; c'est moi qui souligne). Et dans le contexte précis des guerres de religion, la diplomatie prend une fonction pratique. Pour Montaigne, associé au groupe modéré des *Politiques*, la négociation diplomatique est le seul moyen de sauver la France, de forger une communauté à partir d'un corps politique déchiré[1]. La diplomatie est une pratique de la rhétorique qui a comme but un accord entre adversaires. C'est la rhétorique de la persuasion dans l'espace public – un discours, en effet, qui vise l'unification de l'espace même où il se déroule. La représentation de la diplomatie dans les *Essais* évoque plusieurs lieux communs du discours renaissant sur la diplomatie. Mais en même temps Montaigne transforme ces lieux communs afin de proposer le diplomate comme contre-modèle de l'écrivain qui parle à son papier comme au premier qu'il rencontre.

La pratique de la rhétorique diplomatique est une pratique publique. Et cette publicité est une source d'angoisse chez Montaigne. Dans le petit chapitre du premier livre intitulé *Du parler prompt ou tardif*, Montaigne raconte un

---

[1] Sur le développement des institutions et des pratiques diplomatiques aux XVe et XVIe siècles, voir Garrett Mattingly, *Renaissance Diplomacy*, New York, 1954. Sur les activités diplomatiques de Montaigne, voir Donald Frame, *Montaigne*, San Francisco, 1984, ch. 15, aussi bien que D. Maskell, “Montaigne médiateur entre Navarre et Guise”, *Bibliothèque d'Humanisme et Renaissance*, 41, 3 (1979), p. 541-555.

épisode pris dans les *Mémoires* des frères du Bellay. Lors de la rencontre entre François I et Clément VII à Marseille en 1533 le roi choisit son Avocat au Parlement de Paris, le célèbre juriste et orateur Guillaume Poyet, pour faire une harangue devant le Pape. Pendant les semaines précédant la rencontre Poyet travailla à son discours. Pourtant, la veille de la rencontre, il fut averti d'un changement de protocole. Craignant d'offenser quelques princes dont les ambassadeurs assisteraient à la rencontre, le Pape avait choisi lui-même le sujet du discours de Poyet – sujet "tout autre que celuy sur lequel monsieur Poyet s'estoit travaillé" (39 A). "[Se] sentant incapable" de cette nouvelle tâche, le pauvre Poyet dut céder sa place à l'habile Cardinal du Bellay.

Dans la version de cette scène qu'on trouve chez les du Bellay, il est question d'un problème linguistique. Les *Mémoires* disent que Poyet était surtout connu pour sa facilité rhétorique en français. Il était moins fort en latin – c'est la raison pour laquelle il avait tant travaillé son discours à l'avance. Obligé d'improviser en latin, il reconnaît son incapacité, et s'excuse devant le roi en disant que l'occasion exige un ecclésiastique, "attendu que c'estoit pour l'union et bien de l'Eglise". "Mais, à bien dire", poursuivent les *Mémoires*, "c'estoit qu'il n'avoit le temps de pouvoir changer le language ni la substance de saditte oraison"[1]. Lorsque Montaigne rappelle la scène, cette dimension linguistique est supprimée. Montaigne transforme sa source pour mettre en relief l'angoisse de l'orateur devant la scène de son discours.

Ce portrait comique du rhétoricien incapable de remplir son devoir diplomatique trouve un écho bien plus sinistre dans le troisième livre. Dans *De la vanité*, Montaigne raconte une anecdote tirée de l'histoire d'Alexandre par Quinte-Curce – une anecdote, dit-il, qu'il ne lit jamais sans s'en offenser. C'est l'histoire de Lynceste, accusé d'un complot contre Alexandre. Selon la coutume de son peuple, l'accusé devait se justifier devant les autres soldats. Tout comme Monsieur Poyet, Lynceste avait préparé un discours : "[il] avoit en sa teste une harangue estudiée, de laquelle tout hesitant et begayant il prononça quelques paroles. Comme il se troubloit de plus en plus, ce pendant qu'il luicte avec sa memoire et qu'il la retaste, le voilà chargé et tué à coups de pique par les soldats qui luy estoient plus voisins, le tenant pour convaincu" (962 B). C'est l'incertitude de Lynceste qui le perd : "ce n'est à leur advis plus la memoire qui luy manque, c'est la conscience". Ici encore, Montaigne modifie légèrement le texte de sa source. Chez Quinte-Curce, Lynceste lutte à la fois avec une mémoire fautive et un esprit faible après trois ans de prison ("ad ultimum non memoria solum, sed etiam mens eum destituit")[2]. Pour

---

1 Je cite les *Mémoires de Martin et Guillaume du Bellay* dans l'édition de V. -L. Bourrilly et F. Vindry, Paris, 1910, vol. 2, p. 227-228. Je suis redevable à M. Michel Magnien de m'avoir renseigné sur l'importance de Poyet dans la culture rhétorique de l'humanisme français.

2 Quintus Curtius, *History of Alexander*, éd. John C. Rolfe, Cambridge, Massachusetts, Loeb Classics, VII. i. 8.

Montaigne, ce sont plutôt la mémoire (cette faculté si faible chez lui) et la scène publique qui causent la tragédie : "Le lieu estonne, l'assistance, l'expectation, lors mesme qu'il n'y va que de l'ambition de bien dire. Que peut-on faire quand c'est une harangue qui porte la vie en consequence ? " (962-63 B).

Si l'histoire de Monsieur Poyet indique le rapport entre la parole et le destin, entre la mission de l'ambassadeur et la performance linguistique, le parallèle avec l'anecdote de la mort de Lynceste localise l'angoisse dans le rapport entre la faiblesse de la langue ou de la mémoire et la terreur causée par le public. Le contexte effraie le pauvre Lynceste et trouble le rapport entre présent et passé, entre l'acte du discours et la mémoire. Luttant avec sa mémoire, Lynceste n'arrive pas à faire sortir de sa bouche bégayante les paroles dont dépend sa vie. Un lapsus purement mécanique, entre esprit et corps, est mépris par l'assistance comme signe d'une crise morale, d'une mauvaise conscience.

Ces scénarios de l'orateur paniqué par la scène du discours se compliquent dans *Des menteurs*. Si, chez Lynceste, la terreur provoquée par la scène du discours coupe le rapport entre présent et passé, entre bouche et mémoire, ici Montaigne explore une relation inverse, où le passé, la mémoire, pèsent sur le présent. Montaigne affirme que l'un des risques du discours c'est que, une fois entré dans le chemin du mensonge, l'orateur se laisse aller jusqu'à l'enlisement : "c'est chose difficile de fermer un propos et de le coupper despuis qu'on est arroutté" (35 C). Ceux qui se piègent le plus souvent ce sont les diplomates, qui "se desferrent eux-mesme [...] car quelle mémoire leur pourroit suffire à se souvenir de tant de diverses formes, qu'ils ont forgées à un mesme subject ? " (36 B). Le diplomate est donc non seulement sujet à l'angoisse devant la scène de la harangue. Plus que tout autre, peut-être, c'est lui qui souffre et qui meurt de ce débordement linguistique, de cette logorrhée qui, selon Montaigne, caractérise son époque.

L'exemple le plus saillant de cette crise de la parole est Francisque Taverna, "ambassadeur de François Sforce, Duc de Milan, homme tres-fameux en science de parlerie" (37 A), dont l'histoire se trouve, elle aussi, dans les *Mémoires* des du Bellay. Le duc de Milan ayant arrêté et décapité en secret un certain Giovan-Albert Merveille, l'ambassadeur de François à Milan, le roi en demande la raison à Taverna. Alors que celui-ci nie que son maître ait su que le dit Merveille appartenait à François, le roi le presse d'objections et de détails, jusqu'à ce que le pauvre Taverna se contredise : "chacun peut penser comme il fut relevé, s'estant si lourdement couppé, et à l'endroit d'un tel nez que celuy du Roy François" (38 A). Au lieu de "coupper" son discours (geste presque impossible selon Montaigne), Taverna "se couppe", tout comme on a coupé la tête à Merveille lui-même.

Il est instructif d'analyser les raisons pour un tel embrouillement chez l'ambassadeur. Montaigne nous offre toute une phénoménologie du mensonge : la vérité se loge dans la mémoire "par la voye de la connoissance" (36 A). Le mensonge, par contre, "n'y peut avoir le pied si ferme, ny si rassis". Il est un "corps vain, et sans prise", et donc échappe à la mémoire, laissant la place à la vérité, qui est "asseurée". Cette phénoménologie, présentée en termes du corps, explique un geste qui est décrit de façon différente chez les du Bellay. Ils attribuent l'erreur de Taverna au fait que "le sens luy faillit au besoing, ou le sang qui ne peult mentir le feit respondre si mal à propos et contredisant à tout ce qu'il avoit dit auparavant"[1]. Cette explication physiologique et presque proverbiale ("le sang ne peut mentir") offerte par les du Bellay est remplacée chez Montaigne par une analyse qui lie le dilemme du diplomate à une lutte morale pour la probité du moi - dimension qu'on reverra dans *De l'utile et de l'honneste*.

Les exemples de Poyet et de Taverna indiquent la relation problématique entre la mémoire et la parole, entre la préparation rhétorique et les exigences du moment. Le *kairos* requis par une négociation demande une souplesse si l'ambassadeur veut réussir. Cette souplesse est un lieu commun du discours diplomatique de la Renaissance. Dans un dialogue de 1584 sur le parfait ambassadeur, le Tasse démontre les dimensions épistémologiques et morales de ce lieu commun. Pour le Tasse l'ambassadeur est non seulement un agent, le représentant de son prince, mais aussi un médiateur, un acteur qui facilite le consensus et la communauté. Le véritable analogue pour l'ambassadeur, dit le Tasse, c'est le maquereau, "il ruffiano". Car tout comme le maquereau unit les gens au nom de l'amour, le diplomate encourage l'amitié entre princes. Le Tasse fait face à l'aspect paradoxal de cette fonction, à savoir la difficulté (voire l'impossibilité) d'être *à la fois* un intermédiaire et le représentant d'un prince, d'être situé *à la fois* au milieu et d'un côté du dialogue. La seule stratégie pratique dans une telle situation, affirme-t-il, c'est la souplesse rhétorique. Celui qui agit selon "l'honneteté rigide et sévère" ("l'onestà rigida e severa") en représentant son prince serait sans aucun doute un homme de bien, mais il ne serait ni un bon agent ni un bon citoyen ("né buon esecutore né buon cittadino potrebbe esser detto")[2]. Il est vrai, poursuit le Tasse, que l'on loue souvent les ambassadeurs homériques d'avoir rapporté mot par mot les messages de leur prince aux adversaires. Néanmoins, il y a des situations où il est bien de changer la forme de son message, tout en gardant le contenu : "Car l'on peut conserver la vraie essence de la commission tout en altérant son

1 *Mémoires*, vol. 2, p. 224.

2 Torquato Tasso, "Il Messaggiero", in *Prose*, éd. Francesco Flora, Milan, 1935, p. 74.

visage et sa semblance par les paroles"[1]. Comme les comédiens, les ambassadeurs changent le "visage" (la forme) des messages ; ils transforment les signifiants tout en conservant les signifiés.

Montaigne rappelle ce topos du discours sur la diplomatie dans un petit chapitre du premier livre, *Un trait de quelques ambassadeurs*, où les observations du Tasse sur l'épistémologie de la rhétorique diplomatique prennent des allures politiques et locales. Montaigne présente une troisième anecdote tirée des Mémoires des du Bellay, à propos du différend de 1536 entre le roi François et Charles-Quint sur le duché de Milan. Pendant les négociations entre le Pape, l'Empereur et les ambassadeurs français, l'évêque de Mâcon et le Seigneur du Vély, l'Empereur déclara, au cours d'une de ses harangues, que si ses propres soldats et capitaines montraient aussi peu de fidélité envers lui que n'en montraient les Français envers le roi François, il se mettrait une corde autour du cou et s'avancerait vers le roi pour lui demander miséricorde. Quant à la résolution du différend, ajouta-t-il, il serait prêt à rencontrer le monarque français en combat singulier, "ou sur un pont ou batteau en quelque riviere", "en chemise" avec poignard ou épée[2]. Lorsque les ambassadeurs transmirent leur version de cette négociation, nous dit Montaigne, ils "lui en dissimulerent la plus grande partie, mesmes luy celerent les deux articles precedens" (73 A). Pourtant, Montaigne critique ce geste de dissimulation de la part des ambassadeurs. Selon Montaigne, la transmission des messages doit être totale. Cacher des détails, c'est risquer des malentendus. Et il ajoute, dans un "alongeail", que cette dissimulation est signe d'un manque d'obéissance générale envers le maître – manque qu'il trouve de plus en plus caractéristique de son époque : "Nous nous soustrayons si volontiers du commandement sous quelque pretexte, et usurpons sur la maistrise [...]. On corrompt l'office du commander, quand on y obeit par discretion, non par subjection" (74 C). Ce commentaire confirme le mépris de l'Empereur envers les infidèles Français. Mais ce qui est important, c'est que le diplomate est présenté ici comme celui qui doit dissimuler, non seulement devant ses adversaires, mais aussi devant son propre maître. Il devient donc le précurseur du sujet "privé", de celui qui agit de sa propre volonté sans attaches.

La dimension politico-morale introduite par Montaigne dans son analyse de l'exemple des ambassadeurs français est reprise dans *De l'utile et de l'honneste* où il parle de "ce peu que j'ay eu à negotier entre nos Princes, en ces divisions et subdivisions qui nous deschirent aujourd'huy" (791 B). Ici, les questions de l'obéissance et du pouvoir qui s'adressent implicitement dans les

---

1 "Conservando pura ne la sua verità l'essenza de le commissioni [l'ambasciatore] può con le parole et con le ragioni mutar loro aspetto et simiglianza" ("Il messaggiero", p. 77).

2 *Mémoires*, vol. 2, p. 366-368.

scènes déjà analysées deviennent des thèmes explicites. Montaigne met ses propres fonctions politiques en parallèle avec celles du roi. Il déclare son devoir politique en disant : "quant à moy, et ma parolle et ma foy sont, comme le demeurant, pieces de ce commun corps : leur meilleur effect, c'est le service public ; je tiens cela pour presupposé" (796 B). Cette description de la position de Montaigne trouve son écho trois pages plus tard, lorsqu'il parle du roi qui se trouve dans une situation où il lui faut préserver son royaume par un geste de violence contre ses propres sujets – geste qui "gauchi[t] sa parolle et sa foy" (799 B) envers son peuple. Cette violence – la notion classique du coup d'état – ne peut se justifier, nous dit Montaigne, que s'il n'y a pas d'autre solution. Elle doit se masquer par une évocation de l'autorité de Dieu ("un coup de la verge divine", 799 B) et susciter chez le roi un énorme regret[1].

Ce parallèle entre "la parolle" et "la foy" de Montaigne (vouées au public) et celles du roi met en évidence un paradoxe de l'éthique diplomatique de Montaigne – paradoxe préparé par le portrait des ambassadeurs Mâcon et Vély. Lorsque le roi rompt sa foi envers son peuple, c'est avec l'autorité de Dieu et pour satisfaire les exigences d'une crise immédiate ("quelque impetueux et inopiné accident du besoing de son estat", 799 B). C'est l'analogue politique à la souplesse rhétorique du légat. La contradiction qui marque l'action du roi se dispose sur un axe diachronique – une rupture à court terme fonde un pacte à long terme. Dans le cas de Montaigne, pourtant, la question du rapport entre la parole, la foi et le public se dispose, pour ainsi dire, spatialement, selon la tension entre le public et le privé, entre le diplomate et le sujet particulier. Si le roi justifie les exigences du moment par l'autorité du ciel, Montaigne y oppose l'autorité de sa propre subjectivité, de son être "privé". Pour l'ambassadeur/essayiste, il n'y a pas de "plus tard" qui justifie la corruption d'un moment ; il n'y a pas d'optique transcendante qui rend "honnête" le geste "utile".

Cette tension se manifeste dans la considération que Montaigne nous donne du problème de la dissimulation. Le monde public est un monde de déceptions. Décevoir, pourtant, c'est dissimuler, mentir, comme les diplomates que Montaigne a critiqués ailleurs. La dissimulation, Montaigne s'en passe. Ce qui l'inquiète c'est la peur d'être pris pour un dissimulateur par

---

1 Le rapport entre sujet et roi dans *De l'utile et de l'honneste*, structuré par la promesse de la *fides* ou "bonne foy", est le sujet du bel article d'Antoine Compagnon, "Montaigne ou la parole donnée", *Rhétorique de Montaigne*, éd. F. Lestringant, Paris, 1985, p. 9-19. Pour d'autres lectures de cet essai, voir J. Parkin, "Montaigne *Essais* 3. 1 : The Morality of Commitment". *Bibliothèque d'Humanisme et Renaissance*, 40, 1 (1979), p. 41-63 ; Hugo Friedrich, *Montaigne*, traduction française de Robert Rovini, Paris, 1968, p. 195-202 ; Géralde Nakam, *Les 'Essais' de Montaigne, miroir et procès de leur temps*, Paris, 1984, p. 239-261 ; et, tout récemment, David Louis Schaefer, *The Political Philosophy of Montaigne*, Ithaca, 1990, p. 351-363, et James J. Supple, "'Le bien public requiert qu'on traduisse et qu'on mente et qu'on massacre' : Montaigne's Political Ethics", *Studi Francesi*, No 105, Anno XXXV (1992), p. 423-33.

ses contemporains. Si Montaigne évite "curieusement" de dire des "fadaises" à son papier (comme au premier qu'il rencontre), dans ses négociations entre princes, dit-il, "j'ay curieusement evité qu'ils se mesprinssent en moy et s'enferrassent en mon masque [...]. Tendre negotiateur et novice, qui ayme mieux faillir à l'affaire qu'à moy ! " (791 B). Cette image du masque, Montaigne l'évoque afin de la rejeter tout de suite. Car si d'habitude les ambassadeurs se déguisent, lui évite tout déguisement, offrant au contraire "une façon ouverte, aisée à s'insinuer et à se donner credit aux premieres accointances" (792 B). Tout comme lorsqu'il parle à son papier, Montaigne diplomate offre un visage ouvert.

Le paradoxe de la dissimulation, pourtant, c'est que son but est de se cacher. Donc même celui qui ne dissimule pas est pris pour un dissimulateur – tel l'exemple de Lynceste, de qui la faiblesse du corps est prise pour une faiblesse de la conscience. "Les gens du mestier" prennent la simplicité de Montaigne pour un masque : "ce que j'appelle franchise, simplesse et nayfveté en mes mœurs, c'est art et finesse, et plustost prudence que bonté" (795 B). Cette assertion est déjà paradoxale, car en effet il ne s'agit que d'une différence de vocabulaire ; Montaigne nomme sa propre naïveté, c'est une innocence qu'il cultive et qu'il soigne ; c'est une stratégie comme une autre, mais avec une intention très précise : préserver le moi plutôt que tromper autrui. A la différence des ambassadeurs décrits par les du Bellay (qui doivent se définir par rapport à la parole de leur prince), Montaigne se définit par rapport à lui-même[1].

Cette fidélité à soi-même devient vulnérable lorsqu'elle se risque sur la scène de la diplomatie. Nous avons vu que le diplomate est un sujet pris entre les discours des autres, entre la parole du prince et la scène publique. Cette position paradoxale se ménage soit par la dissimulation (que Montaigne déteste), soit par la transformation de la parole, par la souplesse rhétorique. Cette souplesse, louée par le Tasse, est critiquée par Montaigne. Dans *Des menteurs*, il attaque la tactique des diplomates qui changent la forme de leur parole lorsqu'ils transmettent leur message d'un prince à un autre : "il advient que de mesme chose ils disent gris tantost, tantost jaune ; à tel homme d'une sorte, à tel d'une autre ; et si par fortune ces hommes raportent en butin leurs instructions si contraires, que devient cette belle art ? " (36 B). Ce reproche adressé aux diplomates, qui racontent une "couleur" à un prince et une autre à l'autre, est sans doute une référence plaisante à la notion des "couleurs de la rhétorique". Il trouve son écho dans *De l'utile et de l'honneste*, où Montaigne nous offre une description de ses propres activités diplomatiques : "Je ne dis

1 Sur la problématique de la dissimulation dans cet essai, voir Antoine Compagnon, "La parole donnée". Dans *The Political Philosophy of Montaigne*, p. 352, David Louis Schaefer note bien l'importance du fait que la célèbre "ouverture" de Montaigne semble bien une stratégie comme une autre.

rien à l'un que je ne puisse dire à l'autre, à son heure, l'accent seulement un peu changé ; et ne rapporte que les choses ou indifferentes ou cogneuës, ou qui servent en commun. Il n'y a point d'utilité pour laquelle je me permette de leur mentir" (794 B). A la différence des ambassadeurs professionnels, Montaigne raconte à l'un ce que l'autre sait déjà.

Deux aspects de ce curieux auto-portrait méritent un commentaire. Le premier nous fait passer du domaine de la rhétorique qui m'a occupé jusqu'ici (la persuasion) vers la question des tropes. Montaigne critique les diplomates professionnels, les "gens du mestier", en disant qu'ils changent "la couleur" de leur discours quand ils passent d'un côté à l'autre. Montaigne, par contre, n'en change que l'accent. Le mot "accent" (qui n'apparaît que cette seule fois dans les *Essais*) est mystérieux. Les deux expressions, "changer la couleur" et "changer l'accent", suggèrent que le message est transformé lorsqu'il traverse le corps de l'ambassadeur. Changer la couleur du message, comme l'a déjà indiqué le Tasse, c'est changer sa forme extérieure, changer le signifiant tout en maintenant le signifié. "Changer l'accent", semble-t-il, veut dire "modifier la valeur d'intensité ou de tonalité". Mais il serait difficile d'imaginer la différence entre ces deux stratégies dans une situation pratique. En effet, la distinction donnée par Montaigne entre sa propre pratique et celle de ses contemporains se base sur la différence entre les figures rhétoriques qu'il emploie pour la décrire. "Changer la couleur" est une métaphore qui veut dire "changer de rhétorique" ou "changer de formule". C'est une figure auto-référentielle : *colores rhetorici* est une métaphore qu'on utilise pour décrire les métaphores. Pourtant, dans le même sens, "changer l'accent" est une figure qui décrit un processus métonymique, le déplacement de signification qui passe d'un élément du discours à celui qui lui est contigu. Dans une seule phrase peut-être serait-il possible d'imaginer un tel geste, un déplacement du poids d'un mot à l'autre dans l'acte de l'élocution. Mais au niveau de la harangue diplomatique, cette expression ne peut signifier que la révision, la recomposition de parties entières du discours, une transformation de la *dispositio*, l'exercice de cette même *copia* rhétorique qui caractérise le discours diplomatique en général. En effet, il serait difficile d'imaginer une description plus succincte du *kairos* diplomatique que la déclaration de Montaigne qu'il change la tonalité de son discours selon les besoins de l'instant ("à son heure").

Même cette expression "à son heure" est fascinante par son imprécision. La référence au temps souligne l'appel au modèle de l'élocution. A un niveau plus général, la phrase "je ne dis rien à l'un que je ne puisse dire à l'autre, à son heure, l'accent seulement un peu changé" évoque la problématique de l'essai déjà analysé, *Du parler prompt ou tardif*, – lui-même ambigu et signifiant à la fois "parler vite ou lentement", et "parler au bon moment ou au mauvais moment". La description de Montaigne confond une dimension élocutionnaire et une dimension morale. A la différence du roi, qui fausse sa parole maintenant pour sauver le pays plus tard, Montaigne dit la même chose maintenant *et* plus tard pour sauver sa propre probité devant une sphère publique exigeant la dissimulation. Bref, "changer d'accent", la phrase qu'utilise Montaigne pour décrire son activité "anti-rhétorique", est elle-même une figure, une métaphore qui emprunte la logique de la métonymie (le rapport contigu des éléments dans une phrase) pour indiquer toute une fluidité discursive. Autant que les dissimulateurs qu'il méprise, Montaigne se sert d'une figure pour décrire sa pratique rhétorique. Si le roi se masque par l'évocation de l'autorité divine, Montaigne se cache derrière une figure de l'anti-rhétorique.

Au niveau stratégique, la diplomatie de Montaigne se base sur une sorte de mystère. Au fur et à mesure qu'un message traverse le corps de Montaigne, il se passe quelque chose qui transforme en réconciliation ce message de menace. Montaigne n'est pas totalement ouvert – son corps n'est pas transparent, pour ainsi dire, puisqu'il change d'accent. Néanmoins, il ne dit que ce que savent déjà ses interlocuteurs. Les tensions entre une fidélité à soi et un devoir envers le public se résoudent dans l'image du corps qui répète *et* change un message déjà connu.

Cette mystérieuse alchimie influe sur la signification du deuxième élément dans la description de la diplomatie de Montaigne, à savoir l'affirmation qu'il ne rapporte que "les choses ou indifferentes ou cogneuës, ou qui servent en commun". Ici encore, Montaigne joue sur les autres représentations de la diplomatie ailleurs dans les *Essais*. S'il critique Mâcon et Vély d'avoir dissimulé certains éléments dans leur rapport à François I sur les fulminations de Charles V, Montaigne semble se placer en dehors de cette problématique de fidélité/dissimulation. Pourtant, *De l'utile et de l'honneste* commence par l'affirmation que la dissimulation, le mensonge et la trahison sont parfois exigés par "la necessité commune" (791 B). Le paradoxe du sujet privé, avide de définir sa probité en même temps qu'il remplit son devoir public, se manifeste dans la tension entre cette "necessité commune" et une diplomatie qui sert "en commun".

Cette tension ne se résout que lorsque l'on passe de la rhétorique politique à la rhétorique de l'essai pour considérer le parallèle entre ce message "commun" et l'écriture de Montaigne. Car (sans tenter une analyse détaillée de la riche polysémie du mot "commun" dans les *Essais*) c'est précisément dans l'activité diplomatique que ce qui est commun (partagé) dans le domaine politique rejoint ce qui est commun (connu, clair) dans le domaine épistémologique. L'accent est mis sur l'aspect "commun" de l'écriture de Montaigne à plusieurs reprises dans les *Essais*. Si, d'une part, Montaigne fuit les "pastissages de lieux communs" (1056 C) qu'utilisent ses contemporains pour montrer leur fausse érudition (et l'exclusivité de leur écriture), d'autre part, il se range du côté du langage commun, donc partagé – ce même langage loué par Cicéron dans la définition de la rhétorique que j'ai citée au début. Pour Montaigne c'est le commun, ce qui est déjà connu et su par tous, qui doit être l'idéal – que ce soit un idéal d'écriture (un style bas), ou bien un idéal d'action (les "modelle(s) commun(s)" qu'il propose comme guides à la dernière page de son livre). Montaigne prétend n'apporter au discours commun rien de secret, de caché, d'obscur. Son projet part du quotidien. Comme il le dit au cours de *De l'utile et de l'honneste* : "Je suy le langage commun, qui faict difference entre les choses utiles et les honnestes" (796 B). Et pourtant, par la façon dont il traite ce topos cicéronien de l'utile et l'honnête, Montaigne transforme un lieu commun en moyen d'expression personnelle : "Je ne dis les autres, sinon pour d'autant plus me dire" (148 A), dit Montaigne dans *De l'institution des enfans*. Tout comme le message diplomatique traverse le corps de Montaigne et se transforme, reste le même et devient autre, de même le lieu commun se transforme lorsqu'il passe par les goûts et les idées de l'écrivain, pour devenir, dans la phrase de *De la phisionomie*, une "fleur estrangere", "difformée" (1055 B), au service de l'auteur.

Le processus de négociation diplomatique évoqué dans *De l'utile et de l'honneste* offre donc un analogue politique au processus de l'écriture, par lequel Montaigne refait le commun à son gré. La rhétorique diplomatique de Montaigne, qui transforme un message sans le changer pour servir "en commun", rappelle une écriture qui rapporte les lieux communs tout en les transformant. Montaigne le diplomate offre un modèle pour une forme de la transmission du discours qui, pour autant qu'elle s'exerce dans le domaine politique, doit rester paradoxale et mystérieuse. Ce paradoxe discursif ne peut se résoudre que dans l'image d'une écriture comme conversation, comme un dialogue où l'écrivain ne dit les autres que pour mieux se dire.

Cette transformation prend sa pleine résonance dans le dernier paragraphe de *De l'utile et de l'honneste*. Car là on voit que ce discours qui parle à la page comme au premier venu prend la forme d'une exhortation, du genre rhétorique le plus public qui soit. A l'avant-dernière page de l'essai Montaigne chante les louanges d'Epaminondas, ce personnage qui, mieux que tout autre, harmonisa les exigences de la vie publique avec celles de la vie privée ("Il marioit aux plus rudes et violentes actions humaines la bonté et l'humanité" ; "C'est miracle de pouvoir mesler à telles actions quelque image de justice" [801 B]). Ensuite, Montaigne passe à une lamentation sur le désarroi politique des guerres civiles en France, "ces divisions et subdivisions qui nous deschirent", comme il le dit au début de l'essai. Il critique ceux qui veulent détruire le corps commun de la France. Comme exemple de ce genre d'action, il évoque César qui, dans la *Pharsalia* de Lucain, exhorte les enfants à tuer leurs parents : "J'abomine les enhortemens enragez de cette [...] ame des-reiglée" (802 B), ajoute Montaigne. Mais ce qui est frappant ici c'est que Montaigne lui-même a recours à une série d'exhortations, signalée par la répétition du verbe à la première personne au pluriel : "Ne craignons point" [d'imiter Epaminondas] ; "ostons aux meschants naturels [...] ce pretexte de raison" ; "laissons là cette justice enorme et hors de soy". Et il termine par une exhortation à choisir le mariage comme l'exemple de l'harmonie, la résolution "utile" : "Choisissons la plus necessaire et plus utile de l'humaine societé, ce sera le mariage". Le texte s'approche donc de sa fin non pas à travers une conversation au papier, mais par une exhortation qui crée une communauté de lecteurs liés par un choix commun. La rhétorique de l'essai emprunte le régistre public – ce même discours qui est celui du diplomate, ou de César.

Et pourtant, comme l'on pourrait s'y attendre, il y a une ironie. La dernière exhortation au mariage ("l'utile") est suivie par une remarque que l'église interdit le mariage aux prêtres – à ceux qui sont les plus "honnêtes". La dernière phrase réaffirme la rupture entre l'utile et l'honnête posée par le "langage commun". En même temps, elle jette une lumière ironique sur toute la séquence d'exhortations qui nous mène vers la fin. Un rythme de l'exhortation (une séquence élocutionnaire) est brisée par une dernière tournure ironique, par le murmure de l'écrivain à son papier. On se trouve devant une tension entre un rythme qui nous pousse vers une conclusion "éloquente", et une nuance ironique qui dégonfle ce même mouvement. Si Epaminondas "marie" le privé et le public par miracle, la clôture de l'essai nous propose le mariage comme idéal de la communalité, avant de divorcer cet idéal de la moralité honnête[1]. L'harmonie entre privé et public qu'on voit chez Epaminondas est refusée chez Montaigne *au niveau de l'action*, juste au moment où l'on voit comment, *au niveau de l'écriture*, le "tendre négotiateur" transforme un lieu commun du discours public en véhicule pour l'expression personnelle. Ainsi pourrait-on proposer que l'essai lui-même fonctionne comme une sorte de négociation, comme une forme diplomatique, comme un discours qui se balance entre les lieux communs du discours public, politique, et l'exploration du moi. A travers la forme de l'essai, la dissimulation diplomatique est remplacée par la négociation d'un nouveau pacte entre lecteur et auteur[2]. Le geste de parler aux princes cède au geste de parler au papier, comme on parle au premier que l'on rencontre[3].

Timothy HAMPTON
University of California at Berkeley

---

1 Les difficultés posées par cette fin ironique pour une lecture de ce qui précède sont remarquées aussi par Schaefer, *The Political Philosophy of Montaigne*, p. 364.

2 Cette fonction médiatrice et métamorphosante de l'écriture de Montaigne est bien mise en relief par François Rigolot dans son livre *Les Métamorphoses de Montaigne*, Paris, 1988.

3 Je voudrais remercier Mme Renée Morel de m'avoir aidé avec certains aspects de la version française de ce texte.

VI

LA RHETORIQUE AU FEMININ

MONTAIGNE ET "LES BIEN-NÉES [...] ATTACHÉES A LA RHETORIQUE" : AUTOUR D'UN PASSAGE DE L'ESSAI "DE TROIS COMMERCES"[1]

A la Renaissance, la production et l'appréciation de la rhétorique ne se limitent certainement pas aux hommes. De nombreuses femmes pratiquent aussi cet art, surtout dans les domaines de l'écriture, la conversation et la lecture[2]. Cependant, pour ce qui est de la rhétorique de la vie publique (le droit, la diplomatie, la politique, la chaire), les princesses et d'autres femmes proches du trône et du pouvoir constituent le seul groupe féminin à jouir régulièrement du droit de prononcer des discours[3]. Dans la vie publique, le reste de leur sexe joue parfois le rôle de réceptrice (écoutant des sermons, par exemple), mais rarement celui d'émettrice. D'ailleurs, la rhétorique est souvent jugée incompatible avec les vertus qui sont prêchées inlassablement aux femmes : silence, obéissance, chasteté. Il serait difficile d'obéir et de persuader en même temps. Quant à la chasteté, elle serait menacée, selon bien des moralistes, par le fait d'être fixée du regard par une foule d'hommes, d'agiter les bras d'une manière impudique qui choque les bienséances féminines. Sans parler des menaces encore plus immédiates qui pèsent sur celle qui s'adonne aux conversations galantes[4]. Tout cela n'a rien de surprenant à une époque où tout affichage public d'érudition féminine risque d'être associé à des mœurs relâchées[5].

---

1 Je tiens à remercier Lorna Hutson, Sylvie Jougan, John O'Brien, François Rigolot et Margaret Whitford d'avoir enrichi cette communication en me fournissant des documents, des références, des renseignements, des conseils précieux. Une version anglaise de cet exposé a été prononcée au colloque *Rhetoric, Currency and Change in the Renaissance* à l'Institute for Romance Studies, Université de Londres, février 1992.

2 Sur l'éducation des femmes, on se reportera aux études de J. Gibson, "Educating for Silence : Renaissance Women and the Language Arts", *Hypatia*, IV (1989), p. 9-27 ; A. Grafton et L. Jardine, *From Humanism to the Humanities : Education and the Liberal Arts in Fifteenth- and Sixteenth-Century Europe* (London, 1986), ch. 2 ; R. Kelso, *Doctrine for the Lady of the Renaissance* (Urbana, 1956). Les rapports entre les femmes et l'éloquence ont été étudiés par Gibson, "Educating for Silence" ; Grafton et Jardine, *From Humanism to the Humanities*, p. 30-40 ; A. R. Jones, "Surprising Fame : Renaissance Gender Ideologies and Women's Lyric", in *The Poetics of Gender*, éd. N. K. Miller (New York, 1986), p. 74-95 (surtout 74-81) ; Kelso, *Doctrine*, passim.

3 Voir I. Maclean, *The Renaissance Notion of Woman : A Study in the Fortunes of Scholasticism and Medical Science in European Intellectual Life* (Cambridge, 1980), p. 61-3.

4 Pour une illustration *in extremis* du lien entre l'éloquence féminine et les mœurs relâchées, voir *La Ruelle mal assortie ou entretiens amoureux d'une dame eloquente avec un cavalier gascon plus beau de corps que d'esprit et qui a autant d'ignorance comme elle a de sçavoir* (Paris, 1644 ; Paris, 1855), attribué à Marguerite de Valois, la sœur de Henri III.

5 Voir Grafton et Jardine, *From Humanism to the Humanities*, ch. 2 ; Jones, "Surprising Fame", p. 75-8.

Montaigne adopte une position conservatrice sur la question de la rhétorique féminine. Ce conservatisme comprend un mélange bizarre de raisonnements traditionnels et peu orthodoxes. Etant donné ses attitudes fort contradictoires envers l'éloquence aussi bien qu'envers les femmes[1], on peut s'attendre chez Montaigne à une présentation également contradictoire du lien entre les deux. C'est ce qu'il nous fournit dans l'essai *De trois commerces*.

1. "Voilà, pour le plus, la part que je leur assignerois aux sciences".

Montaigne parle très peu de l'éducation des femmes en dehors du passage suivant :

> [B] Les sçavans chopent volontiers à cette pierre. Ils font tousjours parade de leur magistere et sement leurs livres par tout. Ils en ont en ce temps entonné si fort les cabinets et oreilles des dames que, si elles n'en ont retenu la substance, aumoins elles en ont la mine : à toute sorte de propos et matiere, pour basse et populaire qu'elle soit, elles se servent d'une façon de parler et d'escrire nouvelle et sçavante,
> *Hoc sermone pavent, hoc iram, gaudia, curas,*
> *Hoc cuncta effundunt animi secreta ; quid ultra ?*
> *Concumbunt doctè*[2] ;
> et alleguent Platon et Sainct Thomas aux choses ausquelles le premier rencontré serviroit aussi bien de tesmoing. La doctrine qui ne leur a peu arriver en l'ame, leur est demeurée en la langue. Si les bien-nées me croient, elles se contenteront de faire valoir leurs propres et naturelles richesses. Elles cachent et couvrent leurs beautez soubs des beautez estrangeres. C'est grande simplesse d'estouffer sa clarté pour luire d'une lumiere empruntée ; elles sont enterrées et ensevelies soubs l'art. [C] "*De capsula totae.*"[3] [B] C'est qu'elles ne se cognoissent point assez : le monde n'a rien de plus beau ; c'est à elles d'honnorer les arts et de farder le fard. Que leur faut-il, que vivre aymées et honnorées ? Elles n'ont et ne sçavent que trop pour cela. Il ne faut qu'esveiller un peu et rechauffer les facultez qui sont en elles. Quand je les voy attachées à la rhetorique, à la judiciaire, à la logique, et semblables drogueries si vaines et inutiles à leur besoing, j'entre en crainte que les hommes qui le leur conseillent, le facent pour avoir loy de les regenter soubs ce tiltre. Car quelle autre excuse leur trouverois-je ? Baste qu'elles

---

1 Sur cette dernière question, qui est loin d'avoir été épuisée par la critique, on consultera les études de R. M. Adams, "Montaigne and the Ladies", *The Hudson Review*, XLIII (1990), p. 193-211 ; F. Charpentier, "L'absente des *Essais* : quelques questions autour de l'essai II. 8, *De l'affection des peres aux enfans*", *Bulletin de la Société des Amis de Montaigne*, XVII-XVIII (1984), p. 7-16 ; A. C. Keller, "Montaigne on women", in *Onze nouvelles études sur l'image de la femme dans la littérature française du dix-septième siècle*, éd. W. Leiner (Tübingen, 1984) ; K. Kupisz, *Elles et lui — problématique féminine des "Essais"* (Lodz, 1985) ; P. Leschemelle, "Montaigne, misogyne et féministe", *Bulletin de la Société des Amis de Montaigne*, VII (1986), p. 41-57.

2 Juvénal, *Satirae*, VI, 189-91.

3 Sénèque, *Ad Lucilium epistulae morales*, CXV.

> peuvent, sans nous, renger la grace de leurs yeux à la gaieté, à la severité et à la douceur, assaisonner un nenny de rudesse, de doubte et de faveur, et qu'elles ne cherchent point d'interprete aux discours qu'on faict pour leur service. Avec cette science, elles commandent à baguette et regentent les regens et l'eschole. Si toutesfois il leur fache de nous ceder en quoy que ce soit, et veulent par curiosité avoir part aux livres, la poësie est un amusement propre à leur besoin ; c'est un art follastre et subtil, desguisé, parlier, tout en plaisir, tout en montre, comme elles. Elles tireront aussi diverses commoditez de l'histoire. En la philosophie, de la part qui sert à la vie, elles prendront les discours qui les dressent à juger de nos humeurs et conditions, à se deffendre de nos trahisons, à regler la temerité de leurs propres desirs, à ménager leur liberté, alonger les plaisirs de la vie, et à porter humainement l'inconstance d'un serviteur, la rudesse d'un mary et l'importunité des ans et des rides ; et choses semblables. Voilà, pour le plus, la part que je leurs assignerois aux sciences[1].

De nombreux lieux communs de l'époque sous-tendent cette représentation de la femme[2]. Au seizième siècle il est tout à fait normal de défendre aux femmes d'apprendre la rhétorique et la logique, ou la dialectique, tout en permettant, comme le fait ici Montaigne, des lectures en poésie, en histoire, et, jusqu'à un certain point, en philosophie morale[3].

Il n'est question ici que des "bien-nées", et tout porte à croire que même ce degré de liberté serait refusé par Montaigne, comme par presque tous les pédagogues de la Renaissance[4], aux femmes de condition moyenne. Mais où, "en ce temps", est-ce qu'il a pu être le témoin de la rhétorique féminine qu'il prétend décrire ici ? Sans doute à la cour, qui n'est pas loin de son esprit car il la mentionne juste après le passage cité[5].

La plupart des raisons explicites ou implicites qui justifient cette critique des femmes "attachées à la rhetorique" n'ont rien d'original. D'abord, si "La

---

1 *De trois commerces*, III, 3, 822-3. Les citations non identifiées dans notre exposé seront tirées de ce passage.

2 Comparer les réflexions encore plus négatives dans I, 25, 140 A.

3 Nonobstant la traduction de D. Frame ("astrology" : *The Complete Works*, Stanford, Californie, 1957, p. 624) et l'hésitation de l'édition de P. Villey et V. -L. Saulnier (Paris, 1965 : "Le droit ou peut-être l'astrologie judiciaire", p. 822 n. 16), il me semble comme à John Florio (*The Essayes*, London, 1603, p. 494) que "la judiciaire" signifie ici "Lawe". Il pourraît même s'agir de la rhétorique judiciaire. Après tout, Montaigne discute ici du trivium, donc des moyens de s'exprimer. *Cf.* III, 12, 1054 C ("façonné au stile judiciaire").

4 Voir Kelso, *Doctrine*, p. 31, 67.

5 "Au Louvre et en la foule, je me resserre [...]" (III, 3, 823 B). La présence de trois femmes (Marguerite de Valois, sœur du roi, la comtesse de Retz, Madame de Lignerolles) à l'Académie de Henri III confirme l'ambiance d'érudition féminine qui existait à sa cour. Il est intéressant de noter, néanmoins, qu'Agrippa d'Aubigné caractérise les discours prononcés par ces deux dernières comme plus savants qu'éloquents, jugement qui indique soit la véritable infériorité des femmes moins instruites en rhétorique que les hommes, soit une certaine résistance à la notion d'une femme éloquente. Voir D'Aubigné, *Œuvres complètes*, éd. E. Réaume, F. de Caussade et A. Legouëz, 6 tomes (Paris, 1873-92), t. I, p. 497-8 ; R. J. Sealy, *The Palace Academy of Henry III* (Genève, 1981), p. 38, 68, 122.

doctrine [...] ne leur a peu arriver en l'ame", c'est sans doute parce qu'il considère l'âme et l'intellect comme plus faibles chez les femmes que chez certains hommes[1]. Deuxièmement, si la rhétorique et la dialectique sont "vaines et inutiles à leur besoing", c'est parce qu'elles ne sont ni avocats, ni diplomates, ni prêtres, ni hommes politiques. Donc le décalage entre ce dont on parle et ce qu'on peut faire, raillé à propos d'"un Rhetoricien [qui veut] harenguer de la vaillance" dans un autre essai[2], risque d'être particulièrement grave dans le cas des femmes. Et quelle est la qualité qui compense ces manques chez la femme ? La beauté, bien entendu[3] : qualité inoffensive, qui ne menace aucunement l'intelligence, l'autorité, le pouvoir supérieur des hommes.

Cependant, en citant ce passage dans un vide, je l'ai gravement déformé. Comme tout autre passage, il devient plus complexe dès qu'on le lit dans le contexte global des *Essais*, avec leurs diverses opinions contradictoires sur les femmes et sur le savoir.

Ce contexte global révèle que la distance qui, d'après Montaigne, devrait séparer les études des femmes de celles des hommes paraît moins grande que celle qu'on retrouve dans la plupart des traités pédagogiques de l'époque. Je dis bien "paraît", car en fait cette apparence de proximité n'est qu'illusoire : la femme à qui on défend la rhétorique n'a rien en commun avec l'homme qui choisit librement de ne pas l'étudier, et à qui le monde n'est pas fermé. Néanmoins, rappelons un peu cette impression de proximité que créent les *Essais*. Il n'y a pas d'équivalent masculin à ce passage de III, 3, mais on peut comparer celui-ci à la présentation de Montaigne lui-même et du garçon envisagé dans *De l'institution des enfans*. Pour ce qui est de Montaigne, lui-même n'est guère amateur des disciplines qu'il interdit aux femmes[4]. Par contre, les branches qu'il préconise ici sont précisément celles qu'il favorise personnellement : la poésie, l'histoire, la philosophie morale[5]. Quant au garçon, il n'étudiera pas à fond les disciplines dont Montaigne essaie de détourner les femmes. Certes, il étudiera un peu le trivium (la rhétorique, la logique et la grammaire), mais cet apprentissage restera strictement minimal ("on l'entretiendra *que c'est que* Logique, Physique, Geometrie, Rhetorique")[6] à moins qu'il ne choisisse de se spécialiser dans un de ces domaines[7]. D'ailleurs,

---

1 Voir I, 28, 186 A ; III, 3, 827 B. Pour les théories psychologiques sur lesquelles repose ce lieu commun, voir Maclean, *Renaissance Notion of Woman*, p. 50, 63-4.

2 II, 31, 716 A.

3 Voir aussi I, 40, 250 B ; II, 8, 397 C ; III, 3, 826 B.

4 Voir par exemple I, 26, 163 A et 169-73.

5 Voir I, 26, 146 A ; II, 10, 413 A ; II, 17, 635 A. Cette observation a déjà été faite à propos de ce passage par R. Cottrell, "Gender Imprinting in Montaigne's *Essais*", *L'Esprit créateur*, XXX (1990), p. 85-96 (93).

6 C'est moi qui souligne.

7 I, 26, 160 A.

même cette formation, si minimale qu'elle soit par rapport aux normes humanistes, est mise en question par d'autres remarques dans *De l'institution des enfans* visant l'enseignement de la rhétorique[1]. Si Montaigne admet dans le même essai que certains auront besoin de savoir manier la rhétorique, il est clair que cette discipline n'apporte rien à la personne elle-même, à la différence de la philosophie, qui est "formatrice des jugements"[2] ; la rhétorique, quant à elle, est nécessaire à certains hommes uniquement par les exigences de la vie publique. Ainsi, dans le contexte des opinions peu orthodoxes de Montaigne sur le savoir, les "sciences" auxquelles "les bien-nées" devraient s'adonner sont précisément celles qui peuvent développer le plus les facultés non seulement des femmes, mais aussi des hommes. La situation de Montaigne pendant sa retraite paraît ressembler à celle des "bien-nées" qui, elles aussi, n'ont pas besoin de cultiver des branches extrinsèques à la personne : ressemblance illusoire, car Montaigne a pu choisir cette voie, alors que les "bien-nées" par contre n'ont pas eu de choix. De plus, l'image des femmes qu'entretient Montaigne détermine la façon dont il imagine leur contact avec ces branches.

2. "Il ne faut qu'esveiller un peu et rechauffer les facultez qui sont en elles".

Ce passage dépeint certaines femmes telles que les imagine la mentalité d'un homme du seizième siècle. Pourtant, nous avons peut-être trop tendance à représenter cette mentalité comme un monolithe uniforme, alors qu'en fait il convient d'établir des distinctions entre divers textes. En l'occurrence, ce passage se différencie de bien d'autres textes sur l'éducation des femmes. Cette différence se manifeste dans les silences de Montaigne aussi bien que dans ses affirmations. Il évite tout simplement certains lieux communs qui s'imposent presque toujours à ce propos. L'écart qui le sépare de ses contemporains découle non seulement du contexte global des *Essais* mais aussi, même surtout, du contexte immédiat dans lequel il choisit d'aborder ce thème.

Le contexte immédiat n'est ni l'éducation, ni les femmes, ni le mariage, à la différence des propos sur les femmes et la rhétorique qu'on retrouve dans les textes aussi variés que le *Libro aureo de Marco Aurelio* d'Antonio de Guevara (Valladolid, 1529)[3], les *Positions* de Richard Mulcaster (Londres, 1581)[4], ou bien le *De officio mariti* de Juan Luis Vivès (Bruges, 1529) et son *De institutione foeminae christianae* (Anvers, 1523), qui a exercé une influence

---

1 I, 26, 169-73. Voir aussi III, 8, 926-7 B.

2 I, 26, 164 A.

3 Imprimé plusieurs fois en français au seizième sècle. Je cite d'après l'édition de 1576 (Paris), *L'Horloge des princes, avec le tresrenommé livre de Marc Aurèle*, traduit "en partie" par N. de Herberay.

4 *Positions wherin those Primitive Circumstances be Examined, which are Necessarie for the Training Up of Children.*

énorme en France et ailleurs[1]. Montaigne préfère placer ses réflexions dans le cadre d'une discussion sur les meilleurs moyens de cultiver son esprit, discussion qui domine dans les premières pages du chapitre *De trois commerces* et qui continuera ensuite à nourrir plus implicitement le reste de l'essai. Le grand paradoxe (au sens moderne) qui le préoccupe dans ces premières pages, c'est que l'esprit humain a besoin d'une absence d'impulsions externes pour découvrir ses propres richesses : "il me semble [...] contre la forme ordinaire, qu'en l'usage de nostre esprit nous avons, pour la plus part, plus besoing de plomb que d'ailes"[2]. Donc paradoxe au sens littéral aussi, puisqu'il y a contradiction de la *doxa* commune. Puis, au début du passage cité ci-dessus, Montaigne démontre ce principe par le contre-exemple des soi-disant savants qui oublient de développer leur propre esprit, tant ils se soucient de l'afficher dans le monde extérieur. Cet exemple mène à celui des "dames" qui, elles aussi, devraient viser au dépouillement, sacrifier leur goût pour ces connaissances extrinsèques que sont la rhétorique et la logique, afin de pouvoir mieux "esveiller un peu et rechauffer" leurs propres "facultez" internes. Les mots employés ici par Montaigne créent des parallèles entre cet enrichissement des "bien-nées" et le sien, car il font écho à la description de son propre esprit située vers le début de l'essai : "Il a dequoy *esveiller ses facultez* par luy mesme. Nature luy a donné, comme à tous, assez de matiere sienne pour son utilité, et de subjects siens assez où inventer et juger [...] La lecture me sert specialement à *esveiller* par divers objects mon discours"[3]. Grâce à un mouvement du particulier à l'universel ("comme à tous"), toute femme qui renoncerait à la rhétorique pour mieux connaître ses propres qualités ferait autant que l'auteur lui-même, qui se détourne souvent de "la pratique des hommes"[4] vers la lecture, et la cultivation de ses propres pensées. N'oublions pas, encore une fois, que les femmes ainsi font par nécessité ce que Montaigne peut choisir librement de faire.

Autre trait qui distingue ce passage des grandes tendances des traités pédagogiques : ici il s'agit bel et bien d'une tentative pour imaginer que les femmes puissent se développer, non pas pour les hommes mais pour leur propre bien. Cette apparente autonomie féminine est minée de contradictions dès le début, étant donné que Montaigne ne peut l'imaginer qu'à partir de sa propre subjectivité masculine. Néanmoins, le fait de postuler l'existence et la légitimité de volontés féminines le détourne de certains lieux communs, notamment de la définition du silence comme vertu spécifiquement féminine.

---

1 Ces deux ouvrages ont été souvent imprimés en français au 16e siècle. Je cite d'après l'édition de 1555 des *Opera* (Bâle, 2 tomes) : *De officio mariti*, t. II, p. 594-647 ; *De institutione foeminae christianae*, t. II, p. 648-755.

2 III, 3, 822 B.

3 III, 3, 819 B-C (c'est moi qui souligne).

4 III, 3, 820 B.

Bien que Montaigne fasse parfois l'éloge du silence en général[1], ici comme ailleurs il évite de recommander tout particulièrement aux femmes le silence au lieu de la rhétorique. Dans les traités pédagogiques, le silence féminin, antithèse de la parole active masculine, garantit à son tour d'autres vertus clefs : la chasteté et l'obéissance[2]. Par contre, même ces deux vertus capitales sont étonnamment absentes du passage en question. Quoique Montaigne les mentionne ailleurs comme vertus féminines[3], le fait de les taire ici montre que, à la différence de la plupart de ses contemporains, il ne les présente pas comme les buts principaux de l'éducation des femmes.

Au contraire, loin de prêcher l'obéissance aux femmes, il entend leur montrer comment exprimer et imposer leurs volontés pour l'emporter sur les hommes, en particulier les maris et les amants. En fait il ne peut imaginer cette autonomie et ces techniques féminines que d'après une mentalité qui définit les femmes uniquement en termes de beauté et d'érotisme : "renger la grace de leurs yeux à la gaieté, à la severité et à la douceur, assaisonner un nenny de rudesse, de doubte et de faveur". Le système repose donc sur le corps ("la grace de leurs yeux"), et sur quelques éléments sonores (inflexions de la voix) et verbaux ("un nenny")[4]. Montaigne propose aux femmes un système de communication qui renverse la primauté habituelle de l'*inventio* et l'*elocutio* sur l'*actio* et la *pronuntiatio*. Ce système alternatif découle non seulement de l'idée qu'il se fait des femmes, mais aussi d'un renversement de la hiérarchie parole/corps, renversement qu'il croit identifier dans la rhétorique proprement dite et dans la communication en général. Ainsi, dans un autre essai il met en relief la capacité de l'*actio* de susciter de véritables émotions chez le public et même chez l'orateur[5]. Ailleurs, il décrit la communication physique comme extrêmement subtile et riche de possibilités : rappelons l'énumération célèbre dans l'*Apologie de Raimond Sebond* de verbes décrivant les significations de gestes de la main et de la tête, suivie d'une évocation de diverses "grammaires en gestes"[6]. Donc l'opposition entre les moyens féminins et masculins de communiquer est importante mais non absolue. Les hommes aussi bien que les femmes exploitent ce réseau humain de signes non verbaux, mais les "contenances" et "regard[s]" des femmes sont imaginés comme bien plus puissants que ceux des hommes.

---

1 I, 9, 37 C ; I, 26, 154 A.

2 *Cf.* par exemple Vivès, *De institutione foeminae christianae*, p. 656 ; idem, *De officio mariti*, p. 625. Voir Kelso, *Doctrine*, p. 50-1.

3 Pour la chasteté, voir II, 7, 384 A ; II, 8, 397 C. Pour l'obéissance, voir III, 5, 884 B.

4 Montaigne poursuit ce thème dans d'autres endroits des *Essais* quand, dans une optique purement masculine, il souligne le plaisir offert aux hommes par cette "rhétorique" alternative où le corps se taille la part du lion, ce jeu plus ou moins érotique de signes physiques et verbaux (III, 3, 824-5 B-C ; III, 5, 880-1 B).

5 III, 4, 837 B.

6 III, 12, 454 C.

Le ton de ce passage reste équivoque. Dans la mesure où on le trouve badin au point d'être ironique, l'apparente générosité de Montaigne envers les femmes, leur ôtant la loi du silence, est une vieille stratégie condescendante de la galanterie masculine, consistant à laisser les femmes gouverner les hommes en amour (procurant ainsi à ceux-ci les plaisirs de la chasse) tout en les excluant toujours des affaires publiques et sérieuses. Et en effet, Montaigne juge les femmes inaptes à gouverner les "affaires du monde"[1]. D'autre part, si on lui prête un ton plus sérieux, il paraît dans ce cas envisager l'application de ce système communicatif féminin non seulement dans un contexte galant, mais aussi dans d'autres situations, même pour influencer les affaires publiques par l'intermédiaire des hommes : "Et j'ay veu de mon temps les plus sages testes de ce Royaume assemblées [...] pour des traictez et accords, desquels la vraye decision despendoit ce pendant en toute souveraineté des devis du cabinet des dames et inclination de quelque fammelette"[2]. Etant donné que cet exemple est situé dans le monde réel du présent ("de mon temps") et que dans les *Essais* on ne voit point de femmes orateurs contemporaines, Montaigne pourrait être interprété comme sous-entendant ici que cette "fammelette" manie justement cette "rhétorique" corporelle pour persuader l'homme en question.

Mais que penser de cet autre groupe de femmes décrites dans les *Essais*, qui, elles, emploient l'art de bien parler proprement dit pour exercer une influence sur leurs maris ? Ces exemples éclatants viennent tous de l'antiquité : Livie, la femme d'Auguste ; Théoxéna, la femme de Poris ; Arria, la femme de Cecinna Pétus ; Pauline, la femme de Sénèque[3]. Livie est la femme persuasive par excellence, changeant le cours des affaires publiques à travers son mari, à qui elle sert d'"Advocat". Comme toutes ces femmes, elle parle en famille plutôt qu'en public. Néanmoins, ces exemples, que Montaigne décrit avec tant d'enthousiasme, vont à l'encontre de sa tentative pour détourner les "bien-nées" de la rhétorique. Nulle explication logique ne saurait résoudre cette contradiction, qu'il passe sous silence, à la différence de certains pédagogues humanistes qui justifient leur opposition à la rhétorique féminine en cherchant une explication satisfaisante de cette aporie inquiétante que sont les femmes orateurs de l'antiquité[4]. Chez Montaigne, leur cas n'est

---

1 III, 3, 827 B.

2 III, 10, 1018 B.

3 I, 24, 125 A ; II, 27, 700 C ; II, 35, 746 A, 748 A. *Cf.* aussi la harangue de la "femme de grande authorité" sur l'île de "Cea" (Cos) (II, 3, 361 A).

4 Diverses solutions sont possibles. Les traités peuvent mettre en question soit la vertu de certaines femmes éloquentes de l'antiquité (Giovanni Michele Bruto, *La institutione di una fanciulla nata nobilmente. L'Institution d'une fille de noble maison*, édition bilingue, tr. J. Bellere, Anvers, 1555, fols 23 verso-25 verso), soit le mérite qui leur revient d'avoir appris simplement à débiter "pauca" (Vivès, *De officio mariti*, p. 625). Dans les textes qui sont moins défavorables à l'enseignement de la rhétorique aux femmes, c'est la vertu de ces femmes éloquentes de l'antiquité qui est soulignée, afin de justifier celles qui veulent les imiter (Guevara, *L'Horloge*

qu'un aspect de la question complexe des rapports entre la rhétorique ancienne et contemporaine, et il met en relief l'incertitude de son attitude envers la rhétorique aussi bien qu'envers les femmes.

Qu'est-ce qui empêche les "bien-nées" contemporaines de rivaliser avec ces femmes célèbres, selon Montaigne ? Après tout, ses réserves à l'endroit de la rhétorique ne l'ont pas porté à en décourager les hommes totalement. Pourquoi n'accorde-t-il pas aux femmes au moins un peu de rhétorique, comme le font des pédagogues relativement libéraux tels que Guevara, Mulcaster et le Vivès du *De institutione foeminae christianae* ? La démarche inhabituelle de Montaigne va dans un autre sens. Il présente la rhétorique comme un système patriarcal, érigé par les hommes pour leur propre bien. Lorqu'il accuse ceux qui enseignent la rhétorique aux femmes de vouloir "les regenter soubs ce tiltre", Montaigne transforme le lieu commun moraliste selon lequel les femmes qui participent aux conversations mondaines risquent d'être séduites[1]. Car il ne limite pas la portée de ses propos à la seule galanterie. Dans la mesure où l'on prête un ton sérieux à la formule "J'entre en crainte que [...]", les mots "les regenter" sont suffisamment généraux pour comprendre tous les rapports entre les deux sexes (conjugaux, socio-économiques, etc.). Interprété ainsi, Montaigne aurait pu appliquer aux règles rhétoriques son affirmation à propos des lois gouvernant l'amour et la chasteté : "ce sont les hommes qui les ont faictes sans elles"[2] – c'est-à-dire sans les femmes, qui peuvent donc les refuser légitimement. La rhétorique pourrait s'ajouter à la liste de systèmes et de valeurs d'origine masculine dont le renversement dans les *Essais* est associé par Montaigne avec les femmes : l'amour, le droit successif, l'éducation, la théologie, la raison.

Les hommes apparemment libéraux sont donc des hypocrites : tout en feignant de regarder le bien des femmes, ils cherchent en fait à anéantir toute volonté, toute voix féminine, l'absorbant dans leur propre système rhétorique. S'ils y réussissent, c'est en partie parce que, selon un autre lieu commun anti-féminin amplifié ailleurs par Montaigne, les femmes se laissent facilement persuader par de beaux discours[3]. Il serait impossible de donner tort ou raison à Montaigne, d'une manière objective, quand il taxe ces pédagogues masculins de mauvaise foi. Pourtant, il suffit de regarder les manuels contemporains

---

des princes, fols 201 recto-202 verso). Sur les rapports entre la rhétorique féminine du passé et du présent, voir Grafton et Jardine, *From Humanism to the Humanities*, p. 35-6, 38-9.

1 Voir Vivès, *De officio mariti*, p. 625.

2 III, 5, 854 B.

3 Par exemple : I, 27, 178 A ; III, 3, 825 B. Pour un contre-exemple exceptionnel, provenant de l'antiquité, voir II, 3, 361 A. Dans III, 5, le thème de la crédulité des femmes est nettement atténué (857 B). Et dans III, 8, Montaigne transforme ce thème davantage en incluant non seulement "les femmes et les ignorans" mais aussi lui-même et ses lecteurs parmi les interlocuteurs imaginaires manipulés par l'"excellence artificielle" d'"un maistre és arts" (927 B).

destinés aux jeunes gens pour voir que, dans le domaine de la galanterie du moins, la rhétorique des femmes est perçue effectivement comme jouant un rôle indispensable dans l'imposition de la volonté masculine sur la féminine. Ainsi, Pierre Le Loyer, dans son *Erotopegnie ou passetemps d'amour* (Paris, 1576), espèce d'*Ars amatoria* pour les temps modernes, prodigue des conseils aux jeunes hommes concernant la rhétorique nécessaire pour gagner le cœur d'une dame :

> Sois bien soignenux d'apprendre en ta jeunesse
> Le beau parler des Romains et des Grecs [...]
> (fol. 52 recto)

Les deux grandes règles sont : employer un "parlé simulé", et surtout ne pas le trahir pour tel (fol. 51 verso). Ensuite, Le Loyer anticipe des contre-attaques féminines également rhétoriques, visant à vérifier la sincérité des aveux masculins ; puis il a l'obligeance de fournir aux hommes des répliques éloquentes à ces contre-attaques :

> Quand elle dit : Jamais entre vous hommes
> N'oublirez-vous d'attirer de vos pleurs,
> Et d'ebranler de vos feintes douleurs
> Le simple cœur des femmes que nous sommes [...]
> Replique luy que... (fols 33 verso-34 recto)

D'après ce texte, la rhétorique féminine ne saurait établir le manque de sincérité masculin. Les doutes féminins sont non seulement récupérés, ils sont même indispensables au fonctionnement du système rhétorique, car ils donnent aux hommes l'occasion de débiter tous les *topoi* (de bonne foi, de fidélité) qui sont à la base du discours amoureux sans pouvoir être vérifiés à l'intérieur de ce discours. Dans ces conditions, les femmes peuvent difficilement apercevoir les vrais sentiments de leurs interlocuteurs ou bien imposer leur propre volonté.

Par contre, d'autres textes, notamment des manuels destinés aux jeunes femmes, proposent des stratégies rhétoriques pour leur permettre de prendre le dessus. Ainsi, François d'Amboise, dans ses *Dialogues et devis des damoiselles, pour les rendre vertueuses et bien-heureuses en la vraye et parfaicte amitié* (Paris, 1581)[1], conseille à ses lectrices de répondre à leur tour par la dissimulation verbale, même s'il est possible que leur soupirant soit sincère : faites semblant, dit-il, soit de ne pas croire à la vérité de ses propos, soit de ne point les comprendre, soit de les comprendre de travers (fols 83 verso-84 recto). Ce sont des recettes pour être "seure des tromperies de ceux qui parlent avec elle" (fol. 84 recto). Toujours est-il que le rôle de la femme

1 Je cite d'après l'édition de 1583 (Paris).

décrite par D'Amboise demeure foncièrement passif : réagir verbalement plutôt qu'agir, parler sans rien révéler, car "les hommes avec beaucoup de moindres dangers, monstrent l'affection qu'ils portent à une femme, que non pas une femme à l'homme"[1]. La solution proposée par D'Amboise semble être poussée à l'extrême par Montaigne : les femmes, au lieu de faire semblant de ne rien comprendre, ne devraient même pas chercher à comprendre afin de pouvoir répondre en termes pareils. Toute réponse rhétorique, fût-elle négative, signalerait une acceptation passive des règles, des valeurs, des possibilités envisagées par le discours masculin.

D'autres textes encore confirment que l'enseignement de la rhétorique aux femmes est parfois conçu comme un moyen de les "regenter" plus commodément avec toute une gamme de discours masculins, non seulement des discours galants. Ainsi, certains pédagogues justifient leur attitude libérale envers les femmes en affirmant qu'un certain nombre de connaissances passives mettront les dames en état de mieux comprendre les discours moraux et dévots (ceux de la chaire, par exemple), à la condition expresse qu'elles ne prêchent pas à leur tour ("not as Preachers and leaders", pour citer Mulcaster)[2]. Même les pédagogues qui permettent aux femmes de parler éloquemment elles-mêmes ne les autorisent pas davantage à "regenter" les hommes. Cette éloquence féminine est envisagée comme un pur ornement qui peut rendre agréable la vie de son mari, pourvu que la femme ne se mette pas à raisonner contre lui, et que le discours ne plaise pas trop (ce qui risque d'attirer des amants)[3]. Les femmes doivent se contenter d'une rhétorique qui cherche à *delectare* sans *movere*, ni (la plupart du temps) *docere*[4].

Le raisonnement de Montaigne contre l'éloquence des "bien-nées" constitue donc un "essai" masculin pour imaginer un espace féminin qui échappe à la domination des hommes. Entreprise contradictoire, puisque le discours de Montaigne lui-même concrétise cette domination à force de prescrire une certaine conduite aux femmes. De plus, il prétend définir les femmes en créant une image non seulement d'un système de communication spécifiquement féminin, mais aussi de la nature féminine elle-même. Cherchant peut-être à sortir de sa propre subjectivité, il essaie d'imaginer cette nature comme ayant des besoins, des désirs. Mais le premier "besoin" mentionné représente les femmes comme des objets plutôt que des sujets autonomes : "Que leur faut-

1 *Dialogues et devis*, fol. 84 recto.

2 *Positions*, p. 181. Mulcaster favorise l'enseignement d'éléments de rhétorique et de dialectique aux femmes (p. 181-2).

3 Voir Vivès, *De officio mariti*, p. 609, 624. Guevara, dans son *Horloge des princes*, oppose explicitement le savoir (y compris le savoir parler) féminin à l'avoir et au pouvoir (fol. 207 recto).

4 Voir Gibson, "Educating for Silence", p. 19. Pour ces trois fonctions classiques de la rhétorique, voir par exemple Cicéron, *Brutus*, XLIX. 185.

il, que vivre aymées et honnorées ?". Ensuite, cependant, il va à l'encontre de cette phrase en imaginant ces femmes comme sujets, ayant d'abord le besoin bien pratique de pouvoir communiquer leurs propres volontés aux hommes de manière efficace, et, deuxièmement, un besoin moins utilitaire de paroles et de belles apparences, désir que contente la rhétorique mais qui devrait être assouvi ailleurs. Ainsi, ces supposés désirs relèvent d'une image entièrement traditionnelle de la nature féminine ; c'est le fait d'essayer de les imaginer comme légitimes qui différencie Montaigne des innombrables moralistes de l'époque qui n'ont que faire des supposés besoins des femmes, les incitant à les refouler.

Ainsi, Montaigne est amené à conseiller aux "bien-nées" de remplacer la rhétorique par un genre de discours qui jouit d'un prestige sans parallèle dans les *Essais*, la poésie. D'où l'ironie de sa description de la poésie à l'aide d'une énumération qui s'applique aussi aux femmes et qui, à une exception près ("follastre"), aurait pu être une description banale de la rhétorique, "un art [...] subtil, desguisé, parlier, tout en plaisir, tout en montre, comme elles" ? Ce sont précisément les qualités – le mensonge, la verbosité, l'ostentation – qu'il dénigre si souvent dans la rhétorique. S'il les approuve dans la poésie qu'il recommande aux femmes, cela montre que Montaigne a critiqué l'éloquence féminine moins pour des raisons morales (à cause de son caractère trompeur) que pour des raisons pratiques (elle les rend vulnérables). Il a créé ainsi une série de substitutions : l'efficacité du système de communication propre aux femmes remplace celle du bien parler traditionnel ; les plaisirs de la poésie remplacent ceux de la rhétorique ; la lecture remplace le spectacle verbeux. Rappelons, pourtant, que le trivium n'est pas forcément banni entièrement de ce programme pédagogique ; quoique Montaigne choisisse de créer ici une opposition nette entre la rhétorique et la poésie, néanmoins la lecture de la poésie est souvent considérée à l'époque comme impliquant la rhétorique et la grammaire, à travers l'appréciation du style[1]. Quoique Montaigne semble orthodoxe en permettant aux femmes de lire la poésie, ne s'écartant que des moralistes qui la leur interdisent, en fait il est très inhabituel de souligner le plaisir de telles lectures : la poésie est un "amusement" "tout en plaisir", lue "par curiosité", non pour le profit moral. En effet on voit s'évanouir toute opposition entre le profit et le plaisir, l'essentiel et le superflu, car il représente les femmes comme ayant un besoin profond de lire pour le plaisir, afin d'"esveiller" leurs "facultez". Nous sommes loin de l'opposition profit/plaisir qui dans cette période tend à caractériser respectivement la lecture des femmes et celle des hommes[2]. Loin aussi des traités qui n'accordent aux

---

1 Voir Gibson, "Educating for Silence".

2 Voir C. M. Bauschatz, "'L'horreur de mon exemple" in Marie de Gournay's *Proumenoir de Monsieur de Montaigne* (1594)", *L'Esprit créateur*, XXX (1990), p. 97-105 (101).

femmes que les poètes qui vont les édifier, c'est-à-dire, dans le cas du *De officio mariti* de Vivès, des chrétiens tels que Prudence, Sédulius, Iuvencus[1]. Montaigne ne se contente pas d'omettre toute censure, il va même jusqu'à inciter les "bien-nées" à lire, précisément, la poésie amoureuse ou franchement érotique (Catulle, Ovide et ainsi de suite) que les éducateurs des femmes ont d'habitude en horreur : comment comprendre autrement l'adjectif "follastre", qu'il place à la tête de son énumération ? La différence qui sépare Montaigne d'un Vivès sur ce point ne correspond pas à une différence radicale entre deux conceptions de la nature féminine, qui, dans les deux cas, est représentée comme indissociable de l'érotisme. Mais là où Vivès entend refouler ce supposé érotisme, Montaigne imagine qu'il puisse être sublimé dans la lecture.

En comparaison de ces propos sur la poésie, certains de ceux qui suivent, sur l'histoire et la philosophie morale, sont des lieux communs plus familiers : la philosophie morale entraîne les femmes à endurer (vertu imparfaite et passive)[2] et à "regler la temerité de leurs propres desirs"[3]. Pourtant, le souci de montrer comment "esveiller [...] les facultez" des femmes provoque de nouveaux silences de la part de Montaigne. Fidèle à son aversion pour une morale fondée sur l'imitation, il ne propose aucun des multiples *exempla* habituels de la vertu féminine[4], préférant que les "bien-nées" (tout comme Montaigne lui-même ou le garçon dans *De l'institution des enfans*) apprennent à exercer leur propre jugement, faculté capitale[5] : "elles prendront les discours qui les dressent à juger [...]". Autre omission : nulle mention ici de l'obéissance, qui est normalement un des buts majeurs de l'entraînement moral des femmes[6]. Plus inquiétant encore pour les hommes, les femmes devraient apprendre à "ménager leur liberté", plutôt, peut-on conjecturer, qu'à l'"hypothequer" entièrement aux hommes[7]. D'ailleurs, les hommes figurent ici surtout comme des problèmes à aborder ("nos trahisons [...], l'inconstance d'un serviteur, la rudesse d'un mary"), non comme le centre d'intérêt dont le bonheur doit être la seule considération d'une femme. C'est peut-être pour souligner cette perspective que Montaigne choisit de ne pas mentionner ici le "ménage", ou l'économie domestique, qu'il traite ailleurs

---

1 *De officio mariti*, p. 625.

2 Voir Maclean, *Renaissance Notion of Woman*, p. 51.

3 *Ibid.*

4 Voir Vivès, *De officio mariti*, p. 624-5.

5 Voir I, 26, 146 A : "Quant aux facultez naturelles qui sont en moy [...] Mes conceptions et mon jugement ne marche qu'à tastons [...]".

6 Voir Vivès, *De officio mariti*, p. 624.

7 "[...] il faut mesnager la liberté de nostre ame et ne l'hypothequer qu'aux occasions justes" (III, 10, 1004 B). Voir aussi III, 5, 830.

comme la "science" qui convient le plus aux femmes (quoique moins aux "bien-nées" qu'aux autres, sans doute)[1].

3. "c'est à elles [...] de farder le fard"

Jusqu'ici nous nous sommes occupés des affirmations et des silences de Montaigne. A un autre niveau, les métaphores de ce passage *De trois commerces* servent également à explorer les rapports entre la rhétorique et les deux sexes.

Le passage repose sur des métaphores antiques qui, au lieu d'apparaître ici sous leur forme coutumière, sont transformées comme le sont d'autres métaphores traditionnelles dans les Essais[2]. Ce point de départ invisible est constitué par le réseau de comparaisons entre la rhétorique et les femmes qu'on retrouve partout dans les traités de rhétorique. Ces comparaisons tirent leur existence même de la fréquente exclusion des femmes de l'éloquence : c'est justement parce que les femmes sont distinctes de la rhétorique qu'elles peuvent fournir des images pour la décrire. Leur exclusion assure la différence requise entre les deux termes de la métaphore ou de la comparaison[3]. Dans les traités de rhétorique anciens, la féminité signifie surtout deux choses : une éloquence défectueuse[4], ou bien une éloquence dont la beauté simple et élégante ressemble à celle des femmes non fardées[5]. Cette dernière image est triplement transformée par Montaigne. En premier lieu, il la réécrit pour en faire une image féminine de la rhétorique féminine plutôt que masculine. Il la réécrit même littéralement en citant un de ses *loci classici* : la condamnation par Sénèque d'une éloquence trop ornée à travers une image de jeunes hommes efféminés. Montaigne change le sexe de ces jeunes hommes, mettant "De capsula totae" au lieu de "totos"[6]. Dans un deuxième temps, il utilise ces

---

1 III, 9, 975 B. Comparer avec Vivès, *De officio mariti*, p. 625. Par contre Montaigne compte sans aucun doute interdire la théologie aux femmes, suivant l'usage commun (voir I, 56, 324 A).

2 Sur ces transformations, voir C. Clark, *The Web of Metaphor : Studies in the Imagery of Montaigne's "Essais"* (Lexington, Kentucky, 1978), ch. 3.

3 Les *Essais* eux-mêmes nous en fournissent des exemples : "Aussi voyons nous qu'au don d'eloquence [...] Comme on donne des regles aux dames de prendre les jeux et les exercices du corps [...]" (I, 10, 39 A). Voir aussi I, 51, 305 A. Les comparaisons entre la science et les femmes découlent du même principe : "Tout ainsi que les femmes employent des dents d'yvoire [...] ainsi faict la science" (II, 12, 537 A).

4 Voir Quintilien, *Institutio oratoria*, VIII, III, 6 ; XII, X, 12.

5 Voir Cicéron, *Orator*, XXIII, 78 : "Nam ut mulieres pulchriores esse dicuntur nonnullae inornatae quas id ipsum deceat, sic haec subtilis oratio etiam incompta delectat ; fit enim quiddam in utroque, quo sit venustius sed non ut appareat". Cicéron parle ici du *stilus humilis*. Inversement, comme l'a observé Cottrell ("Gender Imprinting", p. 88-9), les styles plus élevés sont conçus comme plus masculins : voir Cicéron, *Orator*, XXV, 91 ; Quintilien, *Institutio oratoria*, XII, X, 58.

6 "Nosti comptulos iuvenes, barba et coma nitidos, de capsula totos ; nihil ab illis speraveris forte, nihil solidum [...]. Non est ornamentum virile concinnitas" (*Ad Lucilium epistulae morales*, CXV).

images pour condamner non un style rhétorique qui devrait être remplacé par d'autres moins ornés, mais toute cette rhétorique féminine : "Elles cachent et couvrent leurs beautez soubs des beautez estrangeres".

Ces deux transformations de l'image traditionnelle mènent à une troisième. La comparaison ancienne entre le *stilus humilis* et les femmes non fardées repose sur des oppositions entre l'intérieur et l'extérieur, l'essence et l'apparence, la substance et l'ornement. A première vue, Montaigne semble soutenir ces oppositions[1] :

> "leurs beautez" : : "des beautez estrangeres"
> "sa clarté" : : "une lumiere empruntée"
> "elles" : : "l'art"
> "les facultez qui sont en elles" : : "la rhetorique [...] la judiciaire [...] la logique et semblables drogueries"

Cependant, ces oppositions s'effondrent dès qu'elles se rapportent aux femmes plutôt qu'aux hommes. Car selon la mentalité partagée par Montaigne, la nature des femmes est indissociable de l'artifice. Tout au long des *Essais*, elles sont présentées comme fausses, hypocrites, menteuses, dissimulatrices, "desguisé[es]" et "tout en montre" (pour citer le passage *De trois commerces*) : bref fardées dans tous les sens[2]. Comment distinguer alors leur substance de leur embellissement, vu que celui-ci fait partie intégrante de celle-là ? Quel contraste donc avec la description de Socrate qui lui aussi renonce à l'art oratoire, mais qui, puisqu'il est homme, peut préférer "la verité et naïfveté, ornemens de son parler" au "fard des figures et feintes d'une oraison apprinse"[3]. Par contre, enlever aux femmes le fard de l'éloquence c'est révéler une autre couche de fard, c'est-à-dire ce mélange de gestes, d'expressions et de paroles qui, pas plus que la rhétorique, ne communique nécessairement des sentiments authentiques. Montaigne prétend préconiser ce système alternatif non afin que les femmes soient elles-mêmes plus sincères, mais afin qu'elles puissent combattre avec plus d'efficacité le discours masculin. D'où peut-être l'exhortation énigmatique à "farder le fard" plutôt qu'à l'effacer entièrement comme Socrate, ce qui ferait violence à la nature féminine telle que la conçoit Montaigne. Enlever une couche, c'est en révéler une autre. Il s'agit d'une illustration spécifiquement féminine du thème paradoxal développé dans ces premières pages *De trois commerces*.

Ainsi, l'application aux femmes "attachées à la rhetorique" des métaphores anciennes décrivant la rhétorique aboutit à une déconstruction de ces métaphores, qui reposent sur l'opposition hiérarchique entre d'une part la

---

1 Voir aussi la comparaison plus traditionnelle entre le fard de la rhétorique et celui des femmes dans I, 51, 305 A.

2 Voir II, 12, 485 B, 537 A ; II, 17, 632 A ; II, 35, 744-5 B ; III, 4, 830 B, 836 B.

3 II, 12, 1054 C.

nature, et d'autre part l'art ou le "fard"[1]. Dans cette opposition, le "fard" est dénoncé comme supplément extrinsèque ("beautez estrangeres"). Montaigne déconstruit l'opposition sans pour autant la détruire. Sa démarche surprenante est d'englober et la nature et le fard dans un "archi-fard" qui comprend toute la communication féminine.

4. Conclusions

La représentation des deux sexes comme entretenant des rapports différents avec la rhétorique, la poésie et la communication en général est lourde de conséquences pour les *Essais* eux-mêmes, non seulement pour le caractère masculin et/ou féminin de leur propre rhétorique, anti-rhétorique, ou poésie[2], mais aussi pour l'identité sexuelle des narrataires et du "suffisant lecteur"[3]. Même la rhétorique du passage étudié n'échappe pas à cette problématique : Montaigne adopte ici une voix résolument masculine, tantôt s'identifiant et s'adressant à l'ensemble des hommes ("nos humeurs"), tantôt se distinguant de certains (ceux "qui le leur conseillent"), tout en s'adressant en même temps à certaines femmes, par l'intermédiaire indirect de la troisième personne ("Si les bien-nées me croient [...]"). Cette construction conditionnelle, ainsi que celle qui conclut ses observations ("la part que je leur assignerois aux sciences"), appartient à sa stratégie bien connue de présenter ses opinions pour telles plutôt que pour des vérités imposées de façon autoritaire, du genre de celles qu'on trouve dans les traités pédagogiques. En reconnaissant ainsi la possibilité d'avis contraires féminins, Montaigne cherche à favoriser l'espace féminin qu'il décrit. D'une manière paradoxale, donc, son texte ne peut permettre la création de cet espace qu'au moment où il donne à entendre qu'il ne peut le représenter que d'un point de vue masculin, qu'il ne saurait parler avec autorité pour les femmes.

---

1 Comparer avec la déconstruction des oppositions rhétorique/discours simple, intérieur/extérieur, vérité/fausseté dans III, 4, 838 B. J'emprunte ici certains termes à J. Derrida, *De la grammatologie* (Paris, 1967).

2 Certains de ces problèmes ont été abordés dans la communication de Richard Regosin. Voir aussi Cottrell, "Gender Imprinting" ; M. Greenberg, "Montaigne at the Crossroads : Textual Conundrums in the *Essais*", *Stanford French Review*, VI (1982), p. 21-34 ; L. D. Kritzman, "My Body, My Text : Montaigne and the Rhetoric of Sexuality", *The Journal of Medieval and Renaissance Studies*, XIII (1983), p. 75-89 ; G. Mathieu-Catellani, "Figures de la séduction dans les *Essais*", in *Rhétorique de Montaigne* : éd. F. Lestringant, Paris, 1985, p. 157-64. Sur la parenté entre les *Essais* et la poésie, voir L. K. Donaldson-Evans, "Montaigne and Poetry", *Neophilologus*, LVIII (1974), p. 360-7.

3 Voir C. M. Bauschatz, "'Leur plus universelle qualité, c'est la diversité' : Women as Ideal Readers in Montaigne's *Essais*", *The Journal of Medieval and Renaissance Studies*, XIX (1989), p. 83-101 ; F. Rigolot, "D'une théologie 'pour les dames' à une apologie 'per le donne' ?", in *Montaigne, 'Apologie de Raimond Sebond' : de la 'Theologia' à la 'Théologie'*, éd. Claude Blum (Paris, 1990), p. 261-90 (qui développe la distinction entre le narrataire et le "suffisant lecteur").

En somme, les propos de Montaigne sur les rapports entre les femmes, la rhétorique et d'autres branches donnent l'impression d'un malaise, d'une incertitude. D'une part, sa propre représentation des femmes reste foncièrement traditionnelle, soulignant leur appartenance à la sphère domestique, leur beauté, leur érotisme, leur artifice, la faiblesse de leur intellect. N'empêche que, même à ce niveau, l'incertitude de Montaigne se fera voir plus tard dans des affirmations étonnamment discordantes, notamment son attribution de la plupart des différences entre les sexes non à leurs différentes natures mais à "l'institution et l'usage"[1]. D'autre part, ce qui distingue le passage de III, 3, de bien d'autres textes masculins prescriptifs, c'est d'abord la critique équivoque de la rhétorique comme système spécifiquement patriarcal, et aussi la tentative, également équivoque, pour imaginer une certaine autonomie féminine "sans nous". Cette tentative ne rend pas Montaigne "féministe" par rapport à des textes plus orthodoxes ; pour les lectrices contemporaines, l'image masculine d'une autonomie féminine ne serait pas forcément préférable à l'interdiction toute simple d'une telle autonomie.

Pour terminer, je voudrais rappeler que les textes écrits par les hommes ne sont pas les seuls à révéler tout le malaise qui entoure la question de la rhétorique féminine. Le *Grief des dames* de Marie de Gournay[2] raconte ses propres efforts pour transformer de l'intérieur le système rhétorique en y participant en tant que femme. Cette possibilité, que Montaigne n'envisage point, est représentée par Gournay comme vouée à l'échec à cause des nombreuses stratégies masculines employées pour isoler et humilier la femme seule qui ose disputer en public, cherchant à combattre les hommes à l'intérieur de la rhétorique plutôt qu'en dehors d'elle. Ainsi, ces deux textes, l'un masculin et l'autre féminin, que j'ai étudiées à mon tour d'un point de vue masculin, fournissent des perspectives bien différentes sur un problème qui, à l'automne de la Renaissance, paraît insoluble.

Neil KENNY
Queen Mary and Westfield College,
University of London

[1] III, 5, 897 B. Cette nouvelle perspective est peut-être due en partie à Marie de Gournay, qu'il rencontra en 1588, après la date probable de la composition *De trois commerces* (1586). Voir C. Insdorf, *Montaigne and Feminism* (Chapel Hill, 1977), ch. 5.

[2] Publié dans son *Ombre* (Paris, 1626).

RHÉTORIQUE DE LA FEMME : "DE FARDER LE FARD"

I

Afin de déplacer les savants qui ont, comme il dit, "entonné si fort les cabinets et oreilles des dames" de leur "magistere", Montaigne offre aux dames un texte qui lui permettra à lui de pénétrer dans leur cabinet (III, 3, 822 B). A la place d'une connaissancc livrcsquc ct abstraite, voire prétentieuse, qui les séduit, il propose la lecture séduisante d'un texte consubstantiel et, comme il dira dans *Sur des vers de Virgile*, "genitale" (III, 5, 847 B). A la place d'une rhétorique traditionnelle qui ne leur convient pas, "droguerie si vaine et inutile à leur besoing" (822 B), il conseille des façons de discourir qui pourront leur servir et qui seront, à leur tour, mises au service de la séduction. Mais s'introduisant dans le cabinet des dames, pour leur plaire et pour se complaire, Montaigne rappelle le jeune homme d'Horace qui s'insère dans le chœur de jeunes filles : "Si tu l'introduisais dans un chœur de pucelles, / Ses beaux cheveux flottants et les traits ambigus, / Il pourrait, ce garçon, égarer sur son sexe/ Des yeux de connaisseurs ne le connaissant pas" (III, 5, 895 B). Se mêlant aux femmes, Montaigne brouille la distinction des sexes, mais dans le mélange, il découvre sa propre féminité. "Je dis", constate-t-il peu après la citation tirée de l'ode d'Horace, "que les masles et femelles sont jettez en mesme moule : sauf l'institution et l'usage, la difference n'y est pas grande" (897 B).

Montaigne paraît découvrir la ressemblance sexuelle ; il y aurait une nature unique et profonde cachée sous la différence biologique et l'hétérogénéité des acquis historiques et culturels. Mais si mâle et femelle semblent sortir du même moule, ils ne se confondent pas dans l'unité du même. La découverte du féminin n'entraîne pas la perte du masculin. Dans la figure traditionnelle de l'androgyne nous retrouvons le modèle d'un dédoublement sexuel qui est à la fois le même et différent, une figure simultanément intégrale et doublée. Parlant de la ressemblance originelle du mâle et de la femelle, Montaigne n'élimine pas toute différence. "La difference n'y est pas grande", remarque-t-il, mais différence il y a quand même. Il n'est rien de plus étranger aux *Essais* que l'exclusivité du "même", d'une figure privilégiée unique ou de l'expression univoque ou "unisexe". La voix de Montaigne est toujours double, le discours toujours celui de la nature *et* de la culture, du bas *et* du haut, de l'intérieur *et* de l'extérieur, et, j'ajouterais, du masculin *et* du féminin. Aux structures binaires traditionnelles, hiérarchisées et exclusives, Montaigne substitue des formes floues et mouvantes, formes d'échange et d'interdépendance, formes enfin où chaque élément fait toujours déjà partie de l'autre. A l'intérieur du masculin des *Essais*, le féminin parle aussi. Le partage des voix.

Récapitulons. A l'origine, le même moule qui se révèle double. Mais la nature précise de cette origine est irrécupérable, comme l'Origine elle-même. Montaigne l'avait déjà dit par rapport à l'être, à la fin de l'*Apologie de Raimond Sebond* : "nous n'avons aucune communication à l'estre" (II, 12, 601 A). A part ce sens (vague d'ailleurs) de la présence de la différence dans la similitude, nous ne pouvons pas rendre l'image de l'origine sexuelle plus claire. Comment parlait la voix androgyne, comment partageait-elle le discours entre mâle et femelle, et sous quelles formes ? C'est la faiblesse de la raison qui nous empêche d'en saisir la vérité, mais c'est aussi que la culture s'interpose comme un verre déformant entre l'homme et tout ce qu'il essaie de comprendre. Et là nous retrouvons un des paradoxes fondamentaux des *Essais*, à savoir qu'aucun essai, aucune connaissance n'est possible sans l'écran médiateur et déformant de la culture, aucune expérience du monde ou du "moi" n'est intelligible en dehors des structures conceptuelles et du lexique culturel. C'est pourquoi le discours de Montaigne *sur* la nature, et le discours de la nature dans les *Essais*, sont toujours des discours livresques, pourquoi l'essayiste ne peut parler de lui-même sans parler de Socrate. C'est aussi pourquoi la question de la primauté de la nature est au fond indéterminable, pourquoi on ne peut pas établir définitivement si la culture est une image dégradée de la nature ou la nature une figure idéalisée de la culture. Dans ce contexte, l'origine est peut-être elle-même un topos culturel, une expression de la nostalgie de l'unité et de la stabilité. En parlant de l'androgyne, nous recourons à une autre figure, et qui cache l'essence de la voix et du discours sexuels autant qu'elle la révèle.

Ce qui se révèle alors c'est la double voix qui n'a donc pas d'essence, qui n'a qu'une valeur culturelle, historique, valeur relative et relationnelle. Voix masculine : autoritaire, dominante, étouffante, fondée sur le principe de l'exclusion de l'autre, voix d'une culture guerrière. Voix féminine : voix étouffée de l'altérité exclue, voix d'une physiologie dégradée. Mais c'est la ruse de la culture, elle-même masculine, de poser cette opposition comme naturelle, comme inscrite dans la nature des choses, et dès l'origine. Pour relever l'artifice de cette polarité censée être absolue, Montaigne cite les paroles de Platon et d'Antisthène : "Platon appelle indifferemment les uns et les autres à la société de tous estudes, exercices, charges, vacations guerrieres et paisibles, en sa republique ; et le philosophe Antisthenes ostoit toute distinction entre leur vertu et la nostre" (897 C). La culture se retourne contre elle-même, la philosophie contre la misogynie, et contre ses propres tendances misogynes.

Si Montaigne laisse entendre la possibilité d'une nature intégrale et même d'une culture indifférenciée, il n'échappe pas pour autant aux conséquences de l'histoire. Dans le cas que nous avons cité, l'essayiste propose l'égalité de la femme et de l'homme ; le plus souvent il constate l'infériorité de la première, répétant la litanie des lieux communs d'une longue tradition misogyne, comme chacun sait. Dans le contexte des *Essais*, on ne se débarrasse pas totalement des effets de l'institution et de l'usage. En principe, la nature se suffit à elle-même, et dans cette plénitude l'homme trouve tout ce qu'il lui faut : "Toute cette nostre suffisance, qui est au delà de la naturelle", dit Montaigne parlant de l'étude des livres dans *De la phisionomie*, "est à peu pres vaine et superflue" (III, 12, 1039 C). Mais dans les *Essais*, et malgré la force rhétorique de leurs métaphores, on ne se dévêt pas de la culture comme on se dépouille de ses vêtements. La culture n'est pas tout à fait secondaire, extérieure, ou pour reprendre le langage de Montaigne, vaine et superflue. Dans toute sa diversité, dans ses vices autant que ses vertus, la culture participe à la constitution de l'être, et au même titre que la nature elle-même. "Appellons encore nature l'usage et condition de chacun de nous" (III, 10, 1009 B) ; "l'accoustumance est une seconde nature, et non moins puissante" (1010 B) ; ou encore, "par long usage cette forme m'est passée en substance, et fortune en nature" (1011 B)[1].

Parlant donc au nom de la nature, Montaigne parle aussi un discours culturel, discours complexe et fragmenté de cette seconde nature. Voix multiples et hétérogènes, voix conflictuelles qui affirment l'égalité naturelle des sexes et leur identité culturelle en même temps qu'elles insistent sur le privilège du masculin dans le discours misogyne historique. Voix enfin qui parlent un discours androgyne, discours masculin *et* féminin, de l'homme *et* de la femme, *et* du féminin *dans* le masculin[2].

II

Dans l'essai *De la force de l'imagination*, Montaigne dit que le phallus est "[l']autheur du seul ouvrage immortel des mortels" (I, 21, 103 C). Mais il ne dit pas toute la vérité, car il y a un autre ouvrage immortel des mortels, "une autre production venant de nous, [...] que nous engendrons par l'ame, les enfantemens de notre esprit, [...] [et qui] nous representent et nous rapportent bien plus vivement que les autres" (II, 6, 399-400 A) ; "Platon adjouste que ce sont icy des enfans immortels, qui immortalisent leurs peres, voire et les deïfient" (400 C). La sexualité et la textualité se confondent, mais au phallus est préférée la plume phallique qui fait de Montaigne un auteur[3]. Ecrire, c'est

1 Pour les attitudes de Montaigne envers les femmes, voir Pierre Leschemelle, "Montaigne, misogyne et féministe, " *BSAM*, 7e Série, 5-6 (1986).

2. Voir à ce sujet Robert Cottrell, "Gender Imprinting in Montaigne's *Essais*, " *L'Esprit créateur*, 30 (1990), p. 85-96.

3 Sur les rapports entre sexualité et textualité chez Montaigne, voir Robert Cottrell, *Sexuality/Textuality : A Study of the Fabric of Montaigne's Essais*, Ohio State University Press, 1981.

mettre au monde un enfant. C'est une vieille métaphore traditionnelle, une figure censée représenter la nature organique et intime de la création intellectuelle et qui exprime aussi l'effort requis pour sa production. Socrate l'emploie dans le *Phèdre*, où il s'inquiète de cette tendance qu'a la parole écrite de se tromper de destinataire, et de trahir la vérité. Horace aussi quand il envoie son poème, son fils, dans le monde ; et Ronsard, beaucoup plus tard envisageant la réaction hostile du public : "Mon fils, si tu sçavois que lon dira de toy, /Tu ne voudrois jamais déloger de chez moy" ("A son livre")[1]. Mais la métaphore n'est pas innocente. C'est le glissement de la biologie à la rhétorique, et par la rhétorique, le transfert métaphorique à l'homme de l'acte générateur qui ne peut être que féminin. Incapable de mettre au monde un enfant de chair et d'os, l'homme produit un texte qu'il appelle son enfant dans l'appropriation scandaleuse de la procréation. Appropriation de la fonction féminine mais aussi de l'organe reproducteur de la femme, de la matrice qui devient l'esprit, lequel, au moyen de la plume phallique, engendre cet enfant. Déplacement de la femme par la figure, la femme qui ne figure plus dans la conception, dans la conception du concept et de la culture[2].

Ovide avait comparé la genèse de ses poèmes à la naissance d'Athéna de la tête de Zeus, *sine matre*, sans la mère : "Palladis exemplo de me sine matre creata/Carmina sunt ; stirps haec progeniesque mea est" (*Tristia*, III, 14, 13). L'esprit s'ensemence lui-même. Dans la discussion de la ressemblance des enfants aux pères, Montaigne donne l'impression que la procréation se passe de la mère, que c'est de la "goute de semence" que l'homme est produit, la goutte, dit-il, qui "porte en soy les impressions, non de la forme corporelle seulement, mais des pensemens et des inclinations de nos peres" (II, 37, 763 A). Ne nous étonnons pas de l'absence de la mère dans cet essai. Il s'agit des enfants et des pères, de Montaigne et de son père, de ce qu'il doit à son père, et de son rapport avec son fils à lui, son texte, ce corps solide qui sera son héritage et son héritier. Et la médecine contemporaine, qui figure dans cet essai comme objet de sa critique, devient complice, car elle soutient que dans la procréation la mère n'est que le lieu où la semence est plantée, et le site de sa germination.

---

1 Voir mon article "Montaigne's Child of the Mind" in *Writing the Renaissance : Essays on Sixteenth-Century French Literature in Honor of Floyd Gray*, Lexington, 1992, p. 167-181.

2 Voir à ce sujet l'ouvrage de Roberto Zapperi, *L'homme enceinte : l'homme, la femme, et le pouvoir*, trad. M.-A. Maire Vigueur, PUF, 1983, p. 29. Voir aussi Alice Fiola Berry, "Dark Births : Male Maternity in Rabelais's *Quart Livre*", *JMRS*, 22 (1992), p. 101-117 ; Susan Stanford Friedman, "Creativity and the Childbirth Metaphor : Gender Difference in Literary Discourse", in *Speaking of Gender*, ed. E. Showalter, Routledge, 1989 ; Sandra Gilbert et Susan Gubar, *The Madwoman in the Attic : The Woman Writer and the Nineteenth-Century Literary Imagination*, Yale, 1979, chap. 1 ; Elizabeth D. Harvey, *Ventriloquized Voices : Feminist Theory and English Renaissance Texts*, chap. 3.

A côté des discours rhétorique et médical masculins qui excluent la femme, un autre discours paraît la récupérer : "Nous sommes", dit Montaigne, "pere et mere ensemble en cette generation" :

> [A] Or, à considerer cette simple occasion d'aymer nos enfans pour les avoir engendrez, pour laquelle nous les appellons autres nous mesmes, il semble qu'il y ait bien une autre production venant de nous, qui ne soit pas de moindre recommandation : car ce que nous engendrons par l'ame, les enfantemens de notre esprit, de nostre courage et suffisance, sont produicts par une plus noble partie que la corporelle, et sont plus nostres ; nous sommes pere et mere ensemble en cette generation. (II, 8, 399-400)

De prime abord la distinction entre deux types d'enfantement rappelle la longue tradition occidentale de la division du travail et la préférence donnée à la production de l'esprit : les femmes mettent au monde des enfants physiques, les hommes des enfants spirituels, et préférés. Nous retrouvons dans cet essai encore une métaphore d'appropriation, encore une expression d'hégémonie masculine et de marginalisation de la femme. Mais ne peut-on pas aborder ce passage dans une autre perspective pour y voir (aussi ?) l'expression de la nostalgie de l'unité sexuelle censée perdue, d'une complétude androgyne qui se réaliserait dans la réconciliation des sexes ? En juxtaposant père et mère la rhétorique de Montaigne les remet "ensemble", elle produit l'union de la diversité mâle et femelle mais sans en perdre la différence. C'est le refus de l'exclusion présomptueuse de la femme et l'aveu explicite de sa place, de son rôle légitime et nécessaire dans la génération, et dans celle du texte. Ce dont nous sommes père et mère ensemble c'est justement la production culturelle, production qui, comme la physique, ne se réalise pas sans la présence active du féminin. Montaigne récupère la femme, il devient aussi la mère, car seulement père et mère ensemble peuvent faire un enfant. La femme reste muette, mais de sa présence dépend toute possibilité d'écriture.

Montaigne ne peut donc pas parler de la production de ses essais sans recourir à la métaphore de la maternité, sans cette rhétorique qui fait de lui *aussi* la mère de son texte. En effet, il ne peut pas exclure la maternité de son discours parce qu'elle y est dès le début, dès l'origine, la conception, de son projet même. Dans *De l'oisiveté*, à l'origine il y a la terre, la terre qui est aussi notre mère et qui foisonne "en cent mille sortes d'herbes sauvages et inutiles" (I, 8, 32 A). Et il y a la femme qui engendre des "amas et pieces de chair informes". Ce sont des figures de l'enfantement des *Essais*, de la production d'une écriture fantastique et inutile, comme Gisèle Mathieu-Castellani l'a indiqué avec tant de perspicacité[1]. Figures de la génération textuelle monstrueuse qui se fait montre (j'y reviendrai), qui se donne à

---

1 Gisèle Mathieu-Castellani, *Montaigne : L'écriture de l'essai*, Paris, 1988, p. 25-43.

contempler à l'essayiste et au monde. Figures enfin de l'esprit qui n'est pas "employé à certaines semences", ou "embesoigné d'une autre semence", mais qui s'ensemence lui-même et enfante des "chimeres et monstres fantasques les uns sur les autres" (33 A). Dans la réflexivité du regard de Montaigne, dans la production de l'esprit s'ensemençant lui-même, on retrouve l'image extravagante et folle du "pere et mere ensemble".

Dans la réflexion fertile de l'*Apologie* sur la vanité de la science et de l'incertitude créée par la prolifération d'écoles philosophiques, Socrate naît de l'esprit de l'essayiste. C'est le Socrate qui met tout en question, qui sème partout le doute, qui trouble l'esprit de ses interlocuteurs, et qui sert à Montaigne de figure de l'irrésolution et de l'incertitude humaines : "Le conducteur de ses dialogismes, Socrates, va tousjours demandant en esmouvant la dispute, jamais l'arrestant, jamais satisfaisant, et dict n'avoir autre science que la science de s'opposer" (II, 12, 509 C). Mais ce fils de Montaigne et de l'*Apologie* est aussi déjà fils de Platon, et il est surtout dans ce passage fils de Phénarète la sage-femme. C'est le Socrate du *Théétète*. La généalogie est complexe :

> [C] Socrates disoit que les sages femmes, en prenant ce mestier de faire engendrer les autres, quittent le mestier d'engendrer, elles ; que luy, par le tiltre de sage homme que les Dieux lui ont deferé, s'est aussi desfaict, en son amour virile et mentale, de la faculté d'enfanter ; et se contente d'aider et favorir de son secours les engendrans, ouvrir leur nature, graisser leurs conduits, faciliter l'issue de leur enfantement, juger d'iceluy, le baptizer, le nourrir, le fortifier, le mailloter et circonscrire : exerçant et maniant son engin aux perils et fortunes d'autruy. (II, 12, 509)

Origine maternelle du métier de Socrate, double fils de Phénarète, enfant physique et professionnel. Métier de femme exercé par un homme, métier d'homme quand c'est l'esprit qui accouche. Mais pour être sage-homme (reprenant l'astuce de Montaigne), Socrate n'enfante pas la sagesse lui-même ; aucune idée, dit-il, n'est née de l'enfantement de son esprit. Mais Socrate est rusé car seul le sage-homme est devenu sage, lui seul sait qu'il ne sait pas. Dans l'*Apologie*, à côté du Socrate subversif se trouve celui qui sait distinguer le vrai du faux et qui est le modèle de la sagesse. Et ce deuxième Socrate dominera dans les *Essais*. L'astuce de Montaigne qui l'appelle sage-homme n'est pas un simple jeu rhétorique mais l'affirmation du nom propre de Socrate et de ce qui est le propre de Socrate. "Socrates avoit seul mordu à certes au precepte de son Dieu, de se connoistre, et par cette estude estoit arrivé à se mespriser, il fut estimé seul digne du surnom de Sage" (I, 6, 380 C).

Il faut donc se faire sage-femme pour devenir sage-homme, et mériter le nom auquel prétend Montaigne lui-même. Dans l'écriture réflexive des *Essais*, l'esprit s'ensemence lui-même et il s'accouche lui-même aussi. Grâce à la double appropriation des fonctions féminines traditionnelles, Montaigne devient simultanément "l'engendrant" et l'accoucheur. C'est le corps féminin et la connaissance féminine qui permettent à Montaigne d'écrire, c'est la féminisation de son propre corps et de son esprit qui lui permettent de s'écrire. L'esprit, c'est la matrice ; et c'est la "nature" qui doit s'ouvrir pour lui permettre d'ouvrir la bouche : "Qui se connoistra ainsi", dit-il, parlant de ce même Socrate "digne du surnom de Sage", "qu'il se donne hardiment à connoistre par sa bouche" (380 C). Sans se féminiser, il n'est possible d'engendrer aucune connaissance, aucune sagesse, aucune écriture. L'appropriation du féminin n'est donc pas la négation du féminin. La femme propre ne figure pas dans le passage, mais elle est figurée par la rhétorique de la génération. Absent et présent, muet et parlant, le féminin revendique ses droits et sa propre place.

La fertilité, la conception, l'enfantement : le lexique qui figure l'origine et la naissance de la parole est lui-même féminin. La parole est associée à la femme comme un effet physiologique, surtout la parole prolixe. C'est une vieille idée reçue, celle de la femme bavarde. Nous avons déjà parlé du féminin qui se trouve à l'origine du projet de Montaigne, figure de l'ouverture de l'écriture, mais le féminin est aussi la figure de l'excès et de la démesure. La terre est oisive mais elle n'est pas infertile : elle foisonne "en cent mille sortes d'herbes sauvages et inutiles". La production de la femme non fécondée est aussi de trop, "des amas et pieces de chair", informes et superflues. Et l'esprit aussi engendre d'innombrables enfants extravagants, des "chimeres et monstres fantasques les uns sur les autres" ; cet esprit est sensible, comme la femme, à l'influence d'une imagination déréglée, et surtout pendant la période de grossesse. Récusant les critères d'ordre traditionnel, la mesure, la modération, Montaigne propose une production sans limites, sans bornes, une écriture qui débordera les marges, qui n'en finira jamais : "Qui ne voit que j'ay pris une route par laquelle, sans cesse et sans travail [...]" (III, 9, 945 B).

La grossesse, c'est la dilatation d'un corps qui ne peut être que féminin, et qui est la condition de l'enfantement. Dilater : agrandir, ouvrir. Le corps féminin est la figure du discours et de la rhétorique, de cet autre corps, textuel, qui se dilate pour atteindre la *copia* tant recherchée à la Renaissance[1]. Mais l'expression du principe dynamique et créateur de la nature risque toujours de se dégrader, de tomber dans l'excès et le superflu, et de se prolonger comme dit Montaigne "sans cesse". Dilater c'est aussi différer, ces deux verbes ont la même racine latine. Erasme l'avait prévu, c'est pourquoi il s'occupe tant des moyens de régler et de maîtriser le discours. Le *De copia verborum* commence par parler des dangers de cette recherche de l'abondance et de la plénitude

1 Voir à ce propos l'ouvrage de Patricia Parker, *Literary Fat Ladies : Rhetoric, Gender, Property*, Methuen, 1987.

verbales (I, 1). L'exubérance de la *copia* doit être mesurée, réglée, pour éviter la prolixité et la faconde, et pour empêcher la prolifération stérile de la parole. Et cette maîtrise aura toujours le nom du masculin. Dans le *Ciceronianus*, Erasme cherche en vain dans l'éloquence cicéronienne ce qu'il appelle "le masculin" et il y révèle sa préférence pour un style viril. Et Juste Lipse disait la même chose. Je paraphrase : "J'imitais Cicéron, disait-il, mais je suis devenu un homme, cela n'est plus à mon goût". Parlant de son propre style dans *Consideration sur Ciceron*, Montaigne insiste sur sa réserve textuelle, sur cette matière "materielle" et "drue" qui se suffit à elle-même. "Pour en ranger davantage, je n'en entasse que les testes. Que j'y attache leur suitte, je multiplieray plusieurs fois ce volume" (I, 40, 251 C). Et à la fin du passage, la citation suivante de Sénèque : "L'élégance est une parure qui ne convient pas à un homme".

Le discours mesuré, restreint : masculin. Le discours féminin : abondant, voire excessif. Mais l'opposition n'est pas absolue, les deux termes ne s'excluent pas mutuellement. Au contraire. Tout discours est dilatable, c'est le propre du discours ; les tendances dites "féminine" et "masculine", tendances, d'une part, à ouvrir, à gonfler, à épanouir et, d'autre part, à resserrer, à régler, ces tendances sont l'envers et l'endroit du même discours, et du discours même. Erasme paraît s'en rendre compte : Quintilien, raconte-t-il, avait censuré l'abondance et l'extravagance du style de Stésichore, mais il a dû admettre en même temps que ces excès étaient inévitables (*De copia*, I, 4). Stésichore commet une faute stylistique, une erreur de jugement, mais cette erreur est aussi l'errance inéluctable, naturelle, du discours.

Montaigne s'en rend compte aussi. Le discours des *Essais* est toujours multiple, divers, la voix du masculin et celle de la féminité, juxtaposées, parlent simultanément, et l'une dans l'autre. En voici les exemples. Abandonnant le latin, sa langue maternelle, mais qui est aussi celle de ses pères intellectuels et de la tradition livresque phallocentrique qui nourrissent profondément les *Essais*, Montaigne adopte la langue de son père, le français, qu'il appelle "gratieus, delicat et abondant" (II, 17, 639 C). Une langue féminine. Il rejette le style élevé de cette même tradition paternelle ; toutefois ce même style revient dans le texte sous la forme de citations, de nombreuses paraphrases des auteurs classiques, et de la rhétorique dont l'essayiste se sert tout en la désavouant. Il préfère un style humble et bas, celui qui convient mieux à son sujet, à lui-même, ce style cicéronien souvent appelé *mollis*, ce qui chez Montaigne est le signe du féminin. Mais le langage poétique qu'il admire dans *Sur des vers de Virgile*, le langage "de chair et d'os" qui est aussi celui auquel il prétend, ce langage se révèle comme masculin, "plein et gros d'une vigueur naturelle", "nerveuse et solide, qui ne plaict pas tant comme [il] remplit et ravit, et ravit le plus les plus forts espris" (III, 5, 873 B). Et Montaigne cite Sénèque : "Leur discours est un tissu de beautés mâles, ils ne se sont pas amusés à des fleurettes". Dans *De l'oisiveté*, Montaigne valorise l'abondance et l'extravagance d'une imagination déchaînée qui ne peut être que féminine. La "mise en rolle" dans ce contexte n'a peut-être d'autre fin que de donner à contempler l'ineptie et l'étrangeté naturelles de l'esprit. Dans *Du démentir*, par contre, la mise en registre joue un rôle régulateur : "Aux fins de renger ma fantasie à resver mesme par quelque ordre et projet, et la garder de se perdre et extravaguer au vent, il n'est que de donner corps et mettre en registre tant de menues pensées qui se presentent à elle" (II, 18, 665 C). Le registre doit garantir l'ordre, imposer des bornes, empêcher l'extravagance ; c'est assurer la maîtrise masculine de l'errance et du désarroi féminins.

III

Louant la beauté des femmes dans le chapitre *De trois commerces* (III, 3), Montaigne leur déconseille l'étude. Quand elles s'y appliquent, leurs connaissances restent superficielles, elles sont incapables de se les approprier : "la doctrine", dit-il, "qui ne leur a peu arriver en l'ame, leur est demeurée en la langue" (III, 3, 822 B). Montaigne joue, un peu facilement, sur le double sens de la "langue". La culture féminine n'est que paroles, elle n'a aucune substance réelle ; il n'est pas indifférent que la langue soit aussi la synecdoque du corps féminin, figure de la femme bavarde et de son discours excessif. La rhétorique de Montaigne fait de la séparation entre l'esprit et le corps un aspect de l'opposition masculin/féminin. A l'opposé de l'acquis intellectuel, qui ne peut être qu'emprunté, Montaigne propose que les femmes s'occupent de ce qui leur est propre – le corps – et qu'elles se contentent "de faire valoir leurs propres et naturelles richesses", à savoir, la beauté.

Le propre de la femme : la beauté corporelle, un savoir inné, naturel et suffisant. Toute autre connaissance est superflue, une sorte de couverture dangereuse qui l'enterre. L'image surprenante de la femme morte sous le linceul de la science est de Montaigne : la femme est "enterrée et ensevelie soubs l'art" (822 B). En général son lexique sert à déprécier le dehors au profit du dedans. C'est la distinction entre l'âme et la langue. Dans cet essai, même les hommes sont piégés par le côté superficiel de l'esprit : les savants font *parade* de leurs connaissances. Pour éviter le leurre de ce qui ne peut être qu'artificiel, les femmes doivent se consacrer à ce qui leur est propre, au dedans. Mais dans un sens le dedans de la femme c'est le dehors, et sa propre place est au dehors, car c'est de la beauté physique que parle Montaigne, et de l'utilité de la "faire valoir". Au lieu de cacher et de couvrir leur beauté, les femmes doivent la montrer, l'étaler, la découvrir ; au lieu d'étouffer la clarté, elles doivent la laisser luire, au dehors et aux yeux des hommes, bien entendu. "Que leur faut-il", ajoute l'essayiste, "que vivre aymées et honnorées ? ". La nature de la femme se réalise dans la manifestation publique, au dehors, quand elle devient l'objet du regard et du désir masculins qui la valorisent.

Les femmes savent tout ce qu'il leur faut pour vivre "aymées et honnorées". Douées naturellement de ce que Montaigne appelle aussi une "science", elles n'ont pas besoin de la "doctrine" et surtout pas de la rhétorique, "droguerie vaine et inutile à leur besoing". Mais cette science innée est déjà aussi une rhétorique, une rhétorique de la séduction, un art sans art qui fait valoir leur beauté :

> [B] Baste qu'elles peuvent, sans nous, renger la grace de leurs yeux à la gaieté, à la severité et à la douceur, assaisonner un nenny de rudesse, de doubte et de faveur, et qu'elles ne cherchent point d'interprete aux discours qu'on faict pour leur service. Avec cette science, elle commandent à baguette et regentent les regens et l'eschole. (823)

La femme a sa rhétorique : un art de l'expression du visage (du corps) et de l'expression linguistique, un art de la persuasion, et qui cherche à séduire. Il n'est pas indifférent que Montaigne considère que la poésie convient à la femme, car de tous les arts livresques elle est la plus marquée par la rhétorique. "C'est un art", dit-il, "follastre et subtil, desguisé, parlier, tout en plaisir, tout en montre, commes elles" (823 B).

Comme Montaigne lui-même[1]. Réservant une place particulière, à part, pour la femme, il révèle qu'il lui ressemble, lui aussi "parlier", comme il dit, et "tout en montre". "Ma forme essentielle est propre à la communication et à la production : je suis tout au dehors et en evidence, nay à la societé et à l'amitié" (823 B). Le propre de Montaigne, c'est la production d'un livre de communication, d'un livre qui communique sa forme essentielle, qui la livre au dehors, en public, et la fait valoir. Il aurait voulu se peindre "tout nud" : "Je veus qu'on m'y voie", dit-il dans la préface au lecteur. On pourrait multiplier des citations où Montaigne avoue son désir de se montrer ; les *Essais* comme confession, comme témoignage : "je m'estalle entier" (II, 6, 379 C). Et confesser, professer, témoigner, s'étaler, c'est parler, parler de soi, en parler excessivement. Dans *Du pédantisme* (I, 25, 143A), dans cette longue et fameuse période cicéronienne où Montaigne juxtapose le bien faire des Lacédémoniens au bien dire des Athéniens, il récuse la continuelle exercitation de la langue à Athènes au profit de la continuelle exercitation de l'âme à Sparte. Mais l'âme ne peut être exercée continuellement sans la continuelle exercitation de la langue, et sans l'exercice de la rhétorique. C'est le seul moyen de se faire connaître, et de se connaître, mais c'est aussi et toujours la production et la communication d'un discours immodéré et présomptueux. Comme le discours de la femme se dilate, celui des *Essais* déborde. A la fin *Des vers de Virgile* : "Pour finir ce notable commentaire, qui m'est eschappé

---

1 Dans son "Gender Imprinting in Montaigne's *Essais*", Cottrell analyse ce passage pour faire ressortir les ressemblances thématiques et stylistiques entre le texte de Montaigne et la poésie (féminine).

d'un flux de caquet, flux impetueux par fois et nuisible [...] je dis que les masles et femelles sont jettez en mesme moule" (III, 5, 897 B). Le caquet des *Essais*, celui de la femme. Je paraphrase le commentaire de Montaigne : "la difference n'y est pas grande".

Ce qui nous amène à mon titre. Les femmes et la poésie se déguisent, se parent. Montaigne aussi : "Encore se faut-il testoner, encore se faut-il ordonner et renger pour sortir en place. Or je me pare sans cesse, car je me descris sans cesse" (II, 6, 378). Il faut éviter l'artifice qui déforme et transforme le naturel, mais seule cette transformation permet la sortie "en place". Le naturel ne se montre pas sans se déformer mais s'il ne se montre pas, il n'est pas ; comme la beauté de la femme "enterrée et ensevelie soubs l'art", s'il ne sort pas, le naturel s'enferme comme le mort au tombeau, au dedans. C'est le "double bind" du naturel et du dedans. La sortie du naturel c'est la perte du naturel, mais c'est uniquement en sortant que le naturel puisse se réaliser comme tel.

C'est aux femmes, dit Montaigne, "d'honnorer les arts et de farder le fard" (822 B), d'embellir de leur beauté naturelle ce qui est déjà embellissement. C'est une image frappante et paradoxale, le naturel comme parure, comme fard, le "dedans" devenu le dehors du dehors, le "dehors" déplacé au dedans. Dans le croisement des termes, nous reconnaissons la structure du chiasme, l'inversion du rapport traditionnel entre le naturel et l'artifice, entre le dedans et le dehors. Et entre le masculin et le féminin dans les *Essais*. La même rhétorique que Montaigne déconseille aux femmes annonce (permet ?) le retour du féminin à sa propre place, et la reconstitution de la figure androgyne, "pere et mere ensemble". Etant, comme la femme, naturellement "tout au dehors et en evidence", Montaigne parle un discours rhétorique, discours copieux qui se dilate, qui s'ensemence et s'engendre. Discours double de Montaigne, masculin et féminin.

Richard L. REGOSIN
University of California, Irvine

INDEX

INDEX DES NOMS DE PERSONNE

INDEX DES NOTIONS

INDEX DES *ESSAIS* CITÉS ET COMMENTÉS

LIVRE PREMIER

LIVRE SECOND

LIVRE TROISIEME

Table des Matières